I0061664

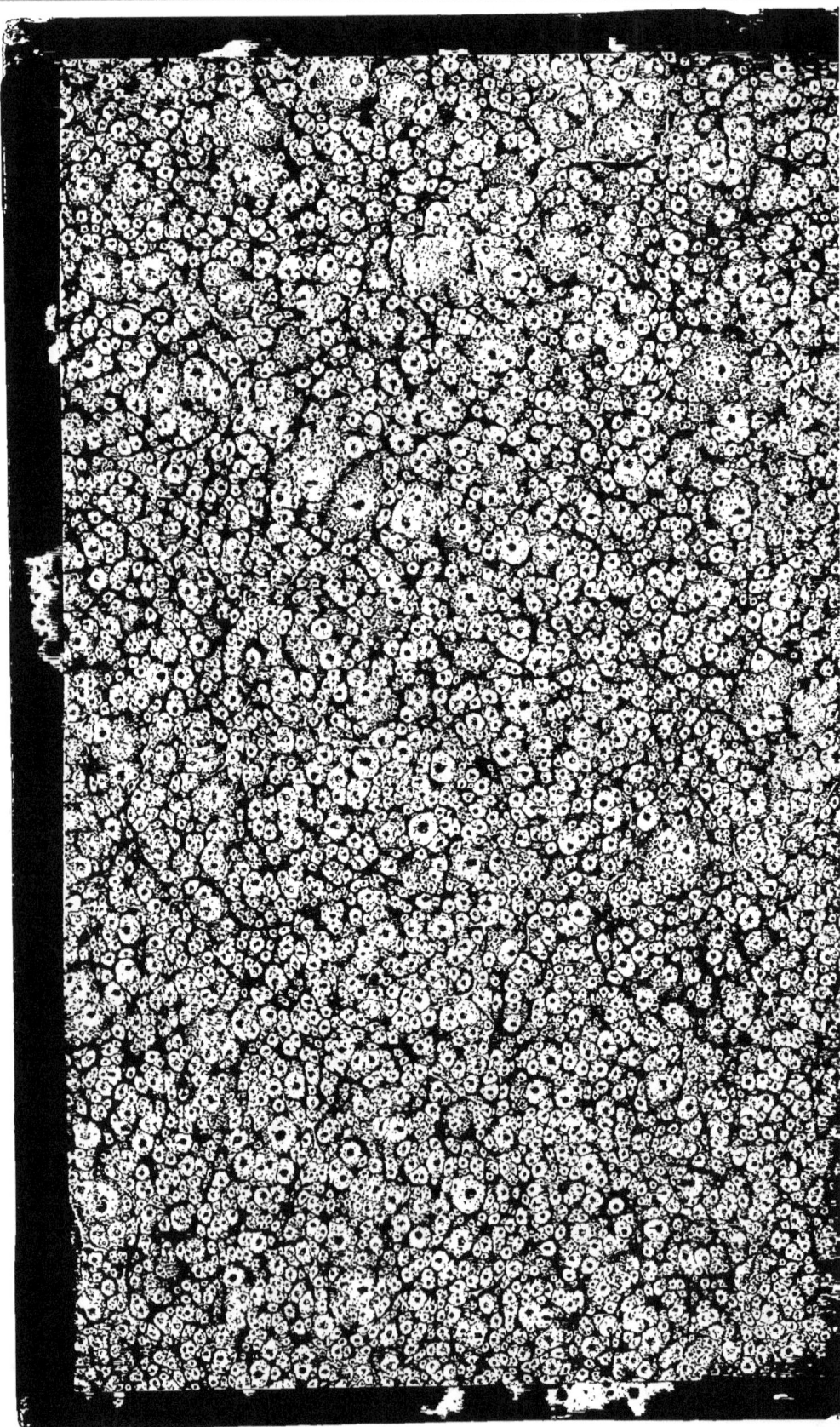

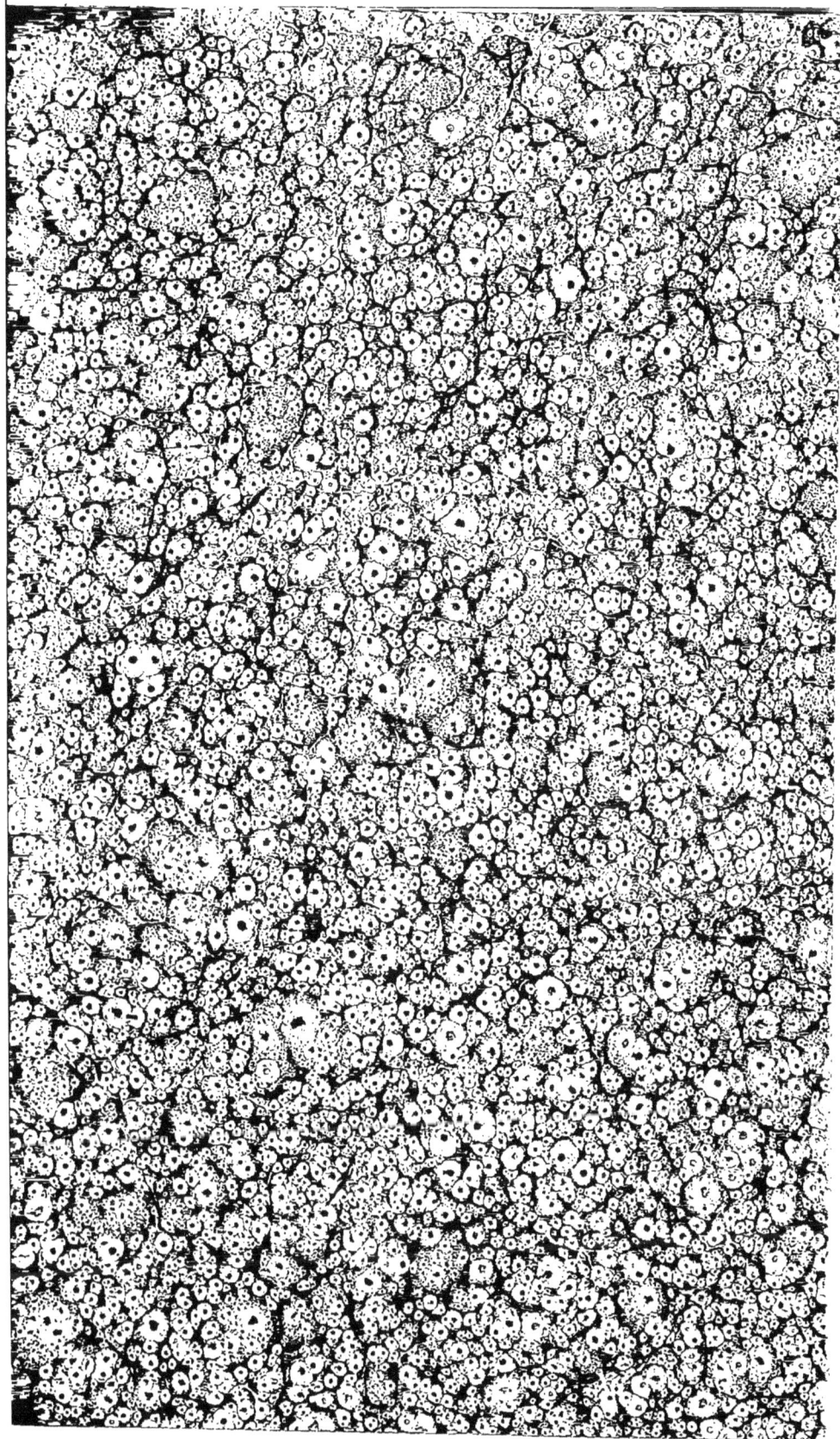

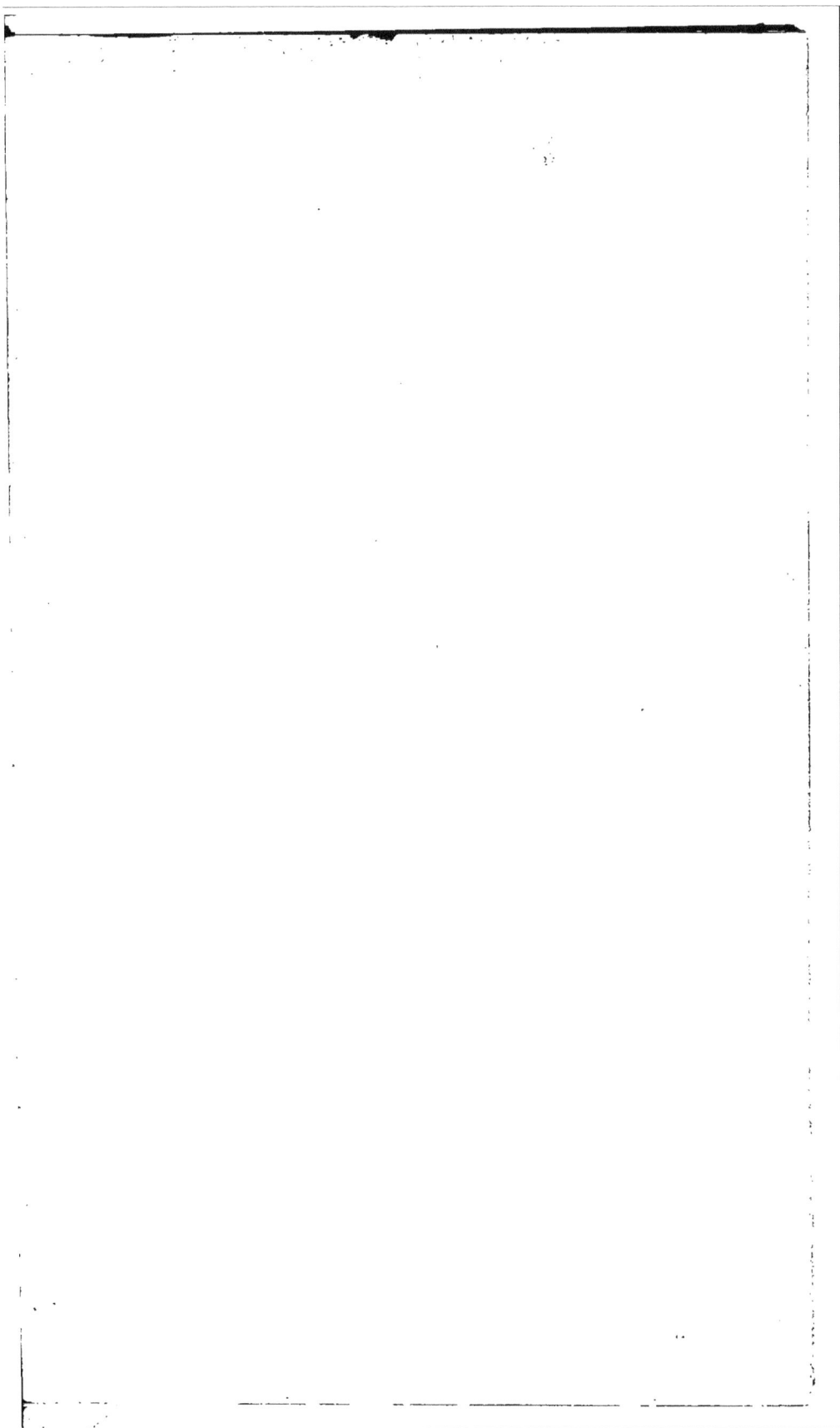

Poissy. — Imprimerie française et étrangère de G. OLIVIER.

HISTOIRE

DES

PRISONNIERS FRANÇAIS

EN AFRIQUE

DEPUIS LA CONQUÊTE

PAR ERNEST ALBY.

II

PARIS

G. OLIVIER, ÉDITEUR

Librairie française et étrangère, place de la Madeleine, 24.

—

1847

I

EL-BORGJ

La gaîté et l'espérance, qui avaient, pendant quelques soirées, enivré pour ainsi dire les prisonniers de leurs riantes images, furent de courte durée. La réalité ne tarda pas à déchirer ces douces illusions, et les plaintes et les gémissements remplacèrent les joyeux propos.

Un soir, au moment où l'on allait enlever le plat de couscoussou que les habitants avaient fourni pour le souper des captifs, des pas précipités retentirent sur les escaliers qui conduisaient dans la chambre où le kaïd avait logé les chrétiens. Soudain, deux hommes, couverts de la corvée dès la pointe du jour, et qu'ils nous forçaient de travailler jusqu'à ce que la nuit fût tout à fait venue. Ils ne nous donnaient pas un seul instant de repos, et nous marchions courbés sous notre fardeau, tandis que les autres ouvriers se rendaient au chantier bien après le lever du soleil, et se retiraient avant le coucher du soleil. Lorsque le temps était mauvais, ils ne sortaient pas de leurs tentes, et lorsqu'ils se résignaient à travailler, ils se reposaient à tout bout de champ. Pour nous, le mauvais temps, au lieu d'arrêter nos corvées, ne faisait que les augmenter. On aurait dit que nous devions remplacer par une double besogne, celle que ne remplissaient pas les travailleurs qui s'absentaient.

Si l'ouvrage était dur, la pitance était encore plus misérable. Nous n'avions pour toute nourriture qu'une petite galette de biscuit d'orge le matin, et qu'une poignée d'orge bouillie le soir. Vous savez tous ce que ces mécréants sont capables de faire endurer à un chrétien, et il est inutile que je vous raconte les mauvais traitements que nous avons endurés. Je n'en citerai qu'un seul. Il me servira à montrer de quelle façon les Arabes ont entendu se conduire vis-à-vis de nous, lorsque l'émir leur avait ordonné de nous traiter avec humanité.

Un soir que nous avions quitté notre ouvrage encore plus tard que d'habitude, on nous envoya puiser de l'eau à l'Oued-Mina. Au moment où nous nous lavions les jambes, nous fûmes assaillis par des Arabes qui nous ramenèrent dans notre tente à grands coups de bâton.

En fuyant devant les coups de bâton, il nous arriva, dans

notre premier moment de surprise, d'oublier à la rivière les outres que nous avions apportées et que nous avions remplies d'eau. Cet oubli nous valut un cruel châtiment. On nous mit aux fers pour trois jours et trois nuits. Mais, non contents de ce supplice, ces brigands, excités par leur férocité, aggravèrent encore cette peine par la manière dont ils nous l'appliquèrent : Crescenco et moi, nous fûmes attachés à la même barre de justice, chacun ayant un pied pris dans l'un des anneaux de cette barre, en sorte que nous ne pouvions pas faire un mouvement sans nous blesser mutuellement. Et pour mettre le comble à leur méchanceté, les Arabes nous obligèrent de travailler ainsi enchaînés pendant les trois jours que devait durer notre châtiment.

Chaque jour le temps devenait plus mauvais dans ces montagnes. Le froid nous torturait. Nous allions pieds nus, et nous n'avions pour tout vêtement que ce haïk en lambeaux. On nous faisait coucher en plein air. Nous allumions du feu pendant la nuit, autant pour nous réchauffer que pour nous tenir en défense contre les bêtes féroces. Malgré cette précaution, nous souffrions horriblement du froid. Notre camarade Berthoumiau, celui qui n'est pas revenu, en tomba malade : il ne pouvait plus se tenir sur ses jambes ; il ne savait plus ce qu'il disait lorsqu'il parlait, et il battait la campagne. Les Arabes, en le voyant réduit à un état si périlleux, lui permirent de se coucher sous leur tente.

Une nuit, pendant laquelle il gela et tomba une grande quantité de neige, nous étions, Crescenco et moi, assis

autour du feu. Oh ! mon lieutenant, je m'en souviendrai
toujours : il faisait un froid à fendre les pierres. Les Arabes nous appellent et nous ordonnent d'emporter Berthoumiau à la belle étoile, car le malheureux commençait à râ-
ler, et ils ne voulaient pas qu'il rendît le dernier soupir
sous leur leur tente.

Nous enlevâmes dans nos bras notre pauvre camarade :
nous avions la mort dans l'âme et des larmes dans les
yeux , il fallait obéir sans se plaindre. Nous étendîmes l'a-
gonisant auprès du feu, et nous nous assîmes à ses côtés,
en cherchant à soulager sa souffrance et à prolonger sa
vie. C'était affreux à voir, au milieu de l'obscurité de la
nuit, à la clarté de ce feu qui brûlait en plein air, parmi
le vent et la neige, cet homme à moitié nu, qui portait sur
son visage la pâleur de la mort, tandis que nous suivions
les progrès que faisait la maladie et que nous cherchions à
retenir le souffle qui errait sur ses lèvres expirantes, comme
une dernière flamme qui tremble au bec d'une lampe quand
l'huile vient à manquer. La neige tombait toujours en
abondance : nous l'enlevions au fur et à mesure qu'elle
envahissait notre camarade. Entendez-vous ? l'Italien qui
succombait par la rigueur du temps, et qui n'avait, pour
se réchauffer à son heure suprême, qu'une couverture, un
haïk en lambeaux ! O mon Dieu ! faut-il qu'il existe des créa-
tures si malheureuses, tandis qu'il en existe qui ont reçu
trop de bonheur en partage, au point qu'elles s'ennuient
dans leur prospérité, comme un avare qui se laisse mourir
de faim à côté de son trésor.

Berthoumiau ne disait rien : nous enlevions la neige ;

mais il faisait si froid. Il finit par rendre le dernier souffle :
il était gelé.

Nous demeurâmes à pleurer auprès de ce cadavre. Le
corailleur venait de mourir loin de Gênes et de la Méditerranée, dans les montagnes de Tekedemta, dans un pays qui
n'est pas même connu des habitants d'Alger.

Une demi heure s'était à peine écoulée depuis que Berthoumiau avait fermé les yeux, que nous n'apercevions plus
le visage du trépassé. La neige, qui s'était amoncelée sur
le cadavre, en dessinait les contours.

Dieu seul a su ce que nous avons souffert pendant cette
nuit.

Nous allâmes à la pointe du jour annoncer aux Arabes
la mort de Berthoumiau. Nous leur demandâmes la per-
mission d'enterrer le cadavre de notre frère. Ils commencèrent par nous refuser : nous redoublâmes nos prières et
nous finîmes par leur arracher l'autorisation que nous sol-
licitions de toutes les forces de notre amitié et de toutes les
larmes de notre désespoir.

Nous déshabillâmes le cadavre et nous le couchâmes
dans la fosse que nous avions creusée avec un soin extrême,
afin de mettre notre frère à l'abri contre la voracité des bêtes féroces et des oiseaux de proie. La mort de Berthoumiau nous donna un haïk et une chemise : nous nous par-
tageâmes ces vêtements et nous les plaçâmes sur ceux que
nous portions déjà sur le corps. Je ne sais pas si nous avons
eu tort de mettre les habits d'un mort, et si Dieu nous pu-
nira de cette action. Mais, mon lieutenant, nous avions les
pieds et les jambes nus ; nous couchions à la belle étoile.

Cette chemise et ce haïk nous garantirent un peu contre le froid et nous donnèrent quelque chaleur. Et puis nous souffrions tant !

Nous retournâmes à la corvée sans Berthoumiau, et nous ne pûmes pas nous distraire des idées sinistres que cette mort nous avait inspirées. En outre, nous n'entendions plus parler des prisonniers français. Jamais le nom de M. Meurice, ou le vôtre, mon lieutenant, ne retentissaient à nos oreilles. Les Arabes, loin de nous laisser entrevoir quelque espoir de délivrance, cherchaient au contraire à nous persuader que notre captivité ne devait pas finir. Ils nous répétaient à tout propos que vous aviez été échangés, et qu'ainsi l'occasion d'être rachetés était perdue à jamais pour nous; de cette façon nous n'avions en perspective que les travaux auxquels nous étions condamnés, que les cruautés auxquelles nous étions constamment exposés, et que la mort terrible à laquelle l'un de nous avait déjà si misérablement succombé.

Nous ne nous laissâmes pas abattre par une telle destinée, et nous conçûmes le projet de nous évader. Deux Turcs faits prisonniers à Mostaganem, et qui étaient assujettis aux mêmes travaux que nous, avaient formé un semblable dessein. Nous nous associâmes à leurs tentatives pour assurer la réussite de notre fuite. La première chose à laquelle il fallait songer, c'était de préparer des vivres pour nous soutenir en route, puisque nous devions marcher pendant la nuit, à la faveur des sentiers perdus et loin de toute habitation. Notre nourriture était peu copieuse. Cependant nous étions parvenus à mettre de côté quelques morceaux de biscuit, qui devaient suffire à calmer notre faim pendant notre voyage. Nous touchions à la veille du jour où nous devions nous échapper de Tekedemta, lorsque les cavaliers de Mascara vinrent, d'après les ordres de l'émir et du kaïd, nous chercher. Ils nous apprirent que nous avions été compris dans l'échange des prisonniers que l'émir avait conclu avec le gouverneur d'Alger, et que nous allions être dirigés sur Oran. Rien ne peut donner l'idée de la joie que nous ressentîmes à cette nouvelle. Pour ma part, j'ai cru un moment que j'allais devenir fou. Comment ! on m'arrachait de Tekedemta ! un séjour plus difficile et plus dur à habiter que l'enfer !

Nous n'eûmes pas le temps de mettre en doute la vérité de ces bonnes nouvelles. Presque aussitôt, on nous amena deux mules. Nous partîmes sur-le-champ.

Nous avons marché pendant deux jours et deux nuits sans nous arrêter. Nous étions si contents que nous n'avons pas songé un seul instant à manger tout le long de la route. Les cavaliers nous offraient de l'orge. Nous refusions. Le bonheur nous empêchait de sentir la faim.

Nous sommes arrivés à Mascara en bien mauvais état ; mais, Dieu merci ! avec la vie sauve. Notre misère touche à sa fin. Pourquoi faut-il que M. Meurice et que notre pauvre Berthoumiau ne se trouvent pas au milieu de nous.

Vrai, mon lieutenant, nous reverrons Gênes ?

— Certainement, mon bon Francesco. Mais, en attendant, il faut manger. Voici Mardulin qui rapporte des figues sèches et du pain. Prenez cet à-compte.

— Merci. Je commençais à souffrir de la faim. Mais je

1.

ne vois pas Benedito. Est-ce que l'enfant habite toujours la smala?

— Noïi, il demeure à Mascara.

— D'où vient donc qu'il ne demeure pas avec vous ?

— Tu n'auras pas de peine à le comprendre. L'enfant s'est habitué aux Arabes avec lesquels il vit depuis le désastre de vos bateaux. Il ne veut pas s'en séparer : on le traite bien et il joue avec les enfants de la ville pendant le jour ; à la nuit, il se retire chez les femmes du kaïd. Il vient nous visiter de temps en temps ; il ne se rappelle de nous qu'à l'heure du souper, et je ne serais pas étonné de le voir arriver d'un moment à l'autre. Écoute... je crois que je l'entends monter l'escalier. Oui, c'est lui : je reconnais son pas. Il s'approche. La porte s'ouvre. Francesco, je ne m'étais pas trompé, voici votre petit camarade. Bonjour, Benedito.

— Bonjour, répondit le mousse qui venait d'entrer dans la chambre.

— Tu ne viens plus nous voir ?

— Donne-moi du couscoussou, j'ai faim.

— Tu n'as pas soupé chez le kaïd ?

— Non. Les femmes sont allées au jardin ce matin, et elles ne sont pas encore rentrées.

— Benedito, regarde ces deux hommes.

— Eh bien?

— Tu ne les reconnais pas?

— Non.

— Tu les as vus bien souvent.

— Jamais.

— Regarde-les bien.

— Ce sont des chiens de chrétiens.

— Des chiens de chrétiens! s'écria Francesco : pauvre petit malheureux !

— Pourquoi les traites-tu de chiens de chrétiens ?

— Parce que ma mère m'a dit que vous étiez des chiens.

— Ta mère?

— Oui. Elle est demeurée à la smala de l'émir.

— Mais tu as été baptisé, Benedito ?

— Non. Je suis musulman.

— Tu n'es pas Arabe de naissance ?

— Si.

— Mais voilà Francesco et Crescenco, qui sont venus de Gênes à Ténez avec toi.

— Gênes! Je ne sais pas ce que tu veux dire.

— Viens, mon enfant, reprit Francesco en accablant le mousse de caresses. Tu ne te rappelles plus de nous?

— Non.

— Comment nous appelons-nous?

— Je ne sais pas.

— Où est ton pays?

— Ici.

— Tu n'as donc pas été baptisé?

— Je suis musulman. *La Allah ill' Allah, Mohammed rassoull' Allah.*

— Mais non, pauvre petit, tu es chrétien. Sancta Maria ! Il a oublié le *Pater Noster* pour la chanson de Mahomet.

Benedito, tu ne te rappelles donc plus du bateau que nous montions quand nous pêchions le corail? »

L'enfant ne répondit pas.

« Veux-tu revenir à Alger avec nous?

— Non.

— Mais d'Alger, nous nous embarquerons pour Gênes. Là, nous irons retrouver ton oncle, qui est patron d'une belle barque, et tu embrasseras ta mère, la Maria. »

Au nom de Maria, l'enfant parut éprouver quelque émotion. Ses souvenirs semblaient se réveiller.

« Tu viendras bien avec nous embrasser la Maria? reprit Francesco.

— Oui; mais je ne veux pas m'en aller de Mascara, ni quitter les enfants du kaïd, ni ma mère, qui demeure là-bas... »

Et en disant ces derniers mots, l'enfant désignait avec la main la province dans laquelle était située la smala de l'émir. Puis il s'échappa de la chambre et courut jouer sur la place avec les enfants de la ville.

Le lendemain de l'arrivée de Francesco et de Crescenco, le kaïd de Mascara fit descendre chez lui tous les prisonniers. Il leur annonça qu'ils allaient d'un instant à l'autre se mettre en route pour Alger.

« En attendant l'heure de votre départ, ajouta-t-il, je vais, d'après les ordres de l'émir, vous faire habiller à neuf. Prenez ces haïks et ces gilets de laine.

— Tu ne me donnes pas de babouches? demanda M. A. de France.

— Tu n'en as pas besoin, répondit le kaïd : tu ne marcheras pas, puisque tu feras le voyage monté sur une mule.

— Ce n'est pas une raison pour me laiser partir pieds nus.

— Fils de chien, tais-toi.

— Non, je ne me tairai pas; car je veux, avant mon départ, te dire tout ce que je pense sur la conduite que tu as tenue à notre égard, malgré les ordres précis de l'émir.

— Dis ce que tu as à dire.

— Tu as raison de m'appeler fils de chien, car tu m'as traité comme un chien.

— Comme un chien de chrétien.

— C'est tout un pour vous, je le sais.

Vous avez tué Meurice et le pêcheur, à force de mauvais traitements et d'inhumanité.

Vous m'avez réduit à deux doigts de la mort.

Tu nous a laissés aller nus, exposés au froid le plus rigoureux, à la neige et à la pluie.

Tu nous a nourris plus mal que des pourceaux.

Et vos frères, prisonniers à Marseille, sont traités avec la générosité que l'on doit à des ennemis malheureux. Ils vous ont écrit à plusieurs reprises qu'ils n'avaient aucune plainte à adresser contre leurs surveillants, qu'ils avaient au contraire à se louer des égards et de la bienveillance dont ils les accablaient.

Et malgré ces rapports favorables, qui auraient dû vous inspirer quelque reconnaissance, vous n'avez apporté aucun soulagement à nos misères de tous les jours et de toutes les nuits.

Le sultan nous fait habiller, parce que nous allons rentrer dans notre pays. Il veut que les Français, en nous voyant vêtus tant bien que mal, se persuadent qu'il est bon et magnifique.

Mais on connaît son astuce.

Je raconterai tous les mauvais traitements que vous nous avez fait endurer.

Dis à l'émir que je regrette de partir sans le voir ; car, avant de rentrer parmi les miens, j'aurais voulu pouvoir lui répéter une dernière fois que sa conduite à l'égard des prisonniers est infâme. »

Le kaïd prit fort mal cette véhémente apostrophe. Il répondit tant bien que mal et finit par aller se calmer et cacher sa confusion dans son logis. Notre officier s'était laissé emporter par la fougue de sa jeunesse, et il s'était exposé à jouer gros jeu. Il y avait plus que de l'imprudence et de l'irréflexion à tenir un pareil langage devant le personnage auquel l'émir avait confié dans Mascara ses pleins pouvoirs. Cette témérité pouvait coûter cher, et elle devenait pour ainsi dire gratuite à la veille d'une délivrance. Mais les choses se passèrent mieux que de coutume. Le kaïd, qui, après tout, n'était pas un mauvais homme, comprit ce qu'il devait pardonner à un mouvement d'irritation et d'impatience, et il ne tarda pas à revenir auprès des prisonniers, afin de donner la dernière main à leurs préparatifs de départ. Et comme pour prouver à notre jeune officier qu'il ne lui gardait pas rancune, il lui remit deux piécettes (la valeur de vingt-deux sous de France).

Dans le principe, chaque piécette valait huit mousounés

(huit sous). A cette époque, elles valaient onze mousounés chacune. L'émir avait été forcé, tant la pénurie de son trésor était grande, d'augmenter la valeur nominale de le monnaie à peu près d'un quart.

Des marchands de Blidah et de Milianah , qui conduisaient des mules chargées de pelleteries dans la dernière de ces deux villes, offraient une occasion aussi heureuse que favorable pour faire voyager les chrétiens. A ces gens devaient se joindre en chemin les Arabes que leurs affaires appelaient à Milianah, et d'heure en heure, le cortége pouvait se grossir. Plus la caravane réunissait de monde, plus elle offrait de chances de sécurité pour les biens et les personnes qui la composaient. Aussi le kaïd ne négligea-t-il pas de mettre à profit cette bonne fortune. Les mulets vinrent s'arrêter devant la porte des prisonniers, et, au même instant, le kaïd donna le signal du départ pour Milianah.

Mais un incident, qu'il était bien difficile de prévoir, faillit, en ce moment, à compromettre le succès de ce voyage, par un ajournement aussi regrettable que périlleux.

On avait eu soin d'enfermer le petit mousse Benedito avec les prisonniers. On craignait d'avoir la peine de le chercher dans les maisons de la ville, si on le laissait sortir, et de ne pas le tenir sous la main à l'heure dite. Mais il arriva que l'enfant s'échappa à la faveur de la confusion et du mouvement qui se produisirent à l'arrivée du kaïd. Quand il fallut se mettre en marche, on ne retrouva plus Benedito. Francesco l'appelait et se désolait ; il se persuadait déjà que les Arabes voulaient garder Benedito parmi eux et le tenir à jamais séparé de ses compatriotes. Le kaïd envoya ses chaous à la recherche du fugitif. On les vit revenir bientôt, en poussant devant eux Benedito, qui s'était campé sur le dos de la lionne dont nous avons parlé précédemment, et qui marchait triomphalement au milieu des clameurs que jetaient autour de lui ses petits camarades. On lui fit abandonner la lionne et on le remit entre les mains de **Francesco.**

Dès que Benedito se vit arraché à ses jeux et à ses camarades, il se prit à pleurer et à crier. Il se roulait par terre, il refusait de marcher. Les enfants de la ville l'appelaient et l'invitaient à venir se réunir à leurs jeux. Le mousse suppliait les Arabes de le délivrer et de le conduire chez les femmes du kaïd.

« Je ne veux pas , disait-il, partir avec les chiens de chrétiens. »

Quelques fanatiques s'apprêtaient déjà à retirer Benedito des mains de Francesco, lorsque celui-ci saisit le petit récalcitrant dans ses bras, le place sur sa mule et part sans écouter ses lamentations et ses larmes.

Profitons du départ de nos compatriotes pour jeter un dernier coup d'œil dans Mascara.

Cette ville est bâtie sur le versant des collines du petit Atlas, qui ferment au sud la plaine d'Eghris. Elle occupe deux mamelons séparés l'un de l'autre par un profond ravin, et se divise en cinq quartiers bien distincts.

1. La ville proprement dite.
2. Au nord, le faubourg de Baba-Ali.
3. Au sud, le faubourg d'Aïn-Beïdha.
4. A l'est, quelques maisons isolées.

5. A l'ouest, le faubourg d'Arkoub-Ismaël.

Les deux places principales sont celles du Marché et du Beylik. Sur cette dernière, s'élève une fontaine qui verse l'eau dans une coquille en marbre blanc. Trois rues traversent la ville dans la longueur. Aux portes de la ville, on cultive des jardins, et la campagne fournit des amandiers et les diverses sortes de figuiers.

Ce ne fut sans peine que la caravane traversa la ville. Il lui fallut essuyer les injures et les malédictions des habitants.

Dans toute autre occasion, les captifs auraient pu s'alarmer de ces démonstrations hostiles ; mais, à cette heure, ils se livraient tout entiers au bonheur de sortir d'un pays dans lequel ils n'avaient trouvé que souffrance et que mort.

Le convoi se composait de M. de Franee, des trois Italiens Francesco, Crescenco, Benedito, du père Lanternier, de M. Pic et de Bastien, son domestique, de madame Laurent, de Bourgeois et de Devienne, du 11e de ligne, de Fleury et de Lefort, du 66e de ligne, et de Léonard, de la 7e compagnie de discipline.

Un certain nombre de juifs et d'Arabes, qui suivaient à pied ou sur des ânes, étaient venus porter le nombre des voyageurs à quarante. Un kaïd des environs de Milianah conduisait le convoi ; un cavalier de l'émir, porteur d'ordres verbaux et écrits, était chargé de surveiller et de protéger les prisonniers.

Après avoir compté et recompté son monde, le kaïd de

Mascara rentra chez lui, et la petite caravane sortit des murs de Mascara.

A quelques pas de la ville, Bourgeois se rapprocha de l'ancien compagnon de Meurice.

« Mon lieutenant , lui dit-il, voici l'endroit où nous avons enterré M. Meurice.

— Mes amis! s'écria M. de France, avant de nous éloigner à jamais de cette place, saluons la tombe de Meurice! »

A ces mots, les chrétiens suspendirent leur marche. Ils s'inclinèrent en passant devant la fosse qui avait reçu le cadavre de Meurice, et ils firent le signe de la croix. Les Italiens essuyaient des larmes qui roulaient dans leurs yeux ; cette sépulture leur rappelait celle du pauvre Berthoumiau. Notre jeune officier reprit, tout rêveur et tout chagrin, son chemin. Cette tombe avait rouvert la blessure qui torturait son cœur, et au souvenir de Meurice, venait se joindre celui de Mardulin. Par un raffinement de cruauté incroyable, le kaïd de Mascara avait voulu empoisonner la joie que devait goûter M. de France à son départ pour Milianah. Le gouverneur avait eu le temps d'apprécier les bonnes relations qui s'étaient établies entre Jean Mardulin et les prisonniers. Il n'ignorait pas les services que ce soldat avait rendus à ses compatriotes, et il savait quelle amitié et quelle reconnaissance ces derniers lui avaient vouées. L'Arabe comprit qu'en tenant Mardulin éloigné de Mascara, lorsque les Français partiraient pour Milianah, il affligerait douloureusement aussi bien les captifs que le déserteur. Il tint secrets l'heure et le jour du voyage, et il ordonna à Mardulin d'aller à une lieue de la ville, et dans une direction opposée à celle que suivait la route de Milianah, déterrer une pièce de canon enfouie dans la terre par les Arabes, lors de l'occupation de Mascara par les troupes françaises.

Ainsi les captifs éprouvèrent la douleur de sortir de Mascara sans presser la main de leur bienfaiteur et sans adresser un dernier adieu et un dernier remercîment à cet excellent homme.

Le départ s'ouvrait donc sous de fâcheux auspices, et nos voyageurs, au lieu de se livrer à la joie que devait leur inspirer l'événement si desiré de leur échange, cheminaient en proie à la tristesse. Ils laissaient deux de leurs frères couchés dans leur froide sépulture de Mascara et de Tekedemta. La première borne qu'ils avaient rencontrée sur la route était marquée par la tombe de Meurice ; et s'ils avaient pu saluer le *mort*, ils leur avait été interdit d'embrasser le *vivant* auquel deux d'entre eux étaient redevables de la vie, tandis que tous avaient mangé le pain et le lait qu'il s'était arraché de la bouche, afin de calmer leur faim et leur soif. De tels services ne se paient jamais avec de l'argent. Il suffit d'un regard, d'un mot, pour dédommager le créancier des avances qu'il a faites à son débiteur.

Chemin faisant, un jeune marabout, qui allait à Milianah, se joignit à la caravane. Le nouveau venu ne tarda pas à se faire remarquer des autres voyageurs par l'ardeur de ses prières et l'exaltation de son fanatisme. Il prêchait l'obéissance à l'émir et la révolte contre les Français. Il était à craindre qu'en traversant les tribus, il n'excitât le zèle des

Arabes, au point de compromettre la vie des chrétiens avec
lesquels il faisait route d'aventure pour Milianah.

Vers le milieu du jour on découvrit le village d'El-Borgj.
A mesure qu'on se rapprochait de ce centre de population,
on découvrait à quelque distance du village un rassemblement considérable d'Arabes, et le vent apportait les clameurs confuses et bruyantes des hommes et des animaux
qui encombraient une espèce de champ de foire. C'était
jour de marché au village d'El-Borgj, et l'on allait arriver
au moment de la journée où le mouvement des affaires et
la réunion des vendeurs et des acheteurs étaient les plus
intéressants et les plus nombreux.

La présence d'une affluence aussi grande d'Arabes que
celle qui se pressait sur le marché d'El-Borgj, parut inspirer de vives inquiétudes au kaïd des environs de Milianah.
Il craignit un moment que les prisonniers confiés à sa
garde ne devinssent les victimes de la fureur des Arabes
réunis au marché. Il fit arrêter la marche des voyageurs
et envoya le cavalier de l'émir présenter ses lettres au kaïd
d'El-Borgj et le prévenir de l'arrivée du convoi.

Dès que le cavalier eut pris sa course pour aller rejoindre
le kaïd du village, la colonne se remit en mouvement : elle
fit un détour afin de ne pas traverser le village, et alla camper en deçà des maisons. On lui ordonna d'attendre et de se
reposer jusqu'au moment où l'on ferait la distribution du
pain.

Ce village d'El-Borgj, dont il a été question si souvent
durant le cours de ce récit, est situé sur une montagne assez accidentée et peu élevée, qui borde au nord la plaine

de Mascara. Il renferme une mosquée et deux ou trois maisons en pierres sèches. Les autres maisons sont construites en torchis, et sont couvertes avec du chaume et des broussailles.

Une muraille de quatre pieds d'élévation entoure ce village. Dans cette muraille sont ménagées deux portes, dont l'une est placée à l'ouest et l'autre à l'est. Les jardins sont nombreux, bien cultivés et nourrissent des arbres à fruits en grande quantité. Parmi les plantations à fruits, la vigne domine par le nombre et l'excellence de ses ceps. Les Arabes n'ont jamais taillé les souches : ces souches s'élèvent à plusieurs pieds du sol; ce sont de beaux arbres qui étendent au loin leurs branches chargées de raisins délicieux. Les raisins du village d'El–Borgj jouissent d'une grande faveur parmi les Arabes, et on dit que cette faveur est bien méritée.

Tandis que les prisonniers attendaient leur pain, les femmes et les enfants du village accouraient vers eux et les accablaient d'injures, de coups et de menaces de mort. Dès que la distribution d'une moitié de galette de pain pour chaque homme fut achevée, on se remit immédiatement en marche. On voyagea jusqu'à la fin du jour par des chemins affreux, à travers les ravins, les collines, les pierres et les broussailles, dans un pays inculte, sauvage, et presque inhabité. A l'entrée de la nuit, on atteignit un petit village situé à quatre lieues de la cascade de l'Oued-Mina, dans le sud–ouest.

La position de ce village est délicieuse. Les maisons sont construites en amphithéâtre, au pied de la montagne : la maison du kaïd de l'endroit est située un peu plus bas. Elle présente à l'œil une assez grande et une fort jolie apparence. Elle est bâtie sur une petite île formée par deux ruisseaux. Le jardin qui s'étend derrière la maison est planté d'arbres fruitiers et doit rapporter une ample et riche moisson de fleurs, de légumes et de fruits.

Des lauriers roses, des peupliers magnifiques, des figuiers, des amandiers, des pêchers, des abricotiers, des vignes, des jujubiers, couvrent toute cette portion de la plaine et de la montagne, et font de cet endroit une campagne fraîche, riche et riante. Les jardins des habitants du village sont abondamment fournis d'arbres fruitiers de toute espèce et s'étendent gracieusement sur les ravins au pied desquels les ruisseaux qui les arrosent entretiennent dans toutes les saisons une grasse et puissante végétation.

Tandis que le kaïd de la caravane s'entretenait avec le kaïd du village, des arrangements qu'ils avaient à prendre pour loger les chrétiens pendant la nuit, les marchands de pelleteries qui faisaient partie du convoi dressaient leurs tentes. Les chrétiens ne devaient pas rencontrer un asile sous ces tentes. L'espace fort exigu des chambres couvertes était encombré par des ballots, et les marchand ne voulaient pas loger sous le même toit avec les chrétiens.

Le kaïd de l'endroit finit par désigner une maison dans laquelle on pouvait passer la nuit. Nos voyageurs gravirent un sentier très escarpé qui les conduisit dans le village, et ils se présentèrent dans la maison que le kaïd avait mise à leur disposition. Mais le propriétaire de la maison, à la vue des nouveaux venus, entra dans une violente colère, et les repoussa avec fureur. Le kaïd qui commandait le convoi tenta de s'expliquer avec le récalcitrant et de traiter de l'amiable avec lui. Mais ce dernier se montra inébranlable dans sa résolution. La discussion dura une bonne demi heure, après laquelle les choses furent aussi peu avancées qu'elles l'étaient en commençant. Il fallut se retirer, et ce ne fut qu'après de nouvelles recherches et de nouvelles propositions que l'on finit par trouver un gite.

La salle dans laquelle on introduisit les voyageurs n'était guère préparée à recevoir de tels hôtes. Sa destination journalière était celle d'une écurie. A cette occasion, on avait fait sortir les bêtes pour loger les hommes. La maison était construite en pierres sèches. Les murs n'avaient guère plus de trois pieds d'élévation. Cependant comme le toit allait en s'allongeant, on pouvait se tenir debout dans la chambre.

Le premier soin des nouveaux hôtes de cette écurie fut de balayer le sol et d'enlever le fumier : puis on alluma un petit feu au milieu de la chambre. Dans l'un des coins on étendit des tapis, sur lesquels les chefs allèrent se coucher. Le jeune marabout récita la prière, qui fut suivie d'un excellent plat de couscoussou. Si le repas fut bon, la nuit fut des plus mauvaises. Le feu qu'on avait allumé au milieu de la chambre produisait une épaisse fumée qui étouffait les assistants. Mais entre la crainte du froid et le désagrément de la fumée, il n'y avait pas à hésiter sur le choix du moindre de ces inconvénients. On n'éteignit pas le feu : car l'on jugea plus prudent de ne pas dormir par la faute de la fumée, plutôt que de se laisser geler les jambes par le froid de la nuit.

Au point du jour, on se mit en mouvement. Ceux d'entre les prisonniers qui, la veille, avaient fait la route à pied, remplacèrent sur les mules leurs camarades qui avaient chevauché. Après avoir marché pendant quatre heures, on arriva dans une tribu qui habite les bords de l'Oued-Mina.

Aussitôt, le kaïd du convoi donna l'ordre à la caravane d'aller l'attendre sur les bords de la rivière; il signifia en même temps à M. de France et aux Italiens de l'accompagner dans la course qu'il voulait tenter dans la tribu. Il partit à l'instant et se mit à parcourir les tentes de la tribu. Les hommes étaient allés dès le matin à un marché qui se tenait sur un des points de l'Oued-Mina. Le kaïd finit par entrer dans une vaste tente, tissue en poil de chameau (caïman), qui offrait toutes les apparences d'une habitation opulente. La tente était en ce moment occupée par trois femmes; la propreté et la recherche de l'habillement, chez ces femmes, annonçaient que leur mari menait une riche existence. Tout ce qui lui appartenait, caïman, outils, armes, animaux et femmes, témoignaient assez haut et non sans quelque imprudence, par leur bon entretien et par la vigueur et l'ampleur de leurs formes, de la prospérité de la maison.

Le kaïd demanda, au nom de l'émir, du pain pour les gens de sa suite et pour les prisonniers. Les femmes se mirent aussitôt en devoir, et avec la meilleure grâce du monde, de satisfaire à sa demande , en pétrissant les galettes de pain.

La première prit un moulin et s'occcupa à moudre le blé.

La seconde alluma du feu; puis elle délaya dans de l'eau la farine que la première retira du moulin.

La troisième plaça sur le feu une poêle, dans laquelle elle fit fondre du beurre, et fit cuire la pâte que lui présenta la seconde de ses compagnes.

Tandis que les femmes de la tente se livraient à ces travaux, le kaïd et ses prisonniers s'asséyaient sur les tapis et se délassaient des fatigues du chemin, en admirant l'une de ces femmes , qui brillait d'une beauté digne de figurer ailleurs que sous une tente en poil de chameaux, et de charmer un époux moins grossier qu'un Arabe.

Mais nos voyageurs se virent bientôt arrachés à leur naïve et charmante contemplation. Les enfants et les femmes de la tribu se précipitèrent dans la tente sous laquelle ils se reposaient. Ils les dévisagèrent effrontément et ne cessèrent tout le temps qu'ils demeurèrent dans ce caïman, par leurs gestes, leurs grimaces, leurs apostrophes, de leur témoigner leur haine contre les chiens de chrétiens.

Lorsque les trois femmes eurent fini de cuire les galettes de pain, le kaïd renferma dans un sac le nombre des rations nécessaires pour la subsistance de ses gens, et il alla rejoindre sa caravane, qui l'attendait sur les bords de l'Oued-Mina. Dès que le kaïd eut distribué les galettes de pain, il donna l'ordre de se lever et de poursuivre le voyage.

On commença par traverser l'Oued-Mina, et l'on marcha dans le nord afin d'éviter la montagne qu'habitent les tribus des Beni-Flitas; et l'on alla rejoindre l'Oued-Chéliff.

Nous avons dit que les Beni-Flitas avaient secoué le joug de l'émir, et nous les avons montrés en guerre ouverte avec ce chef, duquel ils répudiaient les sanglantes menées et les despotiques instincts. Vous savez la bataille qui eut lieu entre les réguliers de l'émir et les Ben-Flitas. C'est à cette occasion que nous avons raconté les atrocités qu'un chaou avait commises sur la personne d'un Ben-Flitas qui était tombé au pouvoir de l'émir. Le chaou avait perdu son fils dans cette affaire: pour s'en venger, il coupait les quatre membres du Ben-Flitas prisonnier, et ensuite le jetait vivant sur uub ûcher.

Au coucher du soleil, on s'arrêta dans un douair.

Les Arabes donnent le nom de *douair* à la réunion de plusieurs tentes, dressées en rond et entourées de broussailles. Ces broussailles forment une espèce d'enceinte dans laquelle on renferme les troupeaux pendant la nuit. Chaque tente est gardée par deux ou trois chiens qui ne cessent d'aboyer. Les tribus ainsi que les villes des Arabes sont remplies de chiens qui, pendant la nuit, font un vacarme assourdissant. On sait que les chiens ne trouvent pour toute nourriture que celle qu'ils ramassent parmi les immondices. Ce sont eux qui sont chargés de nettoyer les rues et les sentiers, et ils remplissent le plus consciencieusement du monde, tant leur faim est sans cesse aux abois, l'office de balayeur et de récureur d'égouts. Cet état de choses se rencontre aussi bien dans les tribus nomades que dans les villes impériales, telles que Constantinople et le Caire.

II

LERBA

Le douair dans lequel on venait d'arriver était placé dans une plaine très riche et très cultivée. On n'apercevait que chaumes de tous côtés. Cependant on servit aux voyageurs un couscoussou détestable. Le jeune marabout, malgré ses saintes et sévères pratiques, se montra très mécontent de ce souper. Il tenta d'adoucir l'avarice des habitants du douair : il récita plusieurs fois la prière en leur présence; il leur tint de beaux discours qu'il termina par de brillantes promesses qui devaient procurer à ses auditeurs toutes sortes de biens sur la terre et dans le paradis de Mahomet. Mais il dépensa inutilement son éloquence et ses dévotions.

Les Arabes firent la sourde oreille, et n'allèrent pas chercher une meilleure nourriture que celle qui était servie.
Il fallut s'en contenter : et notre marabout soupa médiocrement. Pour comble d'infortune, le froid sévit pendant la
nuit, et vint glacer sur leurs nattes de jonc nos voyageurs
déjà fort maltraités par les fatigues de la route et par la
détestable pitance qu'on leur avait fournie, sous la forme
trompeuse d'un couscoussou, épicé de miel.

On marcha le lendemain, depuis le point du jour jusqu'au soir, sans prendre un seul instant de repos. C'était
la troisième étape que l'on faisait depuis le départ de Mascara. Le terrain que l'on parcourait était rocailleux et couvert de broussailles. Les voyageurs mettaient leurs pieds
en sang. Leurs babouches ne valaient déjà plus rien et
chaque obstacle en arrachait des lambeaux. Vers le
milieu du jour, le cavalier de l'émir alla chercher
dans une tente perdue dans cette province de mauvaises
galettes de pain d'orge. Après une marche forcée, en remontant l'Oued-Chéliff, dont les bords sont habités par de
nombreuses tribus, on campa le soir dans un village ; toutes
les maisons en étaient construites en torchis. Les voyageurs furent hébergés dans une mauvaise petite baraque
dont les murs tombaient en ruines. Ils reçurent pour souper un couscoussou de fèves ; pendant la nuit ils souffrirent
cruellement du froid, car les Arabes ne leur allumèrent pas
de feu.

La soirée s'annonçait comme devant être fort triste. Les
prisonniers étaient harassés de fatigue : ils avaient les pieds
déchirés par les pierres et les ronces, et ils commençaient

à se lamenter sur les lenteurs et les privations dont ils étaient accablés en chemin. Les soldats ne parlaient plus. Léonard avait perdu en partie sa gaîté. Le père Lanternier ne racontait plus d'histoires, et madame Laurent soupirait en songeant aux ravages que la route et ses souffrances exerçaient sur ses attraits. M. Pic venait de sortir : on l'attendait pour souper.

Soudain on entend du dehors ces cris poussés par M. Pic.

» A moi! au secours! à l'assassin! »

On allait au devant lui ; lorsqu'il rentre avec un visage décomposé et un regard effaré.

« A mon aide, mes amis, c'en est fait! s'écrie-t-il.

— Que vous est-il arrivé M. Pic? lui demande M. de France.

— Ah! là, là! Je n'en reviendrai pas!

— Qu'avez-vous, mon maître?

— J'ai. Bastien, j'ai... aie! aie! Dieu, que je souffre.

— Ah! çà, fit Léonard, vous êtes comme l'anguille de Melun, vous criez avant qu'on vous écorche.

— Tais-toi, mauvais plaisant. A moi! je vais me trouver mal.

— Mon cœur, qu'est-ce qui vous arrive? dit à son tour madame Laurent.

— Mais, petite mère, ne vous effrayez pas, fait Léonard; de quoi se plaint le bourgeois?

— De quoi je me plains? mauvais sujet.

— Allez, allez, les sottises, ça ne m'atteint pas.

— Oui, bourgeois, de quoi vous plaignez-vous?

— Je me plains du mal qu'on m'a fait.

— Qui vous a blessé.

— Qui m'a blessé?

— Une mâchoire d'acier.

— D'âne ou de bédouin?

— De chien.

— Un chien vous a mordu, bourgeois?

— Oui.

— Où ça...

— Où?

— Oui... Est-ce que la pudeur de madame Laurent vous défend de nommer l'endroit?

— Non.

— Ne le dites pas, mon cœur, si c'est où vous savez, fait madame Laurent.

— Mais ce n'est pas où vous croyez.

— Pourquoi aussi que vous allez, estimable colon, prendre l'air à la belle étoile. Si on n'est pas mordu, on risque de s'y enrhumer.

— Mais je te dis que ce n'est pas...

— Au commencement des cuisses...

— A la jambe.

— Aimable colon, qui voudrait faire croire qu'il a des mollets !

— Eh bien! oui, c'est au mollet que j'ai été mordu par un chien.

— C'était bien la peine de tant crier.

— Et si la bête est enragée.

— Oh! alors, vertueux colon, tu vas nous tourner les talons.

— Comment ça?

— C'est que quoique tu sois un vertueux colon, par état, tu passes à l'état de bête féroce, dès que tu es mordu par un chien enragé. Ah! mais, si nous l'opérions avec un fer rouge.

— Du tout. Je m'oppose à cette opération.

— N'ayez pas peur, ô mon beau pigeon, j'ai mis le feu aux quatre pattes d'un âne, je saurai bien mettre le feu au mollet d'un colon... s'il existe un mollet.

— Laissons ces plaisanteries, dit alors notre officier de marine; montrez-nous votre jambe.

— C'est là, fit M. Pic.

— Là. Vous avez eu plus de peur que de mal. Ce n'est rien.

— Vous croyez?

— Une égratignure. Bonsoir, et dormez tranquille.

— Je veux bien vous croire.

— Dis donc, petite mère, en voilà des bourgeois, des colons. N'a pas besoin de lui donner des pruneaux pour lui infuser la colique. Et dire que ces colons là s'insurgent contre l'armée et que ça voudrait gouverner l'Algérie avec un garde champêtre et le greffier du juge de paix. Quel malheur!

— Si ça avait été au feu comme nous autres encore.

— Ce serait un peu mieux culotté, petite mère. Au reste, t'es comme le phénix, belle cantinière. Plus tu vas au feu, plus tu rajeunis.

— Sans calembourg, Léonard?

— Sans calembourg, ô ma belle.

— Aimable gredin que tu fais!

— Et dire que je ne pourrai jamais faire ton bonheur, puisque...

— J'ai un légitime.

— Comme c'est commode!

— Aussi je vais dormir en songeant à lui.

— Et aux autres.

— Tais ton bec, malhonnête.

— C'est comme ça. Bon soir, cantine détraquée!

— Ce que c'est que la jalousie. Je ne t'en veux pas.

— Grenouille en crapaudine!

— Encore. Est-il jaloux! — Je finirai par l'adorer.

— Oh! alors, j'ai peur. Le cordon, s'il vous plaît. A revoir, ma belle.

> Et vogue la nacelle
> Qui porte mes amours!

Au soleil levant, nos voyageurs se mirent en route le lendemain. Ils ne se donnèrent pas le temps de se reposer, et fournirent tout d'un trait leur étape. Ils traversèrent un emplacement qui était jonché par les ruines d'une ancienne ville espagnole. On ne voyait ni une muraille, ni une maison debout; le sol était couvert par une grande quantité de pierres travaillées avec autant de précision que d'art.

On allait sans trop s'inquiéter de rien, lorsque vers le

milieu de la journée, une troupe de cavaliers bien armés et bien montés sortit d'une embuscade dans laquelle elle se tenait cachée. Elle arriva bride abattue sur notre caravane, et sans songer à prendre le moindre renseignement, on la vit apprêter ses armes et se disposer à fondre sur les voyageurs et à les détrousser. Ces démonstrations hostiles effrayèrent le cavalier de l'émir, qui avait reçu la mission de protéger les prisonniers français : à l'instant, il courut vers les cavaliers et échangea quelques paroles avec eux.

« Semi, semi, leur dit-il (*semi*, amis).

— D'où viens-tu? lui répondirent les assaillants.

— De Mascara.

— Tu portes l'uniforme des réguliers de l'émir.

— J'appartiens à l'émir.

— Où vas-tu?

— A Milianah.

— Quels sont les gens avec lesquels tu voyages de compagnie?

— Ce sont des marchands de peau, des négociants et des juifs qui vont à Milianah.

— Voilà tout?

— Il y a encore dans la caravane, des prisonniers.

— Des Français?

— Oui.

— Ils vont passer par nos mains.

— Non.

— C'est une occasion de venger nos frères et de frapper les chrétiens.

— Non.

— Qui nous en empêchera?

— Moi.

— Qui t'a chargé de défendre les chrétiens?

— L'émir.

— Que veut-il en faire?

— Ils les renvoie à Alger.

— Nous sommes trahis!

— Ecoutez. Il a demandé au sultan des Français un certain nombre de prisonniers arabes détenus à Marseille en échange des prisonniers français que je suis chargé de protéger.

— Dis-tu la vérité?

— Voilà les lettres par lesquelles l'émir ordonne aux tribus que nous devons traverser, et aux cavaliers que nous pouvons rencontrer, de recevoir ces chrétiens et de respecter leur vie. Lisez ces lettres.

— Le cachet nous suffit. C'est bien, passez votre chemin. Il ne vous sera fait aucun mal. »

A ces mots, le cavalier de l'émir tourna bride vers le convoi, qu'il s'empressa de rassurer en lui portant la réponse des cavaliers qui avaient fait mine de l'attaquer. En ce moment, soit pour effrayer les voyageurs, soit pour se livrer à leurs gentillesses accoutumées et faire la fantasia, les cavaliers fondent au galop de leurs chevaux sur la caravane : ils brandissent leurs fusils, tirent dans les jambes des mules de nombreux coups de feu à poudre et à balles. Puis ils pénètrent dans les rangs des voyageurs; ils dégainent, leurs sabres et menaçent les prisonniers de leur trancher la tête. Le désordre et la confusion troublent l'ordre de la marche : les mules s'effraient et reculent : les marchands tremblent pour leurs marchandises et les juifs pour leur argent et leurs oreilles. Benedito, le petit mousse, s'amuse de ce manége : il chante, il excite les assaillants, les appelle et leur demande de le délivrer des mains des chrétiens, et de le ramener à la smala de l'émir. Francesco s'irrite contre l'enfant, et s'évertue à étouffer ses cris. A la fin, les cavaliers se décident à rentrer dans leur embuscade, et à permettre à la caravane de continuer sa marche. En se retirant, un des cavaliers accroche les ballots sur lesquels madame Laurent était assise. La mule qui porte notre cantinière s'effraie de ce choc, elle prend le mors aux dents, et se met à galoper à travers les fourrés et les broussailles, en emportant madame Laurent, que l'on voit chanceler sur ces ballots mal assujettis.

« Miséricorde du bon Dieu, à mon secours! s'écrie-t-elle.

— Eh bien! eh bien! petite mère, où courons-nous?

— C'est incivil de quitter une société sans lui tirer sa révérence, ô la plus éprouvée des cantinières!

— Mais ce n'est pas ma faute. Je vais me tuer, la selle tourne.

— Est-ce que vous auriez envie de prendre un billet de parterre?

— Je ne peux pas arrêter ma mule. Au secours, au secours!

— Messieurs, n'ayez pas peur, dit Léonard, c'est une frime de madame Laurent.

— Sans cœur! scélérat, tu seras fusillé.

— La cantinière a vu parmi les cavaliers un nègre qui a séduit son cœur.

— C'est bien l'heure de songer à l'amour.

— C'est toujours l'heure pour une femme sensible ; et alors madame Laurent veut se donner la représentation au naturel de la romance d'*Adélaïde au désert*. Elle va jouer le premier rôle, et au lieu de faire l'amour à chameau, elle le fera à mulet.

— A moi, à moi ! mon lieutenant, je vais tomber, je n'y tiens plus.

— Fleury, va donc en aide à madame Laurent.

— Si vous avez l'intention de vous laisser tomber, vivandière pleine de pudeur, ne nous donnez pas le spectacle d'étudier la mappemonde sur une carte d'une nouvelle espèce.

— Aïe, aïe, c'en est fait ! s'écria madame Laurent, en glissant, avec les paquets, sous la mule.

— Eh bien, petite mère ? fit Fleury en l'aidant à se relever.

— Je suis morte.

— Pas encore.

— Si tu savais dans quel état je l'ai, fit-elle en rentrant dans les rangs de la caravane.

— Vous avez des bleus au... dos ! s'écria Léonard.

— Va, je te casserai la margoulette quelque jour, indécent croquemort.

— Belle maman, tu m'appelles croquemort !

— Oh oui ! je l'ai dit.

— J'ai bien entendu ?

— Alors, pourquoi me demander...

— Je demande l'explication.

— C'est indécent les croquemorts : ça ne voit la nature qu'en chemise.

— Elle a raison : j'ai vu un cadavre.

— Tu n'as rien vu ; n'est-ce pas, messieurs ?

— Oui, oui, vous êtes tombée dans la posture la plus convenable.

— La tête en bas les pieds en l'air.

— Ne l'écoutez pas, petite mère.

— Si on l'écoutait, il tiendrait des propos contre la sainte Vierge.

— Vous êtes remise de votre chute ?

— Un peu. J'ai les nerfs dans un état...

— Attendez donc d'avoir retrouvé votre mari pour vous plaindre de vos nerfs. Vous en jouerez dans votre ménage.

— Comment ça ?

— Vous savez la recette. On se donne des attaques de nerfs à volonté, et l'on se fait ainsi pardonner ses farces.

— Je n'ai rien à me reprocher.

— Elle est aussi blanche que l'agneau qui vient de naître.

— Oh alors ! je demande une place dans le calendrier des saints pour une cantinière qui n'a jamais eu une faiblesse à se reprocher.

— Nous signerons la pétition.

— On la mettra entre madame Putiphar l'Égyptienne et madame la reine de Saba.

— Et toi on te guillotinera entre les deux larrons.

— Comme ça, chacun sera exposé à sa place ?

— Et la vertu aura trouvé sa récompense.

— Silence, messieurs, voici l'heure où les Arabes vont dire leurs prières.

— Qu'est-ce que ça me fait? je veux jaser avec ma belle cantinière et lui proposer un engagement d'écuyère au cirque de MM. Franconi, à Paris.

— Léonard, ferme ta boîte. Un Français, comme dit l'histoire du père Lanternier et son fameux commissaire de police, doit respecter la femme, qu'elle soit blanche ou noire, laide ou jolie, parce que la femme, c'est l'emblème de la faiblesse et de la beauté ; et il doit encore respecter les gens qui prient Dieu, que ce soit un vrai ou un faux, un bon ou mauvais Dieu, parce que Dieu, c'est l'image , pour tous les hommes, de la sainteté et de la Providence.

— Pour le coup, tu m'as ravi, éloquente cantinière. Quel malheur que tu ne sois pas député pour parler à la tribune.

— Et mon sexe ?

— T'as raison. Député, tu n'aurais pu charmer que nos oreilles. Femme , tu séduis nos cœurs et tu embellis notre existence...

— Silence, couleuvre réchauffée au soleil de la Provence.

— Dieu ! que nous avons d'esprit.

— Tais-toi, le marabout va faire la prière. »

Le jeune marabout récita dans ce moment la prière que tout musulman doit adresser à Dieu vers le milieu de la journée; puis la caravane reprit sa marche et finit par arriver sans accident au bivouac qu'elle devait atteindre à l'entrée de la nuit.

Nos voyageurs traversèrent un village dans lequel, selon

toute apparence, l'aga de la plaine de Milianah devait à cette époque fixer sa résidence. Ils furent conduits dans une grande maison qui est située sur la place. Une seule pièce occupe l'intérieur de cette maison : c'est une salle spacieuse dont la disposition annonce qu'elle est destinée à recevoir les voyageurs et à leur donner un gîte pour la nuit. Au Caire, ces auberges prennent le nom de *caravansérail*, et dans le Maroc, elles sont connues sous la désignation de *fondack*.

Les gens qui composaient la suite du kaïd des environs de Mascara étendirent, à l'une des extrémités de la salle, des nattes en jonc sur lesquelles les prisonniers prirent place : à l'autre extrémité de la salle on voyait accroupis, sur de riches tapis, des Arabes qui préparaient du café.

M. A. de France n'était pas encore entièrement rétabli de la maladie dont il avait souffert avant d'arriver à Mascara. Le séjour de cette ville et les soins que lui avaient prodigués Mardulin, Bourgeois, Fleury et le père Lanternier, avaient produit un mieux dans son état de santé si gravement compromis par le froid, l'insomnie et la mort de Meurice : mais les fatigues de la route venaient de l'éprouver cruellement. De son côté, cette bonne madame Laurent se plaignait : elle avait passé par de si nombreuses épreuves et de si fâcheux traitements, que son tempérament avait dû beaucoup souffrir. Il fallait donc profiter de la généreuse hospitalité que l'on rencontrait dans ce village afin de porter quelque soulagement aux malades. La vue des cafetiers inspira à notre jeune officier le désir de demander du café : il se persuada qu'une boisson chaude lui ferait du bien, et soudain :

« Petite mère, dit-il en s'adressant à madame Laurent, prendriez-vous une tasse de café ?

— Vous me confusionnez par tant de bonté, mon lieutenant.

— Répondez-moi.

— Et bien, je crois que ça restaurerait agréablement *ma* petite estomac, mon lieutenant.

— Divine cantinière ! s'écria Léonard, on dit mon petit estomac.

— Discipliné, tu veux me faire aboyer comme un chien, tandis que je dois parler comme...

— Une oie.

— Merci, polisson !

— On vous reprend pour votre agrément personnel, femme sans emploi.

— Sans emploi !

— Oui, puisque vous êtes privée de votre emploi de femme mariée.

— C'est vrai : que de temps perdu !

— Ainsi, vous prendrez du café ?

— Oui, mon lieutenant ; le café ragaillardira *ma* petite estomac.

— Mon petit estomac.

— Pourquoi *mon* plutôt que *ma ?*

— Estomac, masculin, du genre mâle.

— Mais l'estomac de femme, ça suit le sexe. Je suis du féminin.

— Voyez-vous ça !

— Et je dis ma petite estomac.

— Et alors moi, qui suis du masculin, je dirai mon petite bouche.

— Ça me paraît juste.

— Quand on parle français comme une vache allemande.

— Tu agonises une faible femme, valet de la mort.

— Je cite le proverbe.

— Poltron ! il se cache toujours derrière quelque chose.

— Si c'était sous votre tablier, encore !

— En vérité ?

— L'amour a pris naissance dans un bouton de roses.

— Tu es l'amour.

— Et vous le bouton de roses.

— Bouquet de roses.

— Entendons-nous : roses écloses.

— Ça donne plus de parfum.

— Une manière ingénieuse d'expliquer une allégorie peu flatteuse.

Pendant ce colloque, notre officier de marine abordait les cafetiers.

— Donnez-moi deux tasses de café, leur dit-il.

— Il n'y a pas de café pour un chien de chrétien.

— Mais je possède des mousounés et je suis en état de vous payer votre café.

— Tu crois donc que l'aga de la plaine de Milianah, notre maître, n'est pas assez riche et qu'il a besoin d'un mousouné pour payer le café, s'il consent à t'en donner ?

— Je ne savais pas que ce café appartenait à l'aga.

— Il lui appartient.

— Doutes-tu de sa générosité ?

— Non.

— Pour qui demandes-tu du café ?

— Pour une femme et pour moi. Nous sommes malades.

— Quand l'aga entrera dans cette chambre, tu lui demanderas de te faire servir deux tasses de café.

— C'est bien.

— Il ne te refusera pas.

— Tant mieux.

— Mais garde-toi de lui offrir de l'argent, tu blesserais sa générosité. '

— Je suivrai vos avis. »

En ce moment des esclaves étendaient de somptueux coussins et dressaient un divan. Toutes ces tapisseries étaient bien supérieures en richesses et en qualité à celles que possédait l'émir. L'aga ne tarda pas à paraître ; il se montra, accompagné du kaïd qui commandait la caravane, du jeune marabout et des chefs de la province. Il était magnifiquement vêtu. Ces divers personnages s'assirent sur les coussins et sur les tapis, et se mirent à causer tout en buvant leur café et en fumant leurs longues pipes.

Ce fut l'instant que M. de France choisit pour aborder l'aga et pour lui présenter sa requête.

« Tu es l'aga de la plaine de Milianah? dit-il.

— Oui. Qui es-tu, toi ?

— Officier français.

— Dans la marine ?

— Oui.

— On m'a déjà parlé de toi.

— En bien?

— Oui.

— Tant mieux.

— Que veux-tu?

— Nous avons parmi nous une femme qui est malade.

— Celle qui a été vendue dans la tribu du *Tombeau de la chrétienne?*

— Oui.

— Elles étaient deux.

— L'une d'elle est morte. Celle qui n'a pas succombé et que nous ramenons est souffrante; pour moi, je vais mal, nous avons voulu boire du café; j'en ai demandé à tes gens.

— Eh bien?

— Ils m'ont refusé.

— Je ne suis pas content d'eux. N'êtes-vous pas mes hôtes?

— Il ne faut pas leur en vouloir de ce refus.

— Pourquoi?

— C'est moi qui me suis trompé.

— Explique-toi.

— Je leur ai demandé d'acheter du café.

— Acheter? Tu as eu tort.

— Ils m'ont répondu qu'un aga aussi riche et aussi puissant que toi ne vendait pas ce qui lui appartenait, mais qu'il en faisait des largesses.

— Ils ont bien parlé.

— Et ils m'ont conseillé de te prier de m'en donner, en ajoutant que tu te ferais un plaisir de m'accorder ce que je te demanderais.

— Ils ne se sont pas trompés.

— Je n'ai pas un seul instant douté de ta bonne volonté.

— Versez-lui tout le café dont il aura besoin, dit l'aga en s'adressant à ses esclaves. Puis il ajouta en se tournant vers notre jeune lieutenant :

— La femme ne doit pas coucher parmi les hommes.

— Ce n'est pas sa place.

— Vous avez avec vous un enfant ?

— Oui.

— Il faut que la femme et l'enfant sortent de cette maison. On va les conduire dans la maison de mes femmes, et tu peux croire qu'ils recevront une bonne hospitalité.

— Je te remercie de tout mon cœur. »

En finissant ces mots, M. de France alla rejoindre ses compagnons. On lui servit du café, et madame Laurent et Benedito allèrent se reposer des fatigues de la journée dans la maison de l'aga.

A l'heure de la prière, le jeune marabout se leva et récita devant les Arabes, qui prièrent avec la plus fervente dévotion, l'oraison mahométane.

Bientôt après les esclaves apportèrent des plats de couscoussou pour le souper de l'aga. On servit aux prisonniers la moitié d'un mouton flanqué d'un plat de couscoussou.

Dans ce moment la salle dans laquelle l'aga exerçait sa gracieuse hospitalité offrait un spectacle aussi curieux que saisissant, soit par les caprices des ombres et des lumières, soit par la physionomie des principaux personnages.

Les chrétiens, parqués dans un coin et réunis autour d'un grand feu, s'entretenaient de leurs misères et de leurs souffrances. Sur leur face terne et livide on lisait les traces des angoisses et des tourments par lesquels ils avaient été si rudement éprouvés. Le plus grand nombre de ces hommes étaient occupés à laver les plaies qui sillonnaient leurs pieds et leurs jambes ensanglantés par les pierres et les broussailles d'un long voyage. De ce cercle s'échappait un murmure plaintif, un gémissement sourd et confus. Le bien-être du moment ranimait les forces des prisonniers et réveillait en même temps les douleurs aiguës qui tourmentaient leurs membres brisés par tant de douloureuse épreuves : douleurs que la fatigue du chemin et la faiblesse du corps avaient endormies.

Au coin opposé à celui des captifs, on voyait les Arabes accroupis sur de brillants carreaux, fumant gravement leurs longues pipes et buvant leur café : ils étaient rangés en cercle autour de l'aga. Celui-ci, avec ses splendides vêtements, ressemblait à un sultan. Les flammes du foyer projetaient sur ces visages pâles et alongés ses ombres capricieuses, et leur imprimaient une expression d'humeur farouche et guerrière. Ces hommes s'entretenaient des projets et de la fortune de l'émir ; et, par instants, lorsque la conversation venait à rouler sur les chrétiens, on surprenait, dans les yeux et sur les lèvres des discoureurs, de vives étincelles et des signes de haine et de vengeance. On retrouvait alors dans ces Arabes, animés par les souvenirs et les espérances qu'ils agitaient dans leur entretien, les vaillants descendants des peuplades nomades qui se ruèrent, dans les siècles passés, sur l'Europe chrétienne. Leurs hordes conquérantes souillèrent nos églises et nos saintes demeures en plantant sur les clochers et les tours qui les dominaient le croissant de Mahomet, et en renversant la sainte croix du divin Rédempteur.

La moitié du mouton rôti et le plat de couscoussou que l'aga fit servir à ses hôtes leur fournirent un bon souper. Ce repas succulent et l'excellente nuit que nos voyageurs passèrent en se couchant sur des nattes, auprès d'un bon feu, ne contribua pas peu à ranimer leurs forces épuisées par tant de fatigues, et ce ne fut pas sans regrets, qu'à la pointe du jour, ils durent sortir de ce village dans lequel ils avaient reçu une si douce hospitalité.

Ils mettaient le pied dans le chemin, lorsqu'ils virent arriver madame Laurent, qui traînait, tant bien que mal, après elle, Benedito. L'enfant ne suivait qu'en rechignant, et demandait à rester parmi les Arabes.

— Eh! bien, petite mère, avez-vous bien passé la nuit?

— Aux oiseaux, mes enfants.

— Bien couchée, bien nourrie?

— La femme de l'aga nous a reçus avec une humanité toute française : nous n'avons qu'à nous louer d'elle et qu'à la remercier de tout notre cœur. Et vous autres, ça va bien?

— Très bien. L'aga ne nous a laissés manquer de rien.

— On voit que nous rapprochons de la civilisation.

— Et des tables d'hôte.

— Des décrotteurs et des allumettes chimiques.

— Allemandes.

— Anglaises.

— Espagnoles. Car on les apporte de Gibraltar.

— Mais ce moutard, ajouta madame Laurent, en montrant Benedito, m'a donné plus de mal qu'il n'est gros.

— En vérité?

— Il ne voulait pas partir ce matin. Il fallait lui donner du nanan et l'envoyer à sa maman, qui habite la smala, disait ce petit gredin. Francesco, reprends ce jeune renégat. Je le renie pour ma connaissance.

— La restriction est inutile. Le reniez-vous pour votre enfant?

— Mon fils !

— C'est ici que la situation de la vivandière se complique.

— En quoi?

— Je pose la question.

— Ecoutez le discipliné.

— Madame Laurent a-t-elle jamais eu des enfants ?

— Jamais. Je le jure sur la tête de mon mari.

— Deuxième question : Madame Laurent a-t-elle jamais été susceptible d'avoir des enfants?

— C'est indiscret.

— Vous le demanderez à mon mari, galopin.

— Petite mère, venez : nous allons vous hisser sur votre mule.

— En avant, mes enfants !

— Et comment se porte votre palanquin ?

— Mieux que ton nez, curieux. »

Dès que la cantinière eut pris place sur sa mule et que Francesco eut consolé Benedito, auquel il commençait à rapprendre l'italien et à dire le *Pater noster*, la caravane s'ébranla et se disposa à franchir la distance qui la séparait encore, pour quelques heures, de la ville de Milianah. Nos prisonniers suivaient leur chemin avec le cœur plus content, le corps plus dispos et avec l'espérance sur les lèvres et dans les yeux.

III

MILIANAH

La conduite que l'aga de la plaine de Milianah avait tenue
à l'égard de ses hôtes avait inspiré toute confiance à nos
voyageurs. Ils s'étaient persuadé que les Arabes qui habitaient les localités qu'il leur restait à traverser pour arriver
à Milianah étaient animés des mêmes sentiments que leur
chef à l'égard des chrétiens. Mais cette espérance fut bientôt détruite, et ils ne tardèrent pas à retrouver le fanatisme et la cruauté dont ils avaient eu déjà tant à souffrir.

Cette nouvelle étape, qui dura six heures, fut signalée
par les mauvais traitements dont les tribus accablèrent les

captifs sur leur passage. Elles les accueillirent avec cette
haine grossière et ce mépris stupide qui étouffent toute
pensée généreuse, et qui ne savent conseiller que l'in-
jure et le mal. Cette antipathie aveugle et féroce que l'A-
rabe suce avec le lait de sa nourrice s'opposera longtemps
au rapprochement, si desirable et si indispensable, qui doit
s'opérer entre les deux races — française et arabe — entre
les deux religions — christianisme et mahométisme. —
C'est sur ce point qu'il faut attaquer les Arabes. Détruisez
leurs préjugés, soufflez aux marabouts des doctrines plus
généreuses que celles qu'ils enseignent ; inspirez-leur quelque réforme salutaire dans la religion, la loi et l'éducation.
Attaquez-vous à l'idée, plutôt qu'à la forme ; frappez l'esprit plutôt que le corps ; modifiez le cœur, de préférence
aux appétits sensuels. Regardez la condition du peuple
juif parmi les mahométans. Lui aussi, évite tout contact
avec les gentils ; lui aussi n'adore que le Dieu d'Israël ; lui
aussi demeure fidèle à la loi, à la lettre. Admirez les progrès qu'il a faits parmi les peuples au sein desquels il a
placé sa famille, ses trésors et son dieu. Il se voit traité en
paria. On le méprise, on le conspue, car sa religion le
place en dehors de toute autre religion, et lui défend toute
alliance avec l'étranger.

Nos voyageurs marchèrent ainsi pendant six heures et ils
finirent par arriver dans une localité où l'on venait d'établir le camp du bey de Milianah. Au moment où ils entraient dans le camp, le bey de Milianah et le kalifa Mil-
loud–Ben–Arrach, que l'émir, en partant de Mascara, avait
envoyé chez les Hadjoutes, faisaient leur entrée dans le

camp. La cavalerie rendait à ces deux personnages les honneurs militaires qu'elle rendait à l'émir.

Cet escadron de cavalerie ne manœuvrait guère mieux que celui de l'émir, mais les hommes qui le composaient portaient des vêtements bien plus propres et plus chauds que ceux avec lesquels s'habillaient les soldats du premier camp. Ils attestaient ainsi la richesse du bey de Milianah : en outre, le froid qui règne dans ces provinces montagneuses oblige les habitants à se couvrir et à se défendre contre l'humidité et la gelée des nuits. Le camp du bey était tenu avec ordre et propreté. Deux pièces de canon en défendaient l'entrée. La présence du kalifa Milloud-Ben-Arrach dans ces quartiers, avait communiqué aux troupes un mouvement inaccoutumé.

Le kaïd qui commandait la caravane alla prévenir le bey de Milianah de l'arrivée des prisonniers. Il les fit arrêter devant la tente de ce chef. Celui-ci quitta pour un moment Milloud-Ben-Arrach, avec lequel il causait de bonne amitié. Il se dirigea vers les prisonniers, les passa légèrement en revue et donna au même instant au kaïd l'ordre de les conduire dans une tente; puis il alla reprendre sa conversation avec Milloud-Ben-Arrach. Quant à ce kalifa, il ne daigna pas prendre la peine de se déranger et il ne s'occupa pas plus des prisonniers que s'il ne les avait jamais vus et que s'ils n'avaient jamais existé.

La tente dans laquelle le kaïd entreposa les chrétiens était si exiguë qu'elle ne pouvait pas les contenir tous. Ils se couchèrent les uns sur les autres. Leur souper se composa d'un morceau de biscuit, si dur, qu'il fallut le trem-

per dans l'eau pour le mâcher. Le bey de Milianah, au lieu
d'imiter la conduite généreuse que l'aga de la plaine de Milianah avait tenue à l'égard de ses hôtes que l'émir lui adressait, se contenta de leur offrir un gîte détestable et une
nourriture exécrable. Dans le rapide examen qu'il avait fait
des chrétiens, il avait eu cependant le loisir de constater
le délabrement de leurs vêtements et le piteux état de leur
santé ruinée par des marches forcées, par le froid et la faim.
Il ne leur fit pas même allumer du feu pendant la nuit.
Aussi ne purent-ils fermer l'œil et demeurèrent-ils exposés à toutes les rigueurs du vent et de la pluie.

Tandis que nos voyageurs s'apprêtaient à dévorer le
morceau de biscuit qu'on leur avait distribué, ils virent
entrer dans leur tente un cafetier turc.

« L'officier est-il ici? demanda le nouveau venu en
baragouinant un mauvais français.

— Tu veux parler de M. de France? demanda Bourgeois.

— Oui.

— Le voilà.

— Que me veux-tu? dit à son tour notre jeune officier.

— Ah! c'est bien toi, fit le Turc ; mon Dieu! que tu es
changé!

— Je suis malade.

— Tes cheveux sont devenus gris.

— Je souffre tant depuis trois mois.

— Tu ne me reconnais pas?

— Si! je te reconnais : tu es le cafetier du kalifa Milloud-Ben-Arrach.

— Tu ne m'as pas oublié?

— Comment aurais-je pu t'oublier. Pendant mon séjour au camp de l'émir tu n'as pas cessé de me faire du
bien. Je suis heureux de pouvoir te remercier devant mes
compagnons de captivité.

— J'ai fait ce que j'ai pu. Tant mieux si j'ai pu te soulager quelquefois. Mais je n'aperçois pas ton ami...

— Mon ami?

— Celui qui était si bon... Sidi Meurice...

— Meurice! il n'est plus avec nous.

— Où l'as-tu laissé?

— Il est mort.

— Mort! Pauvre malheureux!

— Nous l'avons perdu il y a environ un mois.

— Au camp de l'émir?

— Dans la prison de Mascara.

— De quoi est-il mort? On ne l'a pas tué?

— Il est mort de maladie. Le froid, dont il a eu tant à
souffrir, a causé le mal auquel il a fini par succomber.

— Cette nouvelle me surprend autant qu'elle m'afflige.
Lorsque j'ai appris, il n'y a qu'un moment, votre arrivée
dans le camp du bey de Milianah, je me suis réjoui de te
voir, ainsi que Sidi Meurice, une dernière fois avant votre
rentrée à Alger.

— Je suis touché de ton amitié.

— Je vous apportais deux tasses de café.

— Toujours plein d'attention. Merci pour ton bon
cœur.

— Mais, Sidi France, tu vas boire mon café.

— Tu me l'offres de si bonne grâce, que je ne saurais te refuser.

— Refuser — oh ! — non.

— J'accepte.

— Et l'autre tasse, qu'en faire?

— Veux-tu que j'en dispose comme il me plaira d'en disposer?

— Oui, je te l'ai donnée.

— Petite mère, vous n'êtes guère en meilleure santé!

— Hélas! mon lieutenant, fit madame Laurent.

— Eh bien, prenez, cette tasse de café que vous offre ce brave homme.

— En vérité, mon lieutenant, je ne sais si je dois vous obéir ; les convenances... mon titre de cantinière.

— Pas de façons.

— C'était bon une fois, mais la chose venant à se renouveler chaque soir, je craindrais qu'une indiscrétion...

— As-tu fini avec tes manières, madame la cantinière! s'écria Léonard.

— Discipliné, on ne t'interpelle pas; ne viens pas te mêler à la bonne compagnie, quand mon lieutenant me fait l'honneur...

— Décidez-vous, petite mère, le café va se refroidir.

— Ce que j'en fais c'est pour vous obéir, mon lieutenant.

— Allone donc !

— Je te remercie de nouveau, dit alors notre officier au cafetier : je n'oublierai jamais le bien que tu m'as fait, et si tu viens quelque jour à Alger, j'espère alors prendre ma revanche.

— C'est cela. A revoir, mon officier. Bonne nuit, demain matin je viendrai vous serrer la main avant votre départ. »

A ces mots, le Turc sortit de la tente, et les prisonniers se blottirent les uns contre les autres, afin de se procurer quelque chaleur.

Au lever du jour, les soldats du bey de Milianah levèrent leur camp et abattirent leurs tentes. Ils suivirent les mêmes dispositions que les soldats de l'émir observaient lorsqu'ils se mettaient en marche pour se porter dans un nouveau quartier. Le kalifa Milloud-Ben-Arrach prit la route de Mascara, tandis que le bey de Milianah gagna les montagnes qui bordent la mer du côté de Cherchell. Il allait combattre une tribu qui avait refusé de payer l'impôt.

La ville de Cherchell est distante d'Alger de dix-huit lieues ouest. Elle occupe l'ancien emplacement de la ville romaine, *Julia Cæsarea*. Les ruines de la cité romaine se composent des restes de bains, de colonnes en basalte, d'un amphithéâtre, et de la ligne de l'ancien mur d'enceinte qui sort encore du sol en quelques endroits.

Tandis que les cavaliers se dirigeaient, les uns vers Mascara, les autres vers Cherchell, les prisonniers s'acheminaient du côté de Milianah. Ils finirent, après avoir rempli une étape de six heures de marche, par arriver sur la route de Milianah. Sur ce point, ils traversèrent l'Oued-Chéliff sur un très beau pont construit à l'européenne, et qui n'avait pas plus de trente ans d'existence.

Parvenu au sud de la ville, la caravane quitta la plaine

pour gravir la montagne sur laquelle est bâtie Milianah. De la plaine à la ville, on compte une heure et demie de marche. Milianah est dominée, au nord, par une montagne plus élevée que celle sur laquelle elle se trouve assise. Au faîte de la montagne, on aperçoit un marabout et un mât de signaux.

Au sud, le plateau sur lequel cette ville est placée (ce plateau se détache en corniche du versant méridional du mont Zachar), ne présente à la vue que des rochers inaccessibles, taillés à pic, et couverts de ronces, d'épines et de broussailles.

A l'est et à l'ouest, des jardins bien cultivés couvrent la montagne. Dans ces jardins, on trouve des arbres fruitiers de toute espèce, et qui portent des fruits remarquables par leur grosseur et leur qualité supérieure.

Au pied de la montagne qui borde la ville au nord sont placés les jardins potagers qui produisent une espèce de légume par saison. Ainsi, les Arabes ne font que des choux pendant la saison de cette plante : ils ne sèment les navets qu'au moment propice pour la pousse et la récolte de ce légume, et ils agissent de même pour les autres espèces de légumes.

Pour arriver dans Milianah, la route la plus facile à suivre est celle qui s'ouvre du côté d'Oran, et cependant la montagne dans cet endroit est très boisée : elle est couverte de lentisques, de chênes verts, de pins, de cyprès et d'oliviers. De ce côté, il suffit d'une heure et demie de marche pour arriver à Milianah, tandis que par les autres routes, il faut marcher pendant toute une journée pour atteindre la ville.

Une source très abondante, qui s'échappe de la grande montagne du nord, alimente la fontaine de la ville, et conduit l'eau par des aqueducs souterrains dans les maisons occupées par de riches et d'importants particuliers.

Cette ville est assez bien bâtie : les maisons sont élevées et ne portent pas à leur faîte les terrasses que l'on rencontre dans les autres villes arabes. Des tuiles, pareilles à celles dont on se sert dans le midi de la France, de forme alongée et arrondie, composent la toiture des maisons.

Les rues sont étroites et sales.

L'enceinte de la ville est formée par une simple chemise assez élevée et crénelée, qui est armée de deux pièces de canon. Deux portes pratiquées dans cette chemise, l'une à l'est, l'autre à l'ouest, livrent l'entrée de Milianah.

(L'on ne doit pas oublier que nous faisons la description et le détail des lieux, des choses et des hommes tels qu'ils se présentaient en 1837. Les événements ont modifié les situations et changé aussi bien les existences des peuples que la physionomie des villes. Mais nous ne pouvons pas donner au passé les couleurs du présent. Chacun sait que nous occupons Milianah depuis 1840).

Il n'existe qu'une mosquée et qu'une synagogue à Milianah. La casbah est construite dans le sud. Deux pièces de canon, dont les bouches sont tournées du côté que la disposition naturelle des rochers et des terrains rend inaccessibles, deux canons défendent la ville. En dehors de la porte de l'ouest, on rencontre une petite place qui sert de marché. Les Arabes des environs amènent à ce marché une grande quantité de bestiaux. On a construit dans la ville un certain nombre de petits hangars dans lesquels les marchands de fruits, de légumes et de beurre se mettent à l'abri. L'industrie et l'activité des habitants de Milianah sont représentées par des boutiques habitées par des forgerons, des serruriers, des charpentiers, des menuisiers, des boulangers qui vendent du pain blanc, des marchands d'étoffes en laine et des potiers. En un mot, la physionomie de Milianah offre une activité et une circulation bien supérieures à celles que présente Mascara.

A ces boutiques, il faut ajouter quelques petits bazars.

La population s'élevait, à cette époque, au chiffre de quatre mille habitants.

Les Juifs fournissaient un nombreux contingent d'habitations. L'existence d'une synagogue atteste assez haut l'importance que les Maures accordent aux enfants d'Israël qui vivent au milieu d'eux.

Les Juifs exercent tous un état : ils ne s'épargnent pas au travail, et ils se rendent utiles et même indispensables aux Arabes. Cependant leur condition est aussi précaire qu'abjecte : ils ne sont pas précisément esclaves, puisqu'ils n'appartiennent pas à des maîtres, et que leur personne ne fait pas l'objet d'un trafic ; mais les indigènes regardent les Juifs comme étant des êtres d'une nature bien inférieure à la leur. Ils les maltraitent, les accablent de toutes les marques de mépris; se posent auprès d'eux comme des maîtres se posent vis à vis de leurs serviteurs, et cherchent, par tous les moyens les plus lâches et les plus cruels, à leur extorquer leurs marchandises et leur argent.

Les maisons des Juifs se font remarquer par leur propreté, tant à l'intérieur qu'à l'extérieur. Ils sont constamment occupés à en blanchir les murs avec un lait de chaux. Malgré les vexations auxquelles ils se trouvent journellement en butte, ils jouissent d'une certaine aisance.

Les femmes juives sont en général jolies. Elles apportent dans leur toilette une propreté et une recherche qui tranchent d'une façon aussi décente qu'imprévue sur l'accoutrement pauvre et malpropre des femmes arabes.

C'est un sujet bien digne d'occuper l'attention des philosophes et des législateurs que celui de la condition du peuple juif dans l'Afrique et dans presque toutes les contrées du monde. La nation juive est à cette heure aussi peu avancée dans son émancipation civile, politique et religieuse, qu'elle l'était il y a quinze cents ans.

Un seul trait suffit à peindre nettement le sort de ce peuple.

Dans toutes les villes importantes du Maroc, dans la ville impériale, à Fez, les Juifs sont rejetés de l'enceinte de la ville maure. Ils ne peuvent y pénétrer qu'au soleil levant : on ne tolère leur présence que jusqu'au soleil couchant, et ils sont obligés de marcher pieds nus dans les rues. A la nuit, ils sont renfermés dans un faubourg qui forme la ville juive. S'ils se présentent devant les portes lorsque les verroux sont tirés, ils passent la nuit à la belle étoile, en rase campagne.

A Rome, dans la ville capitale du monde chrétien, les

Juifs paient chaque année entre les mains du pape une certaine redevance dont le prix sert à acquitter la dette qu'ils ont contractée en fixant leur séjour dans la ville de saint Pierre. Au centre même de la ville, on rencontre un quartier, entouré par de hautes murailles qui forment une enceinte infranchissable et qui est fermé par des portes assez fortes pour soutenir un siége. C'est dans ce quartier que sont parqués les Juifs. Comme à Fez, ils sont obligés d'y rentrer à la nuit, et ils ne peuvent en sortir qu'au jour.

Ne trouvez-vous pas dans cette mesure adoptée par les mahométans aussi bien que par les chrétiens contre les Juifs, le signe d'une défiance odieuse et d'une infâme abjection. Tous les peuples ont marché. Les siècles les ont poussés dans une voie de progrès et de liberté qui doit tôt ou tard les conduire à la fraternité universelle. Israël a refusé de suivre ce mouvement, et comme l'animal immonde qui se vautre dans la fange pour y chercher sa repoussante pâture, il a mieux aimé demeurer fidèle à la cupidité et à la bassesse de ses instincts et se rouler sur cette litière puante et ignominieuse que lui ont faite les haines et les préjugés des *gentils*, plutôt que de s'assoscier aux généreuses passions des temps nouveaux ouverts à l'humanité par la venue du Messie.

Ces Juifs acceptent toute infamie, toute humiliation, pourvu qu'il leur soit permis de ramasser quelque argent. Ils ont perdu le sentiment de la dignité humaine : ils se sont faits les adorateurs du veau d'or, et ils ne s'inquiètent pas qu'on leur crache au visage, si en même temps on laisse tomber quelque monnaie dans leur main âpre et suppliante.

Et si quelque âme généreuse s'émeut au récit de leurs tribulations ; si elle saigne de douleur au récit des tortures et des persécutions que des nations barbares leur font subir dans un excès de fanatisme, ces Juifs se demandent de quel droit on va les plaindre à propos de vexations auxquelles eux-mêmes ne prennent pas garde, car ils sont façonnés dès l'enfance à toute injustice, à toute infamie, à toute méchanceté, à toute dénonciation, à toute lâcheté.

Aussi, laissez-les croupir dans leur aveuglement et leur bassesse. Vous ne changerez pas leurs instincts. Dieu connaissait mieux que vous cette race au cœur dur, à l'entendement rebelle, aux yeux obscurcis, aux oreilles bouchées. Il en avait fait son peuple de prédilection. Il avait tiré ses descendants de la maison de servitude. Il veilla sur cette nation pendant des siècles, et lui accorda des années de gloire, de richesse et de magnificence. Mais lorsque les temps furent venus d'exécuter une nouvelle évolution dans le cercle des destinées humanitaires, Israël ne voulut ni voir, ni entendre les signes providentiels. Il crucifia le libérateur des peuples. Dès lors, Dieu l'a abandonné et l'a maudit.

Depuis deux mille ans, vous le voyez errant parmi tous les peuples de l'ancien monde, et vous savez quel est le sort qu'il n'a pas craint d'accepter.

Et si d'aventure vous rencontrez quelque principe juif, un de ces individus qui, à force de mensonges, de trahisons, de rapines, ont su se ramasser des fortunes fabuleu-

ses, contemplez cette opulence fastueuse et maladroite, scan-
daleuse et servile ! Ne portez pas envie à ces titres, à cet or,
à ces positions : car, sous cette riche livrée, bat un cœur insen-
sible à toute idée de générosité, de grandeur, de liberté. Vous
admirez ces rois dans leur faste et leur arrogance. — La
plupart du temps, ils ne jouissent pas des droits dont jouit
en toute sécurité le dernier des citoyens. Et leur père et
leur mère vivent dans une échoppe où l'on trafique du vice;
leurs sœurs se nourrissent d'ignobles industries qui dégra-
dent aussi bien leur corps que leur âme, et leurs frères acceptent toute honte et toute servitude de la part des peuples
qui leur laissent rogner leur monnaie de cuivre, d'argent et
d'or.

Nos voyageurs entrèrent dans la ville et se virent pour-
suivis par les huées de la population, qui se précipitait sur
leur passage. Ils arrivèrent tant bien que mal à la Casbah.
Là, le kaïd qui les avait conduits depuis Mascara les présenta au kaïd qui gouvernait la ville en l'absence du bey.
On les compta et on les recompta.

Cette entrevue ne dura guère. Le kaïd de Milianah les
fit placer dans une écurie, d'où on ne tarda pas à les faire
sortir et à leur donner pour demeure la maison dans laquelle le bey rend la justice et tient ses audiences.

Cette maison se composait d'un bâtiment et d'une cour :
aux quatre coins de cette cour, quatre orangers ombra-
geaient cette enceinte depuis longues années. Parmi ces
orangers, on en distinguait un qui présentait une apparence magnifique, et dont les branches pliaient sous le
poids des fruits qui les surchargeaient. Au milieu de la

cour, un petit jet d'eau, bouillonnant à quelques pouces hors du sol, versait dans un bassin la quantité d'eau nécessaire aux besoins domestiques.

Le rez-de-chaussée de la maison était occupé par trois petites salles.

Dans la première, les esclaves préparaient le café du bey.

La seconde servait de prison aux condamnés arabes.

La troisième fut convertie en un cachot dans lequel les chrétiens vinrent cacher leur infortune.

Entre la première et la troisième salle, on rencontrait un escalier qui conduisait au premier étage. Cet escalier était précédé par une sorte de hangar sous lequel s'abritaient les soldats qui étaient chargés de la garde des prisonniers.

Le premier étage se composait d'une vaste pièce dans laquelle le bey donnait ses audiences. Le plafond de cette salle était soutenu par des colonnes.

Ainsi cette habitation renfermait deux prisons : celle qui était occupée par les Arabes et celle qui était destinée aux Français.

Les Arabes qui gémissaient prisonniers dans cette enceinte appartenaient aux tribus soumises aux Français. La plupart de ces condamnés étaient condamnés aux fers; quelques uns se voyaient attachés au *bloc*.

Le bloc est formé avec deux pièces de bois assez fortes, dans l'épaisseur desquelles on a pratiqué deux échancrures. On enferme les pieds du patient dans les vides, de façon que le malheureux se trouve dans l'impossibilité de marcher ou de se lever.

Nous devons dire que ces prisonniers souffraient horriblement, et que ce châtiment les avait réduits à un état de détresse et de désespoir qui aurait dû attendrir leurs bourreaux. Mais leur crime ne devait pas obtenir de pardon. On les avait jugés et punis sur ce qu'ils avaient témoigné quelque sympathie à l'égard des Français.

Quant aux prisonniers chrétiens qui venaient d'arriver à Milianah, la chambre qu'ils allaient habiter était petite, sombre, froide et humide. Le jour ne leur arrivait que par un trou pratiqué dans l'épaisseur de la porte et qui prenait la lumière sur la cour. Ils avaient bien la facilité de sortir et de se promener dans la cour, mais la saison était si mauvaise qu'il ne cessait de pleuvoir ou de neiger.

Nous allions oublier de dire que le kaïd avait assigné pour habitation la maison de ses femmes à madame Laurent et à Benedito.

Si la demeure des prisonniers était désagréable et mauvaise, la nourriture qu'on leur accordait ne valait pas mieux. Le matin, on leur donnait une galette de pain d'orge dont la pâte était remplie de pierres et de terre. Le soir, on leur distribuait une poignée d'orge bouillie : cette orge était délayée dans une telle quantité d'eau qu'on n'avait même pas la satisfaction de la manger avec les doigts.

Une telle condition n'était pas faite pour soutenir le courage et les espérances des captifs : cependant ils commencèrent par accepter sans trop se plaindre cette affreuse prison et cette exécrable pitance. Ne prenaient-ils pas la

4.

route du retour? ne se rapprochaient-ils pas des avant-
postes occupés par les Français? n'allaient-ils pas, d'un
jour à l'autre, rentrer dans Alger et recouvrer leur liberté?
ne s'occupait-on pas activement, sérieusement, de l'échange
des prisonniers?

Et cependant les jours succédaient aux jours, et chaque
soir la porte de leur prison se refermait sur une espérance
brisée. A mesure que l'époque fixée pour le départ définitif
s'éloignait, l'avenir se peignait aux yeux des prisonniers
sous les couleurs les plus sombres. Le désespoir semait ses
terreurs dans les esprits exaspérés par ces lenteurs déplo-
rables, tandis que la misère et la maladie s'établissaient en
souveraines dans cette prison et achevaient les faibles et
terrassaient les forts.

Le kaïd de Milianah ne savait pas ce qu'il devait faire
des prisonniers, tant les instructions que lui avait laissées à
leur sujet le kaïd des environs de Mascara et le cavalier de
l'émir étaient incomplètes et indéterminées. Le kaïd de la
ville prit donc le parti d'écrire à l'émir, et lui demanda de
lui désigner quels étaient, parmi les nouveaux arrivés, ceux
qui devaient être échangés ; car on ne lui avait pas envoyé
leurs noms. L'émir lui répondit de demander aux chrétiens
quels étaient ceux d'entre eux qui étaient les plus pressés
de rentrer à Alger.

On donnait à l'émir quinze prisonniers arabes contre
douze prisonniers chrétiens. Le kaïd s'obstinait à ne pas
vouloir comprendre son maître. Il fit écrire de sa propre
autorité à Alger. Il annonça au général gouverneur la mort
de Meurice et celle de Berthoumiau ; il le prévint qu'à la

place de ces deux malheureux, il renverrait deux autres chrétiens, afin de maintenir la précédente convention qui réglait le rachat de six prisonniers français par la remise de quinze prisonniers arabes.

Les chrétiens détenus à Milianah voulurent faire observer au kaïd combien sa demande était exhorbitante. Celui-ci ordonna aux réclamants de se taire et de ne pas prononcer aux autorités françaises le nom de certains de leurs compagnons, desquels on ignorait la présence parmi les Arabes. «Nous remettrons, disait-il, leur échange à une autre époque. »

Ces nouvelles négociations et ces nouveaux retards apportés dans une affaire aussi simple que celle dont il s'agissait, et qui offrait une si médiocre importance pour ceux qui la traitaient, produisaient parmi les captifs une irritation et un désespoir impossibles à décrire. Leur prison leur devenait plus odieuse et plus insupportable de jour en jour. Ceux d'entre eux qui jusque alors avaient résisté à la maladie du corps et aux tourments de l'esprit finissaient par succomber à leur tour. Mais avant d'exposer la situation à laquelle ils se trouvaient réduits, nous devons rendre compte de la visite que leur fit un déserteur auquel ses méfaits ont acquis, en Algérie, une détestable célébrité.

IV

BEYLIK-MÉREY.

Nos lecteurs n'ont pas sans doute oublié qu'ils ont entendu prononcer, dans les soirées de Mascara, par nos soldats, les noms de deux déserteurs : Moussa et Dumoulin. C'était l'un de ces deux hommes qui venait, à son passage à Milianah, visiter ses compatriotes captifs dans la maison de justice. Il ne leur était pas inconnu. Ils l'avaient déjà vu dans une autre occasion. Aussi reprenons-nous notre récit de plus haut.

L'émir campait, à l'époque où nous plaçons la scène qui va s'ouvrir, sur les bords de l'Oued-Mina.

Le jour commençait à décliner. MM. Meurice et de

France prenaient l'air devant leur tente. Soudain, ils virent passer, à quelque distance du lieu de leur promenade, un cavalier arabe et un homme habillé avec l'uniforme des spahis, mais qui ne portait pas de burnous. Ce dernier faisait caracoler son cheval et avait fort bonne mine. Les Arabes, qui étaient assis à côté des deux prisonniers, leur montrèrent ce cavalier, en leur disant :

« Voilà un chrétien.

— Au service de l'émir ? demanda Meurice.

— Oui.

— C'est un déserteur ?

— Oui.

— Et par conséquent il s'est fait mahométan ?

— Oui. Il se nomme Moussa. »

Sans prolonger cette conversation, qui ne leur offrait qu'un médiocre intérêt, les deux chrétiens poursuivirent leur promenade, tandis que les deux nouveaux cavaliers se dirigèrent vers la tente de l'émir.

Quelques instants s'étaient à peine écoulés depuis cette rencontre, qu'un nègre abordait les captifs, en leur disant :

« Moussa, le chrétien, demande à vous parler.

— C'est un déserteur ?

— Oui.

— Va dire à Moussa que, s'il veut nous parler, il n'a qu'à se transporter ici ; car nous ne sommes pas libres d'aller où bon nous semble.

— Je vais lui rapporter ta réponse. »

Le nègre partit, et bientôt après, on vit se rapprocher

de la tente de Ben-Faka, un homme d'une haute stature, à la barbe longue et flottante, à la démarche insolente.

« Je suis bien étonné, s'écria-t-il d'un ton de mépris et de colère, en abordant nos deux compatriotes, que des chiens de chrétiens tels que vous refusent de venir me trouver, lorsqu'un homme aussi puissant que Dumoulin daigne les faire appeler auprès de sa personne.

— La nuit commence à venir, lui répondit notre lieutenant de marine. Ben-Faka nous défend de nous éloigner à cette heure de notre tente.

— Que me fait Ben-Faka?

— Mais il nous importe beaucoup de nous astreindre à la consigne qu'il nous donne.

— Ma renommée n'est donc pas arrivée jusqu'à vous?

— Jamais.

— Votre sort est dans mes mains.

— Nous ignorions cette circonstance.

— Vous ne me connaissez donc pas?

— D'où voulez-vous que nous vous connaissions?

— Je suis Dumoulin.

— Ce nom retentit pour la première fois à mes oreilles.

— Tu ne fais donc pas partie de l'armée d'occupation?

— Je sers dans la marine.

— Ceci m'explique ton ignorance.

— C'est fort heureux.

— Et ton camarade?

— Il n'a jamais servi.

— Je comprends à présent. Je suis Dumoulin. Il y a quatre ans que je me suis séparé des Français. C'est moi

qui commande, en qualité de général en chef, les armées
du sultan.

— En vérité ?

— C'est moi qui conduis les Arabes à la victoire.

— Ce qui vous arrive fort rarement.

— C'est moi qui jette la terreur et la mort dans les rangs
des chiens de chrétiens, et qui, de retour du combat, rapporte toujours, suspendues à l'arçon de ma selle, quatre têtes de Français tués de ma propre main.

— Mon cher monsieur, vous croyez donc vous entretenir en ce moment avec des imbéciles ?

— Que dis-tu, misérable ?

— Je dis que Dumoulin est mort.

— Tu en avais donc entendu parler ?

— Par les déserteurs.

— Tu m'as menti. Réponds !

— Je dis que nos soldats ajoutent foi à l'existence de
Dumoulin.

— Et ils n'ont pas tort.

— Le nom de ce déserteur leur inspire encore quelque
terreur ; car Dumoulin s'est distingué parmi les Arabes,
après son infâme désertion, par une audace furieuse. Mais
il est mort depuis longtemps. C'est un être de pure fic-
tion. Nous ne croyons pas aux revenants.

— Je suis Dumoulin, te dis-je, chien de chrétien, et je
m'appelle Moussa depuis que j'ai embrassé la religion des
vrais croyants.

— Je vous en fais mon compliment.

— Ma puissance et mon autorité n'ont pas de bornes.

— Tant mieux pour vous.

— Et pour vous aussi ; car je vais tout à l'heure aller dans la tente de mon ami Abd-el-Kader décider de votre sort.

— Eh bien ! employez votre crédit auprès de votre ami Abd-el-Kader, en notre faveur. Tâchez de faciliter notre retour à Alger.

— Je verrai si vous méritez que je m'intéresse à vous.

— Voyez. Mais il se fait tard, Ben-Faka veut que nous rentrions lorsque la nuit est venue. Bonsoir.

— Bonsoir. Je vous verrai demain. »

Dès que nos deux prisonniers furent rentrés, Meurice dit à son compagnon :

« Pendant que vous causiez avec cet individu, je l'ai observé attentivement. Ses traits ne me sont pas inconnus : je crois l'avoir vu souvent à Paris. Il reviendra demain. Amenez la conversation sur Paris et sur les théâtres, et tandis que vous l'entretiendrez, je suivrai sur ses traits l'impression que vos paroles auront produite en lui.

— Je ferai ce que vous me demandez. »

Le lendemain, Moussa reparut devant les prisonniers. Son attitude et son ton ne démentaient pas l'assurance et la présomption qu'il avait affichées en les abordant la veille.

« Je ne me suis pas encore occupé de vous ; les affaires que j'ai à régler sont si nombreuses et d'une si haute importance qu'il me reste peu de temps pour les affaires d'un intérêt particulier. Mais aujourd'hui votre tour viendra.

—Je conçois, répliqua notre jeune officier, que la charge

de général en chef des armées du sultan vous laisse peu de loisir et je suis loin d'être étonné...

— Il est vrai que mes occupations sont nombreuses. Vos chiens de généraux nous donnent quelque besogne ; mais j'espère en finir bientôt tout à fait avec eux.

— Comme vous y allez ! La tâche dont vous vous chargez est rude.

— Tant mieux ! ma gloire n'en sera que plus grande. Mille tonnerres ! quelle puissance sur la terre pourra résister à Abd-el-Kader, mon ami le sultan, lorsque Dumoulin conduira ses armées ?

— Vous tenez donc encore aujourd'hui à passer à nos yeux pour Dumoulin ?

— Tu es bien têtu, chien de chrétien : je suis Dumoulin.

— Comme il vous plaira.

— Réponds-moi.

— Que voulez-vous que je vous dise ?

— De retour du combat, les soldats français ne t'ont-ils pas raconté que les bataillons arabes étaient commandés par le terrible Dumoulin.

— Oui.

— Ne t'ont-ils pas dit qu'ils l'avaient vu ?

— Oui.

— Eh bien ! donc, pourquoi refuses-tu de me reconnaître pour Dumoulin ?

— J'ai peine à comprendre la crédulité de quelques soldats : en effet, je conviens de leur avoir entendu raconter qu'ils avaient aperçu Dumoulin au milieu de la mêlée.

— Je ne t'abuse donc pas.

— J'ajouterai que le souvenir de ce déserteur est sans cesse présent à leurs esprits et qu'il leur imprime quelque terreur.

— Tu confirmes tout ce que j'ai avancé.

— Mais peu importe que vous soyez, ou que vous ne soyez pas Dumoulin. Je vous reconnaîtrai pour qui vous voudrez.

— C'est bien heureux.

— Vous occupez un poste brillant.

— Très brillant.

— Ainsi, votre destinée est magnifique?

— Oui.

— Elle satisfait pleinement votre ambition?

— En partie.

— C'est beaucoup.

— Je compte sur l'avenir.

— Cependant ne regrettez-vous pas quelquefois, au sein de l'existence agitée que vous menez dans un pays à moitié barbare, la vie dont vous jouissiez dans votre patrie?

— J'éprouve parfois des regrets.

— Le bien-être, le luxe, les plaisirs, sont inconnus ici.

— Totalement négligés.

— En France la vie est si facile!

— A qui le dites-vous, monsieur!

— Les distractions y sont si agréables et si nobles. Elles parlent au cœur et à l'esprit.

— Elles élèvent l'âme. Ici, tout concourt à l'abrutir.

— Vous connaissez Paris?

— Si je connais Paris?

— Oui.

— Mais c'est la ville dans laquelle je suis né.

— Ainsi, vous êtes Parisien.

— Tout ce qu'il y a de plus Parisien à Paris.

— Un enfant de Paris suce pour ainsi dire, avec le lait de sa mère, le desir de toutes les jouissances, l'amour de tous les plaisirs.

— Vous dites bien la vérité, monsieur.

— Paris ! mais c'est la ville des loisirs élégants, des joies folles et bruyantes.

— Tout sert de prétexte à quelque amusement.

— C'est encore la ville des bals, des orgies au milieu desquelles des femmes jeunes et belles, éblouissantes de parures, ravissantes par les grâces de leur personne, noient le cœur et la tête des convives dans les flots de champagne qu'elles versent à pleines coupes. C'est la ville de prédilection. Puis les concerts, les musées, les théâtres...

— Oh ! s'écria Moussa avec vivacité, les théâtres ! mais j'allais chaque soir au spectacle.

— Quel était celui que vous fréquentiez le plus assidument?

— L'Odéon était, de tous les théâtres, celui où j'allais le plus volontiers.

— L'Odéon ! interrompit brusquement Meurice avec une énergie qu'il n'avait jamais encore manifestée, l'Odéon, monsieur? Vous êtes un imposteur. Vous ne vous nommez ni Moussa, ni Dumoulin : vous vous appelez Moncel.

— Moncel !

— Oui, Moncel. Je vous connais, moi, monsieur, et beaucoup. Chaque soir vous veniez dans la loge des actionnaires du théâtre de l'Odéon. Vous étiez à cette époque un enfant. Je vous portais sur mes genoux. Votre sœur était une charmante actrice. Je me nomme M. Meurice.

A cette véhémente apostrophe, Moncel demeura interdit et muet ; Meurice poursuivit :

— Depuis cette époque, je vous ai perdu de vue. Vous avez grandi. J'ai reçu de vos nouvelles : et elles sont aussi mauvaises que vraies, monsieur.

Vous êtes un mauvais sujet ! un bandit !

Vous êtes d'abord entré dans la cavalerie.

Puis de la cavalerie vous êtes passé dans l'infanterie.

Mais votre humeur inquiète et insoumise vous attirait l'animadversion de vos chefs, et ils se sont vus forcés de vous incorporer dans les compagnies de discipline.

Par l'effet d'une grâce toute spéciale et hélas ! bien imméritée, vous êtes sorti de ces compagnies de discipline ; vous êtes entré dans le bataillon d'Afrique et puis enfin dans les spahis, dont vous portez encore l'uniforme.

J'ai appris dans les prisons de Mascara votre désertion. Ainsi, il n'y a pas encore quatre mois que vous serviez en qualité de brigadier, et que vous avez abandonné votre drapeau.

Allez, je ne vous connais que trop bien, monsieur. Sur votre veste on distingue, là, au côté gauche, les fils d'un ruban. Le drap est moins usé à cette place que sur les autres parties du vêtement. Une médaille était attachée à ce ruban et annonçait à tous que vous portiez le signe d'une

récompense dont vos chefs avaient honoré une action généreuse. Vous aviez sauvé une femme qui se noyait.

Vous pouvez vous faire appeler Moussa, puisque vous
avez renié votre patrie et votre religion ! Mais votre nom,
avant que vous eussiez commis votre infâme apostasie,
était celui que j'ai prononcé tout à l'heure. Je le tais en ce
moment par respect pour votre famille. Le déshonneur
dont vous vous êtes couvert ne rejaillira jamais sur elle :
les rares qualités qui la distinguent sont appréciées de
toutes les personnes qui ont l'honneur de la connaître.

— Vous avez raison, monsieur, répondit Moussa d'une
voix altérée par la confusion et la honte qui l'agitaient ; je
suis un misérable, un infâme. Vous ne connaissez qu'une
partie de mon existence. J'ai eu tort de déserter, j'en conviens. Mais il faut aussi tenir compte des circonstances au
milieu desquelles je me suis trouvé jeté par une sorte de
fatalité déplorable. Je n'ai rencontré dans mes chefs qu'injustice, vexation et mauvais vouloir.

— Mon Dieu, c'est l'excuse ordinaire dont se servent les
paresseux et les vauriens.

— J'avais bonne envie d'arriver. On m'a, je vous le répète, traité avec prévention et abreuvé de défaveurs et
d'humiliations. Je suis loin d'être satisfait de ma nouvelle
existence. Je suis malheureux : je souffre, je veux revoir
l'Europe ; je travaille à gagner les bonnes grâces de l'émir,
afin de ramasser quelque argent. Lorsque j'aurai mis de
côté une somme assez forte pour défrayer les dépenses d'un
long voyage, je passerai dans le Maroc, et j'attendrai à

Tanger ou à Larrache un navire qui me descendra sur les côtes d'Espagne.

Cependant, veuillez demeurer convaincu de la sincérité de mes aveux, monsieur Meurice. Les vexations auxquelles j'ai été en butte m'ont seules déterminé à me joindre aux Arabes. Longtemps j'ai combattu contre cette funeste idée : mais je n'ai pas pu courber mon front sous le poids de tant d'injustices si gratuitement accumulées sur moi ; et si j'ai quelques torts à me reprocher, je les expie cruellement, car je suis bien malheureux.

— A la bonne heure, répliqua Meurice, continuez à parler de la sorte : vous finirez par inspirer quelque pitié et quelque indulgence, au lieu du dégoût et de la répulsion que vos premiers discours avaient excités chez moi comme chez tous les honnêtes gens qui vous entendent blasphémer votre Dieu et votre patrie. Pourquoi employer ces grossiers mensonges, ces impudents artifices ?

Monsieur, nous sommes bien à plaindre. La condition des prisonniers est affreuse ; la misère et les mauvais traitements auxquels nous sommes en butte finiront par nous tuer, et cependant nous ne changerions pas notre sort contre le vôtre. Vous êtes jeune, les bons instincts ne sont pas entièrement effacés de votre cœur. Abjurez ces paroles criminelles et ces projets extravagants : employez votre temps et vos forces à réparer vos fautes. La voie du repentir et du pardon ne vous est pas fermée à tout jamais. Vous le savez : à tout pécheur miséricorde.

— Vous me faites entendre de dures vérités, monsieur, et cependant je suis loin de vous en vouloir. Je vous confesse que j'ai honte de la vie que je mène, et je vous promets que, dès aujourd'hui, je vais m'appliquer à la modifier.

— C'est bien, Moncel, vous n'êtes ni méchant ni mauvais. Tête folle et légère. Que le passé vous serve de leçon pour l'avenir.

— Je n'aurai garde de négliger ces avis.

— Renoncez dès aujourd'hui à usurper le nom de Dumoulin.

— Je reprends mon nom, et je ne me fais plus appeler que Moncel. Quant à Dumoulin, vous avez été induit en erreur sur son compte.

— En quoi ?

— Dumoulin n'est pas mort.

— De quel côté vit-il ?

— Tantôt au nord, tantôt au sud. Il fait un peu tous les métiers.

— Jouit-il de quelque crédit parmi les Arabes ?

— Oui. L'émir en fait un grand cas.

— Est-ce un homme habile ?

— Aussi habile qu'audacieux. Je ne connais pas parmi les Arabes un cavalier pour monter un cheval aussi bien que le fait Dumoulin.

— Vous êtes de passage dans le camp de l'émir ?

— Oui : je loge dans le douair du kalifa Milloud-Ben-Arrach. Mais comme cet officier supérieur prend ses repas chez l'émir, je suis condamné à manger avec les esclaves : aussi, veuillez me permettre, pendant le séjour que je vais

faire ici, de vous voir quelquefois et de partager votre
nourriture.

— Volontiers.

— Je vous remercie de tout mon cœur. A demain,
monsieur Meurice. »

Et Moncel se hâta de rentrer dans la tente du kalifa
Milloud-Ben-Arrach.

Meurice avait déjà oublié les crimes qu'avait commis ce
bandit et l'impudence avec laquelle il l'avait abordé. Il ne
voyait que son infortune et que son repentir. Aussi lui fai-
sait-il un accueil affectueux, et le chapitrait-il afin de le tirer de la mauvaise voie dans laquelle il s'était engagé.
Moncel ne s'exprimait plus avec la même vergogne : il témoignait quelque pudeur, et promettait de quitter le pays.

A la fin, l'émir lui donna un cheval, un burnous, un
sabre et un fusil, et l'envoya, sur sa demande, chez les
Hadjoutes, parmi lesquels il avait vécu depuis sa désertion.
Moncel partit, après avoir promis à l'émir de lui rapporter,
chaque mois, quatre têtes de Français. Lorsqu'il prit congé
de ses deux compatriotes, il leur exprima les regrets que
lui inspirait leur séparation momentanée.

On n'entendait plus parler de Moncel depuis plusieurs
mois, lorsque les prisonniers que l'émir avait dirigés sur
Milianah virent un jour ce triste personnage s'introduire
dans leur cachot.

« Bonjour, mes amis ! s'écria-t-il en entrant.

— Ah ! ah ! fit-on de tous côtés, c'est Moncel.

— Oui, c'est Moncel, mes amis, qui n'a pas voulu traverser Milianah sans vous rendre une visite.

— Es-tu au courant de nos affaires ?

— Je sais qu'il est question de vous ramener à Alger.

— Est-ce un projet sérieux ?

— Oui. Je me mets à votre service.

— Mille fois merci !

— Disposez de moi.

— Si le cas se présente, nous aurons recours à toi.

— M. Meurice est mort?

— Oui : nous l'avons enterré à Tekedempta.

— La puissance et le crédit que j'ai su conquérir parmi les Arabes sont à cette heure établis sur des bases solides.

— Tant mieux pour toi !

— Je commande la cavalerie des Hadjoutes.

— Un beau poste et un fameux avancement.

— L'émir m'a fait demander. Je vais le rejoindre dans son camp, et je vous promets de le presser au sujet de votre échange.

— Bien parlé.

— Où en êtes-vous de vos affaires et de vos projets de départ? demanda à son tour notre jeune marin.

— J'ai amassé quelque argent. J'espère ne plus revenir du côté d'Alger, et je me propose d'effectuer mon passage en Espagne.

— Bonne chance et bon voyage !

— Mais je m'aperçois, M. de France, que vous êtes mal nourri et que vous manquez de linge.

— En effet, nous sommes fort mal traités.

— Je sors, et dans un moment je vais vous rapporter quelque secours. »

5.

Moncel se retira en effet, et lorsqu'il eut mis les pieds hors de la maison de justice, un des soldats qui était chargé de la garde des prisonniers, les vint trouver. Cet Arabe appartenait à la tribu des Hadjoutes. A cette époque, cette tribu qui occupait la plaine de la Mitidja était aussi riche que puissante.

« Moussa, leur dit l'Hadjoute, vous a fait entendre de belles paroles ?

— Oui.

— Il a beaucoup promis?

— Oui.

— Défiez-vous de lui.

— Pour quel motif ?

— C'est un scélérat.

— Quel crime a-t-il donc encore commis?

— Au mois de novembre dernier, vous avez dû voir exposées à Mascara quatorze têtes de spahis ?

— Oui.

— Parmi ces quatorze têtes, on en comptait trois qui avaient été tranchées sur le cadavre de trois officiers.

— Nous ne connaissions pas ces détails.

— Eh bien, Moussa a dit à l'émir qu'il avait tué de sa propre main ces trois officiers.

— Après ?

— J'entends quelqu'un dans l'escalier. C'est Moussa qui revient ; quand il sera sorti...

— Mes amis ! s'écria Moussa en rentrant dans la chambre, je vais partir. Laissez-moi vous offrir ce pain et cette chemise. Mon cadeau est bien maigre. Mais je suis forcé de compter et de ménager mes faibles ressources.

— Comment donc! fit notre lieutenant, nous ne voyons que l'attention. Je vous remercie au nom de mes compagnons, et particulièrement en mon nom.

— Si je repasse par ces quartiers, reprit Moussa, et que vous soyez encore détenus dans cette ville, je vous promets de vous donner tout ce que vous desirerez, car, à cette époque, j'aurai la bourse bien garnie. L'émir doit me payer les têtes que j'ai coupées le mois dernier dans la rencontre que nous avons eu à soutenir contre les spahis, et certes il me paiera largement, car j'ai envoyé les têtes de trois officiers. En arrivant à Alger on vous donnera des nouvelles de mon courage et de mes prouesses, car après avoir décapité et déshabillé le cadavre d'un officier, j'ai écrit avec la pointe de mon sabre, sur le dos du trépassé, en lettres taillées dans la chair :

Moncel, 1836.

A ces mots, les prisonniers ne purent retenir l'indignation que leur inspirait ce scélérat, qui accumulait à plaisir mensonges sur mensonges, qui se parait des désastres essuyés par nos troupes, et qui se réjouissait de la mort de nos soldats.

« Coquin, brigand, canaille, sors d'ici! s'écrièrent les assistants.

— Je ne sortirai pas d'ici ! Ne suis-je pas votre maître, chiens de chrétiens !

— Sors d'ici, gredin, où nous allons t'assommer sur la place. Tu es indigne de paraître devant des Français.

— Je méprise vos menaces, je ris de vos violences.

— Comment! s'écria l'Hadjoute qui avait commencé à dévoiler, pendant l'abcence de Moncel, les intrigues et les perfidies de cet infâme scélérat, comment pouvez-vous prêter l'oreille aux paroles de ce chien?

— Tu m'insultes, je crois?

— Débarbouille-toi avec l'Hadjoute.

— Tu dis, continua d'une voix lente et grave l'Hadjoute, tu dis que tu as tué trois officiers?

Moussa, tu en as menti.

Toi, tuer des chrétiens? mais tu n'es qu'un lâche et qu'un fanfaron!

Tu as fui quand nous nous sommes trouvés aux prises avec les chrétiens.

— J'ai fui?

— Tu as fui, chien que tu es.

— Jamais!

— Il est vrai de dire, qu'avant le combat, tu avais exalté avec autant de bruit que de violence ton courage et ton adresse. Moussa, tu ne me réponds pas?

Ce déserteur est un voleur et un infâme.

— Tu ne parlerais pas ainsi, s'écria Moussa en écumant de rage et de confusion, si nous étions seuls à nous promener en tête-à-tête dans la plaine.

— Pourquoi?

— Parce que mon sabre t'imposerait bien vite silence.

— Ton sabre, malheureux! tu ne le garderas pas longtemps.

Tu es un voleur et un infâme.

Écoutez. Il vous a dit qu'il allait de ce pas chez le sultan?

— Chez son ami Abd-el-Kader.

— Chez son ami! Le sultan le demande, non pour le récompenser, mais pour lui demander compte du cheval, du fusil, du burnous qu'il lui avait donnés à l'Oued–Mina, et qu'il a vendus.

— Fameux!

— Avec le prix de ces objets, Moussa est allé s'installer dans une mauvaise maison de Blidah. Il a acheté du vin, et il s'est grisé avec des femmes.

Est-ce un voleur que Moussa?

— Oui, firent les assistants, Moussa est un voleur.

— Il a dit qu'il avait coupé quatre têtes.

— Trois têtes.

— Soit, trois têtes. Il a fui lorsqu'il s'est trouvé face à face avec les chrétiens, et c'est moi qui ait coupé les quatre têtes.

— Horreur!

— Il voulait cependant en réclamer le prix en son nom. Est-ce un infâme que Moussa?

— Oui, Moussa est un infâme.

— Je me vengerai tôt ou tard, répliqua Moncel.

— Sors de notre prison, répondirent les prisonniers, ou nous épargnerons aux chaous la peine de t'infliger le châtiment que tes crimes doivent recevoir pour salaire. »

Moncel voulut répliquer; mais les assistants et l'Hadjoute l'accablèrent d'injures et le forcèrent à sortir de leur chambre.

Une demi-heure s'était à peine écoulée depuis le départ du rénégat qu'un nègre apportait à M. de France une lettre conçue en ces termes :

« Comme je ne veux pas qu'un chien de chrétien tel que toi tienne quelque chose d'un musulman aussi grand, aussi puissant que moi, je te donne l'ordre de remettre la chemise dont je t'ai fait présent au porteur de cette lettre.

» Je vais trouver mon ami Abd-el-Kader. Je ferai tout ce qu'il me sera possible d'imaginer pour que l'on te coupe la tête. Du reste, si je n'étais pas arrivé à temps et que tu fusses échangé, n'espère pas revoir les tiens, car dès cet instant, des ordres sont donnés, un complot est tramé pour vous enlever tous quand vous aurez dépassé Bouffarick.

» Je t'en donne ma parole d'honneur.

» MOUSSA ,

Général en chef des armées du sultan. »

La lecture de cette lettre excita l'hilarité des prisonniers, et d'un commun accord on brûla la chemise que ce bandit osait réclamer avec autant de hauteur que d'impertinence. Il n'osa plus reparaître dans la maison de justice : mais quelques jours après cette aventure, un déserteur des spahis, qui parlait français, vint causer avec les prisonniers. Dès qu'on lui parla de Moncel, dit Moussa, ce soldat entra dans les détails suivants au sujet de ce misérable.

« Ce n'est pas en triomphateur, mais en criminel que Moussa va comparaître devant l'émir. Deux cavaliers du bey de Milianah ont reçu l'ordre de conduire le coupable, et ils sont porteurs d'une lettre que le bey adresse à l'émir.

» Non seulement, dit le bey dans sa lettre, ce chien de chrétien n'a pas coupé les têtes qu'il se vante d'avoir envoyées à Mascara, mais il a fait bien plus. Il a vendu le cheval, le burnous, le fusil que tu lui avais donnés, et il a acheté du vin à Blidah avec l'argent qu'il s'est procuré en livrant son équipement. Je lui ai retiré son sabre, la seule arme qui lui restât.

» Nous avons encore d'autres crimes à lui reprocher.

» Ainsi, il a enlevé un jeune garçon à sa mère dans la même ville de Blidah, sous prétexte de le conduire à son père, qui habite momentanément Mascara.

» Tu devines le motif qui l'a porté à s'emparer de cet enfant.

» J'ai reconnu l'enfant lorsque Moussa s'est présenté dans mon camp, car j'avais eu l'occasion de voir plusieurs fois ce petit malheureux chez son père, qui est cordonnier à Blidah.

» Je renvoie l'enfant à sa mère. Quant à Moussa, j'ai ordonné à deux de mes chaous de le traîner devant toi pour qu'il te rende compte de ses crimes, et que tu infliges à ce traître le châtiment qu'il mérite. »

Tels furent les derniers renseignements que nos prisonniers eurent l'occasion de recevoir sur le compte de Moncel. Ils pensaient que la lettre du bey de Milianah devait infailliblement conduire à la mort ce malheureux. En effet, non seulement l'émir punit de la peine capitale, tout individu qui se vante d'avoir coupé la tête à des ennemis, et qui ment en avançant un tel fait ; mais encore il se montre d'une inflexibilité et d'une sévérité sans égales, lorsqu'un Arabe est accusé d'avoir dérobé un enfant. Le sultan punit cet attentat aux mœurs du dernier supplice. Dans cette aversion profonde pour une telle immoralité, l'émir donne une preuve de la chasteté de ses sentiments et de la rigidité de ses mœurs. Il se distingue ainsi des Turcs et il proscrit des vices dans lesquels se complaisent depuis des siècles la majeure partie des peuples de l'Asie et de l'Afrique.

Ainsi les brillants projets qu'avait rêvés Moncel étaient détruits. Ce malheureux s'était sans nul doute persuadé qu'en désertant, il allait trouver chez l'émir les richesses, l'importance et la célébrité que son humeur inquiète et remuante le poussait à poursuivre sans relâche. Ses mauvaises habitudes, ses déportements journaliers, ses vices, fruits d'une imagination déréglée et d'un cœur corrompu, l'avaient rendu indigne d'atteindre dans un régiment les grades et les distinctions que la bravoure, le zèle et l'application finissent tôt ou tard par conquérir. Les mêmes désordres le précipitèrent au fond d'un abîme encore plus grand parmi les Arabes, dont il était allé réclamer l'assistance et l'hospitalité ; et sa scélératesse révolta les barbares auxquels il avait vendu le secours de son bras.

Moncel dut éprouver un cruel désenchantement dès qu'il eut passé quelques heures sous les tentes de nos ennemis; chaque déserteur doit s'attendre à rencontrer le même désenchantement.

En abandonnant leur drapeau, les déserteurs se flattent de récolter la richesse, la considération, l'avancement chez l'émir. Ils ne recueillent que le mépris et la misère. L'émir et ses officiers ne font aucune espèce de cas des déserteurs.

Le sultan commence toujours par leur demander ce qu'ils se proposent de faire et il leur offre de les envoyer dans le Maroc, d'où ils peuvent finir quelquefois par gagner les côtes d'Espagne : mais comme ces hommes sont privés des premières ressources, ils demandent à séjourner en Algérie et à s'enrôler sous l'étendard de l'Emir.

Au camp on leur prodigue l'insulte et la menace; on leur refuse le plus souvent la nourriture et les vêtements nécessaires. Depuis le jour où les Arabes, dans une affaire qu'ils eurent à soutenir contre nos troupes, tirèrent sur trois déserteurs qu'ils avaient placés en avant de leurs lignes et les tuèrent, les déserteurs refusent de marcher au combat. Alors ils traînent leurs haillons et leur faim de tribu en tribu, de ville en ville et ils finissent pas succomber de fatigue et de besoin. Le lecteur doit se rappeler quel a été le sort de l'ancien instructeur de l'infanterie de l'émir, ce déserteur de la légion étrangère. Nous lui avons encore dit que les déserteurs qui vivaient dans le camp de l'émir, placé aux portes de Mascara, avaient préféré partager la prisons des captifs chrétiens, plutôt que d'accompagner le sultan dans sa nouvelle expédition. Non seulement ils avaient vécu auprès d'eux à Mascara, mais ils les avaient suivis à Milianah.

(Nous devons dire que, parmi ses réguliers, l'émir compte un bataillon de renégats depuis quelques années seulement. A la veille de la bataille d'Isly, la plupart des renégats ont déserté dans le Maroc, et sont allés jusqu'à Fèz.)

Les déserteurs sont, en général, des soldats qui, pour échapper à la punition que les fautes dont ils se sont ren-

dus coupables ont attirée sur leur tête , gagnent les tribus
afin de se soustraire aux recherches de leurs chefs naturels.
S'ils savaient la misère et l'infamie dont les Arabes accablent les malheureux qui se sont réfugiés sous leurs tentes,
ils ne commettraient pas d'abord un crime aussi grave que
celui de déserter, et ils se résigneraient ensuite à subir le
châtiment auquel ils sont condamnés : car, pour éviter de
tomber dans un malheur, ils tombent dans un plus grand,
et, en s'éloignant de nos corps, ils brisent sans retour (les
exceptions sont bien rares), les liens qui les unissaient à leur
patrie, et ils s'exposent volontairement, au milieu d'une terre
étrangère et ennemie, à rencontrer la mort à chaque pas.
Le transfuge aura beau abjurer le christianisme, raser sa
tête, envelopper son corps dans un haïk , parler l'arabe ;
il entendra retentir sans cesse à ses oreilles les paroles qui
expriment admirablement et d'une façon aussi brève qu'é-
nergique , les sentiments de ses hôtes à son égard : —
Chien de chrétien.

Mais ces réflexions nous entraînent trop loin et nous
font négliger de conduire à sa fin l'histoire de Moncel.
Les captifs de Milianah ne pouvaient pas connaître ces derniers détails, car ils ne se produisirent que longtemps après
leur rentrée à Alger. Nous avons donc été obligés de les recueillir de la bouche des renégats espagnols et des déserteurs français.

V

LALLA-MARGNIA

Tout ce que le cavalier hadjoute avait raconté au sujet de
Moncel était vrai, et la lettre que le bey de Milianah faisait
passer à l'émir établissait d'une façon péremptoire la culpa-
bilité de ce bandit. Mais il existait un fait que l'Hadjoute et
le bey passaient sous silence, et qui cependant valait la peine
d'être rapporté. Moncel, en désertant, avait rencontré Dumoulin chez les Hadjoutes, et il avait associé sa fortune à
celle de ce soldat. Ce Dumoulin, qui a laissé dans l'Algérie
une si triste célébrité, était dans le principe brigadier aux
chasseurs. Il déserta en 1833 à la Maison-Carrée, et ne

tarda pas à initier les Arabes aux secrets de notre tactique militaire. Lorsque Moncel vint rejoindre Dumoulin, celui-ci s'était créé chez les Hadjoutes et auprès de l'émir une position considérable. Son adresse à conduire un cheval, sa bravoure à toute épreuve, son intelligence et son activité lui avaient valu la confiance de nos ennemis. Il ne tarda pas à se plaindre de la conduite de Moncel, et dans plus d'une occasion il eut à lui reprocher ses habitudes d'ivrognerie et de débauche. Plus d'une fois il fut tenté de lui brûler la cervelle ; car les méfaits journaliers dont se rendait coupable Moncel, devaient finir par indisposer les Arabes contre les déserteurs et par les porter à quelque extrémité fâcheuse contre leur vie. Moncel craignait Dumoulin : il convenait de ses torts et promettait de s'amender, A ce prix, il obtenait le pardon du passé et la protection de son camarade dans le présent.

A la suite de sa dernière équipée de Blidah, Moncel arriva chez l'émir fort en peine sur le sort qu'on allait lui faire. Il ne tremblait rien moins que pour sa vie.

L'émir se montra indigné de sa conduite, et donna l'ordre aux chaous de lui couper la tête. Dumoulin arriva au moment où la sentence allait recevoir son exécution. Il n'eut que le temps d'échanger quelques paroles avec son camarade et de prier les chaous de suspendre le supplice. Il se précipite dans la tente de l'émir, et fait si bien par ses paroles et ses promesses, qu'il finit par obtenir la grâce du condamné.

Les chaous chargés de décoller Moncel commençaient à s'impatienter, et comme il ne voyaient pas, au gré de leur impatience, Dumoulin revenir aussi vite qu'il le leur avait promis, ils emmenaient le coupable hors de l'enceinte du camp, et se préparaient à lui trancher la tête. Moncel les suppliait d'une voix lamentable de lui accorder un dernier délai et d'attendre la réponse de l'émir : mais les bourreaux refusaient de lui accorder cette dernière trève. Soudain arrive, en courant, Dumoulin :

« Arrêtez, dit-il, l'émir m'a donné la grâce de Moussa.

— La preuve ? répondit le chef des chaous.

— La voici, répliqua Dumoulin, en lui remettant un papier sur lequel était tracé le cachet de l'émir.

— Abdalla le chrétien est tout puissant, ajouta le chaou.

(En abjurant le christianisme, le renégat Dumoulin avait pris le nom d'Abdalla, et les Arabes, afin de le distinguer des autres individus qui portaient déjà le même nom, l'avaient appelé *Abdalla le chrétien.*)

— O mon bon Dumoulin ! s'écria à son tour Moncel en se précipitant dans les bras du renégat, je te suis redevable de la vie.

— Peu s'en est fallu que tu ne fusses décapité.

— Merci, mille fois merci.

— Si ça pouvait te servir de leçon !

— En voilà assez pour me corriger. Je ne trouve pas de mots assez forts pour t'exprimer ma reconnaissance.

— Ta reconnaissance, Moncel ! je n'y compte guère.

— C'est mal ce que tu dis.

— Tu n'as jamais valu grand'chose, et je crois, qu'à cette heure, tu es devenu un scélérat fini.

— Peux-tu penser de si vilaines choses d'un ami ?

— Tu es un camarade que je connais depuis longtemps, et je t'ai vu à l'œuvre.

— On change dans ce monde.

— Je desire que tu changes.

— Sais-tu que tu es fort sur la morale?

— Ah! je comprends ce que tu veux dire. Je me connais : je ne suis pas un saint, et si je tombais au pouvoir des Français, je serais fusillé, et je n'aurais que ce que j'aurais mérité.

— On peut dire de toi, en t'écoutant :

> Seigneur, dans cet aveu dépouillé d'artifice,
> J'aime à voir que du moins vous vous rendiez justice !

— Ça te va de singer le tragédien ! On sait que tu as fait tes classes et que tu as fréquenté les théâtres ; mais, malgré l'éducation que tu as reçue, tu te conduis comme un sot.

— Comme un fou.

— Comme un imbécile. Vois si je commets les bêtises dont tu te charges de gaîté de cœur journellement.

— Qu'appelles-tu des bêtises ?

— Se soûler, vendre ses armes et son cheval, s'approprier un fait de guerre qui appartient à un camarade, et traîner sa vie dans les cabarets avec des femmes.

— C'est la vie du troupier.

— Oui, c'est possible quand on se tient dans les limites convenables. Mais parmi les Arabes, c'est mauvais. De telles habitudes d'ivrognerie et de débauche les révoltent.

— Comment faire ?

— Se tenir tranquille, ou se cacher. Je ne vaux pas

mieux qu'un autre, et cependant personne n'élève la voix contre moi.

— Mais de quelle manière t'y es-tu pris pour obtenir ma grâce de l'émir ?

— Je lui ai promis monts et merveilles ; j'ai adouci tes fautes, et j'ai juré en ton nom que tu ne retomberais plus dans les mêmes excès.

— Tu as bien fait de jurer.

— Tu le trouves ? je ne suis pas de ton avis.

— Et pourquoi ?

— Tu es un gaillard contre lequel il faut se tenir sur ses gardes.

— Ah !.. un ami, un compatriote ?

— Je ne me paie pas avec des mots. En second lieu, tu as causé un scandale dont tu dois être puni, afin de donner satisfaction à l'opinion publique.

— L'opinion publique dans le désert. C'est drôle.

— Tu es libre d'envisager la question sous le point de vue qui te plaît davantage. Égaie-toi, prends-en à ton aise ; dis que c'est drôle !

— J'ose le répéter.

— Comme il te plaira. Mais en fin de compte, l'émir ne veut pas te garder, et tu vas partir pour le Maroc.

— Soit.

— Un petit voyage d'agrément.

— Je ne suis pas fâché d'avoir l'occasion de me visiter à Fèz.

— Tu peux faire fortune dans ce pays.

— J'irai trouver l'empereur.

— Il te recevra bien.

— M'accompagnes-tu dans ce voyage?

— Je ne sais.

— Décide-toi.

— Nous verrons. J'ai mes mesures et mes précautions à prendre.

— L'émir a-t-il fixé l'époque de mon départ?

— Oui : on va t'équiper, et lorsque tu auras reçu un cheval, le chaou te conduira à Ouchdah. Ainsi, tu n'as pas de temps à perdre. Il faut d'abord commencer par aller porter tes remercîments au sultan.

— J'y vais de ce pas.

— Nous allons nous rendre auprès de lui tous les deux, car moi aussi je dois le remercier de la faveur qu'il m'a accordée en te donnant la vie. »

A ces mots, les deux renégats prirent le chemin qui conduisait à la tente impériale, et chacun à leur tour déposèrent aux pieds de l'émir leurs actions de grâces et lui exprimèrent leur gratitude sur la clémence dont il venait de donner une preuve aussi éclatante qu'inattendue.

Moncel partit pour Ouchdah. Il se mêla à une caravane qui se mettait en route pour Fèz, et après avoir franchi l'Oued-Malouya, traversé les tribus qu'arrose l'Oued-Za, il séjourna quelques jours dans la ville de Taza. Les marchands qui l'accompagnaient le conduisirent au *Fondack* (hôtellerie publique). Lorsque les Marocains qui composaient la caravane eurent terminé leurs affaires, ils sortirent de Taza, et s'acheminèrent vers Fèz.

Les tribus qui occupaient les provinces que ces voyageurs

parcouraient tentèrent plusieurs fois de les attaquer. Mais la caravane était en force : elle repoussa résolument les assaillants et finit par arriver sans dommage sérieux dans la ville de Fèz.

Ce n'est ni le lieu ni le moment de donner une description de Fèz. Moncel n'est entré dans aucun détail sur cette ville. Des événements postérieurs à son voyage nous ont mis à même de connaître Fèz et de fournir des renseignements aussi curieux qu'intéressants sur cette mystérieuse cité et sur la contrée qui l'environne. Tout est nouveau, tout est imprévu pour nous lorsque nous avons à nous occuper du Maroc. Depuis des siècles, ce pays n'a été visité que par quelques misérables renégats qui ont fini par succomber parmi les peuplades barbares. Si quelques uns parmi ces renégats sont parvenus à rentrer dans leur première patrie, ils n'ont pu fournir aucun document utile : car, s'ils parlaient, ils craignaient d'aggraver leur situation. Ensuite leur ignorance ne leur avait pas permis d'étudier les hommes et les lieux au milieu desquels leur existence si compromise les avait jetés. Mais, plus tard, des soldats français doués d'un coup d'œil précieux et d'une rare intelligence ont pu traverser le Maroc et séjourner à Fèz. Ils nous ont confié la relation de leur voyage, et nous allons d'un jour à l'autre publier le récit de leurs aventures. Nous ne savons rien qui soit plus saisissant, plus dramatique et plus curieux que cette odyssée à travers un empire, séparé de l'Europe par le fanatisme et la défiance de son gouvernement. Et cependant ce pays est une des principales clés qui doit tôt ou tard, sur les côtes de

6

l'Océan, nous ouvrir l'entrée de cette Afrique que la France tente de forcer, du côté de l'Algérie, sur la Méditerranée.

Lorsque nous parlons de ces Français qui viennent de pénétrer jusqu'à Fèz, il est bien entendu que nous n'entendons pas désigner les généraux et les chargés d'affaires que le gouvernement français a envoyés en ambassade officielle auprès de l'empereur du Maroc. Nous savons que la politique commande toute réserve et toute discrétion à ces représentants de la France à l'étranger, et nous ne voudrions pas, dans un pur intérêt de curiosité, compromettre le sort des négociations pendantes et trahir les secrets du cabinet. Ce serait encourir une grave responsabilité et attirer sur sa tête la déconsidération publique.

Et qu'on ne s'y trompe pas : les renseignements qui parviennent par ces voies officielles sont loin d'égaler en importance et en intérêt les documents qui nous arrivent par la voie officieuse des simples particuliers que les hasards de leur vie ont conduits dans ces contrées fermées aux Européens. Les envoyés du gouvernement ne voient que ce que l'on veut bien leur laisser voir, n'entendent que ce que l'on veut bien leur dire. L'itinéraire de leur voyage est tracé d'avance. Ils arrivent au lieu désigné à heure fixe. On les enferme dans un palais qu'on a préparé d'avance. Ils n'en sortent que pour se rendre aux conférences convenues, et ils partent du moment où les affaires qui ont nécessité leur présence ont abouti à une solution quelconque. Nous ne saurions mieux les comparer, tant ils sont entourés de précautions, qu'avec les individus que l'on conduit les yeux bandés à un rendez-vous mystérieux.

Mais il n'en est pas ainsi pour les simples particuliers qu'un caprice du sort a jetés dans ces contrées. Ceux-ci sont exposés aux bonnes comme aux mauvaises chances de la fortune commune. Ils suivent à pied les caravanes, ils campent dans les tribus, ils pénètrent dans les villes, ils séjournent dans les fondacks : ils vivent au milieu des Marocains, des renégats et des juifs auprès desquels ils étudient les mœurs et les instincts du peuple. Aucune défiance ne les entoure, car leur vie dépend de la volonté du premier venu. Ils peuvent tout voir et tout entendre, et à leur retour, ils nous apportent une ample moisson de souvenirs aussi intéressants qu'utiles, aussi sincères que surprenants. Et si nos lecteurs trouvent quelque exagération dans l'explication que nous venons de leur donner, nous les mettrons bientôt à même de constater la véracité de ces assertions.

Dès son arrivé à Fèz, Moncel demanda aux kaïds à voir l'empereur Muley-Abderrhamann. Il monta au *Bour*, et attendit le moment où il plut à Sa Majesté impériale de le recevoir.

Fèz est bâtie au pied d'une haute montagne. Un des faubourgs occupe les premières assises de la montagne. Après ces faubourgs viennent des jardins et des terrains vagues. Audessus des jardins, entre la seconde et la première pente de la montagne, est situé le palais de l'empereur, qu'on nomme le *Bour*.

Cette résidence impériale occupe l'ancienne enceinte qu'avaient élevée les Portugais à l'époque de leur conquête, et commande ainsi la ville.

Moncel fut introduit dans une grande cour, et l'empercur ne tarda pas à paraître. Il accueillit le renégat avec une certaine bienveillance, et lui accorda de loger dans le *Bour*.

Après un séjour de quinze jours à Fèz, Muley-Abder-rhamann fit signifier à Moncel de partir et de rentrer chez l'émir. Il lui donna de l'argent, des armes, des vêtements et deux chevaux. Le renégat reprit le chemin du retour, et finit par arriver sain et sauf chez l'émir, qui avait fixé ses tentes au camp de Lalla-Margnia.

L'accueil que Moncel avait trouvé à Fèz, les cadeaux qu'il avait reçus de Sa Majesté marocaine lui avaient exa-géré l'importance de son individu, et il se présentait déjà comme un personnage considérable. Il se donnait le ridi-cule ou plutôt le tort de traiter d'égal à égal avec l'émir, et il affectait de fouler aux pieds toute règle et toute disci-pline. Il s'échappait du camp : il se jetait dans les villes arabes, courait les cabarets et dépensait son argent avec des femmes de mauvaise vie. Il avait reprit sa vie d'ivrogne, et il ne se passait pas de jour que les Arabes ne se vissent dans la nécessité de ramasser dans les ruisseaux le renégat ivre-mort. Les déportements de ce bandit exaspérèrent les Arabes : ceux-ci n'éprouvèrent plus pour lui qu'une répul-sion insurmontable, et le chargèrent de leur haine et de leur mépris. Les choses finirent par aller si loin, qu'un beau jour les chaous se saisirent de Moncel et le traînèrent à Bouffarick, livrant ainsi le renégat au pouvoir de l'officier français qui commandait le bockaus.

Le capitaine du poste fit conduire par la gendarmerie le déserteur à Alger. On s'occupa à l'instant de faire le procès à Moncel. Ses crimes étaient patents ; ils avaient comblé la mesure. Les faits l'accusaient ; lui-même n'a-vait-il pas signé son acte d'accusation, lorsque de sa propre main il avait écrit avec la pointe de son sabre sur le dos du cadavre d'un officier français ces mots exécrables : — *Moncel*, 1836? — Mais l'âme de ce bandit lui inspirait toute lâcheté et toute infamie. Il avoua ses méfaits du ton le plus repentant ; il pleura ses funestes égarements, il de-manda grâce en invoquant sa jeunesse et les entraînements de la vie des camps et des hasards de la guerre, et il ne craignit pas de réclamer la protection des personnes hono-rables qui s'étaient intéressées à lui lorsqu'il avait fallu le racheter de ses premiers crimes.

Mais toute indulgence, toute miséricorde devaient être refusées à ce misérable. Sa conduite avait présenté un ca-ractère de perversité si endurcie, que les Arabes eux-mê-mes n'avaient pas su lui pardonner, et avaient fini, de guerre lasse, par le rejeter de leur sein. Ils avaient dédai-gné, tant cette vie leur semblait abjecte et odieuse, ils avaient dédaigné de la trancher, et ils rejetaient la respon-sabilité du châtiment qui devait frapper ce déserteur sur les hommes qu'il avait trahis.

Le conseil de guerre s'assembla. Moncel parut devant ses juges : il fut condamné à mort, et on le fusilla sur la place Bab el-Oued, à Alger.

Ainsi finit ce malheureux qu'une précoce perversité avait conduit dans le chemin du crime.

Ce fut justice, et personne ne protesta contre la sévérité du châtiment. Et lorsque aucune voix ne s'élevait dans l'Al-

6.

gérie, le théâtre des exploits de ce criminel, contre la sentence du conseil de guerre; lorsque la conscience publique demeurait parfaitement édifiée sur les causes qui avaient poussé Moncel à déserter et à incruster son nom dans la chair d'un officier français, des journaux bâtissaient à Paris des romans sur les premières aventures de ce drôle. Ainsi, il y a encore à peine quelques mois, on lisait dans un journal que la jalousie avait poussé Moncel à déserter, et que le cadavre sur lequel il avait inscrit avec la pointe de son sabre son nom, était le cadavre de son rival. On ajoutait qu'il avait tendu à ce triste rival une embûche, et qu'il l'avait frappé en plein visage. C'était pour donner de ses nouvelles à l'infidèle beauté qui l'avait trahi qu'il profanait ce cadavre. Vous savez cependant que Moncel avait ramassé le premier cadavre venu et qu'il l'avait décapité pour obtenir de l'émir un cheval et des armes en remplacement du cheval et des armes qu'il avait vendus dans les cabarets de Blidah.

Ne trouvez-vous pas que l'imagination du romancier aurait dû choisir pour héros de ses galantes historiettes un autre homme que Moncel? C'est mal comprendre le devoir de l'écrivain qui veut instruire ou plaire, que de dénaturer ainsi la vérité, et de faire un amant, un Othello d'un lâche coquin. C'est encore aller contre l'arrêt prononcé par la justice que de donner le change sur la personne et les actions du coupable qu'elle a puni. Si, dans un sentiment d'équité vous respectez les inspirations de la vertu, vous devez à plus forte raison, dans un sentiment de moralité publique, dénoncer les indignes passions qui ont conseillé le mal. Et puis, vous le voyez, ces inventions finissent toujours par tomber devant la vérité, et il ne reste plus alors de ces péripéties imaginaires que le souvenir blessant d'une mystification sans but et sans portée.

Avant d'en finir avec Moncel, il nous reste à dire quelques mots sur Dumoulin. Ce renégat s'était conduit avec une prudence et une habileté qui manquent en général aux déserteurs. Il avait fait la guerre pendant plusieurs années contre les Français, et il avait rendu de grands services aux Arabes et à l'émir lui-même. En agissant de la sorte, et à la faveur des fortunes de la guerre, Dumoulin avait fini par ramasser cinq ou six mille douros. Dès qu'il se vit à la tête de ce petit trésor, notre renégat craignit d'être à la fin trahi par le sort et de demeurer entre les mains des Français. Il savait le châtiment qui l'attendait s'il avait le malheur de tomber au pouvoir de nos soldats : il se fatigua de la guerre comme il s'était déjà fatigué des métiers qu'il avait faits auparavant, et un beau jour il se décida à passer dans le Maroc. Il espérait trafiquer à Fèz au moyen des douros qu'il emportait avec lui : si ses opérations commerciales réussissaient, il quintuplait sa fortune. Alors, il s'embarquait à Tanger, et il allait vivre tranquillement à Cadix.

Dumoulin abandonna donc l'Algérie et pénétra dans le Maroc. Il arriva, non sans avoir couru mille périls, à Fèz. A peine eut-il fixé son séjour dans cette ville, que le renégat songea à se marier ; il entama son trésor et finit par lui faire une si forte brèche que...

Mais les détails dans lesquels nous serions obligés d'entrer à ce sujet trouveront leur place naturelle ailleurs. Ces

événements se passèrent en 1840, et nous n'avons pas encore achevé de rapporter les faits qui ont trait aux années
1836 et 1837. Nous ne pouvons pas oublier les prisonniers
qui gémissent dans la prison de Milianah, et qui attendent
vainement l'heure de leur délivrance.

VI

MILIANAH

La misère et la maladie déciment les captifs. — Horrible spectacle. — **Les** médecins chez les Arabes. — Système médical. — Arrivée du bey **de** Milianah. — Le Rhamadan. — Indifférence du bey. — Il vient solder les troupes. — Les serments qu'il fait aux captifs. — Les oranges. — Visite du juif Durand. — La mission dont il se dit chargé. — Il envoie **des** provisions et refuse tout secours pécuniaire. — Les nouvelles qu'apporte un Hadjoute. — Six prisonniers sont désignés pour partir. — Doit-on emmener le père Lanternier. — Bastien prend sa place.

La chambre dans laquelle le kaïd de Milianah avait entassé les prisonniers présentait un affreux spectacle. Les détenus, privés d'air, de lumière et de chaleur, croupissaient sur la terre humide et froide de ce cachot. Les émanations pestilentielles qu'engendraient la vermine et la puanteur de ces corps malades ajoutait à l'horreur de ce séjour. Le temps était mauvais : la neige ou la pluie interdisaient toute promenade dans la cour et condamnaient les captifs à une sorte de repos qui produisait un engourdissement et une prostration de l'esprit et du corps. Ceux qui, jusqu'à ce jour, avaient résisté aux terreurs et aux souffrances qui avaient commencé par terrasser les plus faibles, succombaient à leur tour. Le froid et la fièvre les tenaient cloués sur la litière fangeuse qui s'était formée sous eux.

Les corailleurs Crescenco et Francesco avaient perdu toute confiance et tout espoir. Ils ne croyaient plus à leur échange, et le découragement avait étouffé les rêves brillants de leur imagination méridionale. Faciles à impressionner, ils voyaient dans le rayon du soleil qui pénétrait dans leur cachot le signe d'une bonne nouvelle, comme ils lisaient dans le nuage chargé de frimas qui obscurcissait l'horizon le présage de leur mort. Ainsi, ils passaient de la joie à la consternation, et de la consternation à la joie au même moment; mais l'accablement qui suivait l'enivrement était d'autant plus sinistre, que l'espérance avait été plus grande. Ils mêlaient leurs plaintes et leurs gémissements à ceux que poussaient Bourgeois et Bastien.

Bourgeois, qui jusque alors s'était toujours bien porté, ne cessait de geindre. Le froid avait gagné ses jambes, et il était menacé de périr de la même mort qui avait frappé Meurice. Ses camarades passaient leurs journées à le frictionner.

Bastien, le domestique de M. Pic, avait vu sa blessure s'envenimer à la suite des fatigues du voyage. La plaie s'était agrandie et exhalait une odeur de cadavre en décomposition. On ne pouvait le soulager. Mardulin n'était plus là, et le kaïd de Milianah avait refusé de donner le miel et le beurre qu'on lui avait fait demander pour panser la blessure de Bastien.

M. Pic était tombé sérieusement malade, tandis qu'à ses côtés le père Lanternier, éprouvé par tant de secousses plus affreuses les unes que les autres, dépérissait à vue d'œil. Une fièvre lente minait sa vie et trahissait les désordres qu'elle produisait par le délire qui troublait la tête de ce pauvre vieillard.

On ne devait pas songer à faire demander un médecin au kaïd, car les Arabes des villes et des campagnes ne reçoivent les soins que de quelques empiriques dont la science consiste à appliquer aux malades des remèdes de bonne femme.

Ainsi, on n'a pas oublié l'ignorance dont le docteur Toussis, lequel avait cependant fait ses études à Tunis, donna la preuve lorsqu'il fut question à Mascara de saigner Meurice. Le barbier de la ville fut obligé d'opérer à sa place.

Les Arabes ne prodiguent aucuns soins à leurs malades: seulement, ils teignent le dessous des yeux du patient avec une couleur noire qui provient d'une espèce de mine de plomb. Ils colorent en même temps, avec du rouge, les ongles et les cils. Dès qu'un individu se trouve indisposé, on le fait beaucoup manger. La plupart du temps, on lui donne à boire du lait de chameau. C'est la tisane héroïque.

Si vous reprochez à un Arabe l'abandon dans lequel il laisse un malade, il vous répond :

« Il veut mourir. C'est Mahomet qui le veut, il faut le laisser mourir. »

Malgré les préjugés et le fanatisme qui abrutissent l'intelligence de ces peuples, on est frappé de la confiance que les Arabes accordent aux chrétiens en qualité de médecins. Les indigènes sont sujets à des maux d'yeux et à des douleurs rhumatismales dans les jambes. Aussi les voit-on courir avec empressement audevant des déserteurs et réclamer le secours de leur expérience médicale. Ils sont persuadés que les chrétiens connaissent la médecine, et qu'il ne dépend que de leur bon vouloir pour les soulager et les guérir de leurs maux. Nous avons montré Mardulin composant à Mascara des poudres avec de la brique pilée, et vendant ce spécifique aux infirmes, qui le payaient sans se faire tirer l'oreille.

Cependant si les prisonniers ne devaient pas recevoir la visite d'un médecin, ils attendaient impatiemment l'arrivée d'un personnage dont la présence dans Milianah pouvait arrêter les progrès de leur mal et hâter leur guérison. Ce personnage n'était autre que le bey.

Chacun espérait qu'en apprenant la misère des prisonniers, le bey adoucirait leur sort et s'occuperait activement de leur liberté. Mais les jours et les nuits s'écoulaient sans que l'on vit paraître ce chef puissant dans la ville qu'il commandait.

Cependant les soldats qui veillaient à la porte de la prison annonçaient le retour prochain du bey. La solennité religieuse du Rhamadan devait hâter sa rentrée. Sur ces entrefaites, des coups de canon et les détonations d'une fusillade apprirent un matin au captif que le bey Mahidin-el-Hadj-el-Schir–Ben–Moubarek traversait la ville et se rendait dans sa demeure. Ces salves d'artillerie, signes de la satisfaction publique, firent tressaillir les détenus. Du fond

de leur cachot, ils saluèrent le passage du bey : sa présence allait amener la fin de leurs souffrances, et devait
faire descendre dans cette prison, d'où ils tendaient les
bras vers sa clémence, la certitude de recouvrer cette liberté tant promise.

Mais, hélas ! cette joie fut de bien courte durée.

Déjà l'on n'entendait plus les canons et les fusils célébrer
la bienvenue du bey ; déjà les acclamations qui avaient re-
tenti dans la ville venaient s'éteindre en clameurs bruyantes au pied des murailles de la prison, et déjà le désenchantement et la désolation rentraient, avec des rigueurs
plus cruelles qu'auparavant, accabler les chrétiens. Le bey
dédaigna de rendre visite aux prisonniers. Il se renferma
chez lui sans leur donner le plus léger signe de vie, et cette
nouvelle espérance qu'avait fait naître dans le cœur des
captifs ce retour si ardemment desiré, s'évanouit avec la fumée du dernier coup de fusil.

Cette indifférence du bey de Milianah, à l'égard des chrétiens que l'émir lui avait fait recommander si chaudement,
est bien faite pour nous inspirer d'amères réflexions. Nous
avons entendu de beaux diseurs exalter la noblesse et la générosité des chefs et des marabouts arabes. Ils vantaient leur
exquise sensibilité, leur merveilleuse délicatesse, leur tact
si parfait dans les rencontres les plus antipathiques avec leurs
mœurs et leur religion. Toutes ces dissertations ne sont
bâties que sur de beaux rêves et de magnifiques fictions,
inspirées plutôt par l'imagination des poètes que par l'observation exacte des faits. Marabouts, kalifas, beys, agas,
kaïds, ne témoignent que mépris et cruauté aux chrétiens.

L'émir avait beau s'intéresser aux captifs et leur promettre de bons traitements, il avait encore beau raconter quel accueil ses Arabes prisonniers recevaient à Marseille, il ne parvenait pas à convaincre les hommes qui l'entouraient. Tous, grands et petits, se montraient insensibles à ces recommandations, et sans tenir compte du bien que leurs ennemis faisaient à leurs frères captifs sur une terre étrangère, ils ne se départaient pas un instant des vexations auxquelles ils soumettaient les prisonniers chrétiens. Ainsi, le bey de Milianah était informé des projets d'échange arrêtés entre l'émir et les autorités d'Alger ; il savait encore quelle était la dure condition dans laquelle croupissaient les détenus de Milianah : eh bien ! vous le voyez demeurer dans la plus complète impassibilité. Il ne tente pas une démarche, il ne prononce pas un mot qui puissent soulager ces infortunes sans cesse croissantes. Les plaintes et les gémissements qu'il entend ne le touchent en aucune façon : peu lui importe la reconnaissance des prisonniers de Marseille à l'égard de leurs gardiens. Les captifs de Milianah ne sont, à tout prendre, que des chiens de chrétiens; on ne leur doit ni pitié ni secours. Un cachot et la mort, voilà ce que ce grand personnage tient en réserve pour ces chiens de chrétiens.

Aussi ces hommes, desquels certains idéologues vantent à tout propos les qualités éminentes, sont-ils encore loin de nous valoir. Songez donc qu'à la place de la tolérance, de la résignation, de la charité évangéliques, leur prophète leur a soufflé la haine, la ruine de tous ceux qui ne courbent pas la tête en entendant ces mots merveilleux : *Dieu est*

Dieu, et Mahomet est son prophète. Et si nous admettons, même pour un moment, la supériorité morale et intellectuelle de quelques chefs, pensez-vous que ces rares individus soient doués d'une virtualité assez puissante, assez inspiratrice, assez féconde pour remuer ces masses barbares et spoliatrices qui se pressent à leur suite, ou qui se dispersent dans les plaines et dans les montagnes, selon la fantaisie de l'heure présente. Ne pensez-vous pas, au contraire, en voyant l'ignorance, la férocité, l'astuce, l'avarice, la saleté, cette lèpre physique qui engendre une lèpre morale ; ne pensez-vous pas que ces chefs s'usent au contact de ces hommes classés aux derniers degrés de l'échelle sociale !

Allez, c'est un rude métier que celui de conducteur des peuples, et il faut, dans les temps où nous vivons, plus que des génies incultes et grossiers pour améliorer la condition physique et morale des hommes. Il faut posséder une main ferme, savante et habile pour les pousser dans une voie progressive, et leur indiquer, d'une façon nette, précise et triomphante, le but vers lequel doivent tendre leurs efforts, leurs appétits et leurs travaux.

Les fêtes du Rhamadan, au lieu d'inspirer quelque pitié aux Arabes en faveur des détenus, ne firent que fournir un nouvel aliment à leur fanatisme.

Les gardiens retranchèrent le plat d'orge bouillie qu'on servait aux prisonniers, sous prétexte de les associer aux jeûnes que les croyants observaient durant le Rhamadan. Ils remplacèrent ce plat par une galette qu'il fallait partager en deux portions. Souvent, ils promettaient d'apporter, à deux heures de la nuit, un bon plat de couscoussou, car l'abstinence à laquelle étaient condamnés les prisonniers commençait à détruire leurs forces ; mais lorsque, par hasard, les gardiens avaient un plat de couscoussou à servir au milieu de la nuit, ils ne se donnaient pas la peine d'entrer dans la chambre : ils entrebâillaient doucement la porte , et si on ne les appelait pas, ils refermaient la porte sans faire de bruit, et couraient manger les vivres qui étaient destinés à nourrir les chrétiens.

La neige et la pluie ne cessaient de tomber. La chambre occupée par les détenus était si obscure, que l'absence de toute lumière les privait de toute distraction. Ainsi la vermine les rongeait des pieds à la tête, et ils n'avaient pas la ressource de s'en débarrasser. La plus cruelle désolation égarait les esprits. La plupart des prisonniers étaient persuadés que le sultan ne les avait envoyés à Milianah que pour les laisser mourir de faim et de froid dans cette ville ; car ils n'avaient jamais été, même aux plus mauvais jours de leur captivité, exposés à d'aussi pénibles épreuves que celles par lesquelles ils étaient condamnés de passer à cette heure.

Une fièvre maligne consumait lentement Fleury, Bourgeois, Crescenco et Bastien. Ils n'avaient plus la force de se lever et de se tenir debout sur leurs jambes. Leurs plaintes s'élevaient d'une façon lamentable au sein de cette lugubre obscurité, qui entretenait une nuit continuelle dans ce cachot. Crescenco ne cessait de gémir : il faisait ses adieux à la mer et à Gênes, qu'il désespérait de revoir. Bastien, qui avait le flanc déchiré par une plaie profonde et en putréfaction par le manque de baume et de charpie, poussait des cris déchirants. M. Lanternier jetait des ex- clamations sans suite : sa respiration devenait chaque jour plus difficile et plus embarrassée : c'était comme un râle continuel qui s'échappait de ses lèvres. Il perdait par mo- ments, au milieu du délire de ses esprits, l'usage de la raison, et lorsque la fièvre lui laissait quelque trève, il ne prononçait que ces mots :

« *Ah! mon Dieu!* »

Ce fut dans ces tristes circonstances que M. A. de France devint pour ses compagnons d'infortune une providence pleine de dévoûment et de bonté. Notre jeune officier triomphait de l'épidémie qui terrassait les habitants de ce cachot, et il se consacrait au service des malades.

Le soir, dès qu'on servait le plat d'orge bouillie, il en- tr'ouvrait la porte de la chambre. La faible lumière que je- tait la lampe des gardiens éclairait, de l'un de ses rayons perdus, le cachot. A la faveur de cette lumière, les valides se plaçaient autour du plat d'orge bouillie. Notre lieute- nant avait acheté une cuiller dont il partageait le service avec Francesco. On mangeait à la gamelle. Après les valides, venait le tour des malades. On portait le plat de- vant eux, car ils n'avaient pas la force de se traîner jusqu'au milieu de la chambre. Pendant la nuit, si le vent soufflait avec force, M. A. de France allait dans la cour ramasser les oranges que la violence de l'ouragan avait arrachées aux branches du bel oranger dont nous avons parlé plus haut. Il distribuait ces oranges aux malades, ainsi que les fruits qu'il achetait, avec les quelques mousounés restant de deux piécettes dont il était redevable à la générosité du kaïd de la ville. Ainsi, il s'appliquait à prodiguer à ses compagnons de captivité les soins qu'il en avait reçus pendant la maladie à laquelle il avait failli succomber dans la prison de Mascara, après la mort de Meurice. Loin de tirer parti de la considération qui s'attachait naturellement à son titre d'officier, et d'exploiter la pitié des Arabes à son seul profit, M. A. de France ne voulait s'occuper que de ses compagnons, et s'il réclamait, c'était toujours pour quelqu'un d'entre eux.

Assurément, il n'est pas rare de rencontrer ici-bas, dans des demeures pauvres et à demi ruinées, la faim, le froid, la maladie, l'insomnie et la mort ; assurément, on rencontre dans les villes d'horribles misères. Quelle que soit la forme qu'elle emprunte, l'agonie délirante et glacée s'assied au chevet du malade au camp comme à la ville, au désert comme aux champs, et la mort inflexible et sinistre marque du doigt sa victime : ni les murailles épaisses, ni les moelleux coussins, ni le soleil à son midi, ni les richesses des grands, ni la science des princes dans l'art de guérir, ni les tendresses de l'amour et de l'amitié ne sont assez puissants pour sauver une vie dont la fin a été marquée par l'arbitre de nos destinées. Il faut suivre la fortune commune ; et cependant les souffrances et les privations qui terrassaient les détenus de Milianah empruntaient aux circonstances tout exceptionnelles dans lesquelles ils se trouvaient placés une rigueur plus affreuse. Nul ne venait recueillir leurs larmes et leurs plaintes

Le cavalier qui passe et qui rencontre sur son chemin

un voyageur dévoré par la soif, engourdi par le froid, présente sa gourde à ses lèvres altérées, ou jette son manteau sur ses épaules nues.

La Charité visite les prisonniers dans leurs cachots.

Ici, les ennemis des chrétiens se complaisaient dans leur férocité : ils ne comprenaient même pas leur langue. La misère et la mort, qui s'étaient établies dans cette étroite prison, n'attiraient pas leurs regards ; leurs plaintes ne leur arrachaient pas un soupir. Un seul parmi ces infortunés était demeuré valide : celui-ci, jeune, vaillant, compatissant, se voyait entouré par les captifs qui, réduits à un état de nudité presque complète, couchés sur la terre humide et puante, sans feu, sans aliments, lui adressaient leurs supplications. Et il était privé de toute ressource, soit pour calmer leur faim, soit pour étancher leur soif ! Il n'avait rien à sa disposition, et leurs flancs étaient déchirés par d'horribles blessures, et la fièvre les rendait fous ! Rien, rien ! s'écriait-il. Il n'osait même plus, en se penchant sur leur front, murmurer ces mots qui exercent une si grande influence sur les malheureux, et qui consolent les affligés — *Espoir* — *retour* — *patrie*. — Car les moribonds, comme galvanisés par ces paroles, se soulevaient dans les convulsions de leur fièvre ; ils attachaient leurs regards ternes et glacés sur leur prétendu consolateur, se répandaient en blasphèmes et s'écriaient :

« Ne sommes-nous donc pas encore assez malheureux ! Nous avons été indignement trompés ! Cherchera-t-on, au moment où nous allons expirer, à bercer notre esprit dans une vaine sécurité ? Jettera-t-on sur la fosse qui attend nos cadavres l'espérance, comme un voile, afin de nous dérober l'aspect de ce lugubre spectacle ?

Nous avons faim, nous avons froid !

Calmez la faim qui nous dévore ; réchauffez nos membres glacés par le froid ! »

Ainsi, ces hommes ne trouvaient aucune consolation ; ils n'attendaient plus rien des Arabes, car leur barbarie s'était exercée contre leur corps et leur esprit de la façon la plus odieuse et la plus méchante. Ils n'attendaient rien de Dieu, car son nom n'était jamais sorti de leur bouche. Jamais, ardente et confiante, la Prière, assistée de la Foi et de la Résignation ne descendit dans cette prison ; jamais elle ne les réunit à genoux ; jamais, en élevant ses bras vers le ciel, elle n'implora de sa voix fervente et pure la fin de cette grande misère !

Cependant quel baume merveilleux ce retour vers Dieu aurait pu répandre sur ces blessures, dont nous n'exagérons certes pas la profondeur et le danger. Songez donc à ces douze hommes entassés dans un cachot qui peut à peine les contenir, rongés par la vermine et la maladie, dévorés par la faim, abrutis par le froid et n'ouvrant la bouche que pour blasphémer. Deux seulement, Francesco et le père Lanternier, avant le jour où ils eurent entièrement perdu l'usage de leur raison, n'oublièrent pas le nom de Dieu, et l'invoquèrent dans leur for intérieur.

Un jour, des esclaves installèrent dans le corridor qui conduisait chez les détenus un canapé et de beaux tapis. Dès que ces préparatifs furent terminés, on vit arriver le bey, qui venait en personne payer la solde à ses troupes. Les esclaves étendirent à ses pieds une grande peau de maroquin, taillée en rond, couverte de petits cercles en toile cirée et sur laquelle ils vidèrent plusieurs sacs d'argent. Les soldats se tenaient dans la cour, et chacun d'entre eux, à l'appel de son nom, vint toucher sa solde.

A cette époque, Mahidin–el–Hadj–el–Schir-Ben-Moubarek, bey de Milanah, était un homme de quarante ans. Sa taille est un peu plus grande que celle de l'émir ; il a la figure allongée, de petits yeux, des lèvres épaisses et sa barbe commence à grisonner. Le haïk et le burnous qu'il portait, taillés dans une étoffe de drap bleu de ciel et écarlate, étaient fort beaux. Un magnifique yatagan brillait à sa ceinture.

Ses officiers, rangés à ses côtés sur une seule ligne, avaient pour habillement des culottes et des vestes rouges et se drapaient dans des burnous rouges et blancs ; le coussin sur lequel le bey se tenait assis était tissé avec de la soie brochée de diverses couleurs et annonçait les habitudes de luxe et de richesse de ce personnage.

En un mot, le bey de Milianah affichait une splendeur opulente qui manquait totalement à l'émir.

M. de France avait tout d'abord pensé que le bey allait s'occuper des captifs. Celui-ci ne parut nullement s'inquiéter de leur présence.

Notre officier se présenta alors dans la galerie, et afin d'attirer l'attention du bey, il sortit de sa poche les lettres du général Rapatel. Le bey demanda à voir ces papiers.

4.

Un de ses soldats, André Achmet, déserteur des spahis, qui parlait français, servit d'interprète à notre jeune officier.

Il exposa l'affreuse condition dans laquelle on semblait oublier à plaisir les chrétiens depuis leur arrivée à Milianah, et il n'eut pas de peine à démontrer en quoi ces mauvais traitements concordaient si mal avec les généreuses recommandations de l'émir.

Le bey répondit à ces plaintes par de belles promesses : il parla de l'échange prochain des captifs et il se retira en faisant pressentir un heureux changement dans la situation des détenus. Mais ses protestations de bienveillance ne furent jamais accompagnées d'un bon procédé.

Sur ces entrefaites, arriva à Milianah le juif Durand. Il se rendit auprès des prisonniers et leur annonça qu'il était envoyé par le gouverneur d'Alger pour traiter de leur échange.

De leur côté, les Arabes prétendaient que Durand allait à Mascara s'entendre avec l'émir au sujet de la paix que ce dernier demandait à conclure avec les Français. L'expédition de Constantine venait d'avoir lieu. Les Arabes se livraient à des réjouissances publiques ; il répandaient dans toute l'Algérie que les Français avaient eu quatre mille hommes tués et qu'ils avaient perdu vingt pièces de canon.

— Je vais me rendre, dit M. Durand, chez l'émir, auquel j'ai à remettre des lettres en main propre. Je serai de retour dans quinze jours, et à mon passage je vous ramènerai à Alger.

— Encore un délai ! s'écria le père Lanternier. C'en est fait de nous.

— Il ne s'agit que d'une absence de quinze jours.

— Quinze jours ! Mais c'est un siècle. C'est fini, ô mon Dieu ! murmura le vieillard en laissant tomber sa tête sur sa poitrine.

— M. Durand, dit alors M. de France, veillez me prêter quelque argent afin de me mettre en état de procurer quelque soulagement à nos malades.

— Si j'avais cru vous trouver dans l'état misérable auquel je vous vois réduit, je vous aurais apporté de l'argent, mais je n'ai pris avec moi que la somme nécessaire pour me défrayer en voyage.

— Ainsi vous me refusez ?

— Non : je vais aller trouver mes co-religionnaires ; je leur réclamerai quelques secours pécuniaires que je m'empresserai de vous faire passer. »

A ces mots, Durand laissa nos prisonniers et leur envoya dans la soirée trente-six pains blancs, des fruits, des confitures et des raisins secs. Un Juif de ses amis apporta dans la prison une immense théière ainsi que des tasses et du sucre.

Dès ce moment on ne revit plus Durand : il avait été mis au secret jusqu'à l'heure de son départ et il n'avança aucune somme d'argent aux détenus. Les provisions et le thé qu'il fit passer furent d'un grand secours pour les captifs, mais on se demande s'il ne lui aurait pas été possible de les aider davantage.

Son refus de secourir pécuniairement les détenus est au

moins étrange. Il ne pouvait pas ignorer que la plus faible somme d'argent devait procurer un grand soulagement et arracher, à des maladies un jour plus tard incurables et à une mort certaine, plusieurs d'entre ces chrétiens.

Il est impossible de croire que M. Durand, en admettant qu'il ne portât sur lui que l'or nécessaire à payer ses frais de voyage, n'eût pas trouvé à emprunter quelque argent aux Juifs établis à Milianah, s'il en avait eu la volonté. La plupart du temps, ces entremetteurs d'affaires sont de beaux parleurs, des serviteurs dévoués dans la prospérité. Adressez-vous à eux dans l'adversité et vous n'obtiendrez pas ce que vous réclamerez d'une assistance qui leur est soldée à beaux et bons deniers par les chefs dont ils trompent ainsi la confiance et la sollicitude.

Malgré les nouvelles que M. Durand venait d'apporter et l'ajournement du départ des prisonniers à quinzaine, un Hadjoute vint, le lendemain de la visite du Juif, annoncer aux prisonniers qu'ils allaient sortir de Milianah et se rendre dans la ville où devait se faire l'échange des prisonniers français contre les prisonniers arabes. On refusa d'ajouter foi aux protestations réitérées de l'Hadjoute. Celui-ci avait beau invoquer sa sincérité, préciser la source de ses renseignements, on accordait plus de confiance aux paroles du Juif Durand qu'on n'en accordait aux siennes.

Et puis, tant de mensonges s'étaient produits à ce sujet, tant de mécomptes avaient suivi les promesses les plus positives, que chacun se défendait contre une nouvelle déception.

Et cependant l'Hadjoute avait raison de se dire bien informé, car une demi heure s'était à peine écoulée depuis qu'il avait fait part de cet heureux événement, que le kaïd faisait prendre les noms de ceux des prisonniers qui à l'instant même devaient quitter Milianah. Les élus étaient au nombre de six et ils se composaient de M. de France, du père Lanternier, de madame Laurent, de Francesco, de Benedito et de Crescenco.

Le père Lanternier, en apprenant que l'heure de la délivrance venait de sonner pour lui, éprouva quelque mieux. La fièvre se calma ; il parvint à soulever sa tête ; mais hélas ! il ne pouvait se tenir debout, alors même qu'il était soutenu par deux personnes. On amena sur ces entrefaites une mule; on parvint à le placer en selle ; il n'eut pas assez de force pour s'y soutenir avec l'aide d'un compagnon. Dès lors il fallut renoncer au projet de l'emmener. Les prisonniers prirent le malheureux vieillard dans leurs bras et le déposèrent une nouvelle fois dans la prison.

Le temps était affreux : une neige froide et abondante ne cessait de tomber. Il y aurait eu plus que de l'imprudence à exposer M. Lanternier aux rigueurs d'une telle température. Son état de faiblesse et de maladie témoignait assez de l'impossibilité dans laquelle il se trouvait d'affronter un voyage aussi pénible que celui qu'il s'agissait d'accomplir. Il s'ouvrit alors une délibération qui fut remplie par une cruelle alternative.

Devait-on prendre ou abandonner M. Lanternier ?

Selon toutes les probabilités, sa fin devait arriver d'un moment à l'autre. Si on se décidait à l'emmener, la mort allait fermer ses yeux à quelque distance de Milianah : alors on n'aurait plus entre les mains qu'un cadavre qu'il faudrait abandonner, sans sépulture, au milieu de la route ; tandis que si on attendait une occasion plus propice pour faire voyager M. Lanternier, un autre prisonnier pouvait dès ce moment prendre sa place et recouvrer sa liberté.

On se consulta les uns les autres. Pendant cette discussion, M. Lanternier paraissait être plongé dans une complète insensibilité. Il ne proférait aucun cri, aucune plainte.

On finit par se persuader qu'il avait compris le danger auquel il s'exposait en se mettant en route par ce mauvais temps. On croyait qu'il avait su puiser dans sa résignation la force nécessaire pour voir le départ de ses compagnons, sans se désespérer et sans traduire ses regrets en plaintes lamentables.

Bastien était, après M. Lanternier, le plus malade d'entre les prisonniers. Il fut convenu qu'il partirait à la place du vieillard ; car, malgré la gravité de sa blessure, il parvint à se hisser sur la mule et à s'y maintenir sans l'assistance de personne!

Dès ce moment les élus durent songer à se séparer de leurs compagnons de captivité.

La porte de cette prison, qui s'ouvrait pour les uns, allait ainsi se refermer sur les autres ; et nul n'osait prévoir le jour où elle s'ouvrirait de nouveau pour ceux qui demeuraient en arrière.

VII

BLIDAH

Au moment où les prisonniers désignés pour partir
échangeaient leurs adieux avec leurs compagnons, qui
voyaient leur délivrance ajournée à une époque indétermi-
née, M. Lanternier secoua l'engourdissement dans lequel il
était plongé, et l'infortuné vieillard fit retentir la prison de
ses plaintes déchirantes.

« Eh quoi! s'écriait-il, vous partez! vous m'abandonnez!
Oh! c'est affreux!

Vous voulez donc ma mort? je suis si vieux et si malade cependant! Que vous ai-je donc fait pour encourir
une pareille ingratitude? Ce n'est pas ce que vous m'aviez
promis.

Mon Dieu ! et ma femme, ma fille !

M. de France, ma femme, ma fille ! Emmenez-moi ; je veux m'en aller. Je suis si vieux, si cassé, mes jours sont comptés, vous dis-je.

Abandonner ainsi le compagnon de votre captivité ; vous séparer de celui qui, d'entre vous tous, a été exposé à la plus rigoureuse adversité ; laisser en arrière, quand vous prenez le chemin du retour, un vieillard, un père de famille, mais c'est infâme !

Je vous croyais si bon. Par pitié, emmenez-moi. Je n'ai pas de longs jours à vivre; mais au moins j'aurai la consolation, avant de mourir, d'embrasser ma femme et ma fille.

Mon Dieu ! venez à mon secours! »

Et les autres prisonniers, avec des sanglots dans la voix, des larmes dans les yeux, en étendant les bras vers notre jeune marin :

« Mon lieutenant, vous partez; ne nous oubliez pas. Vous savez notre misère.

— Mes amis, comptez sur moi. N'ai-je pas partagé toutes vos infortunes? Est-ce que je ne porte pas sur mon corps les traces de la souffrance à laquelle j'ai été si longtemps en butte ? Oui, oui, comptez sur moi. Je retracerai votre affreuse position et je m'emploierai de tous mes moyens à vous délivrer des mains de nos ennemis.

— Oui, oui, mon lieutenant, nous comptons sur vous. Dites au général que nous sommes exposés au froid et à la faim, que nous couchons sur la terre et que nous sommes privés de feu. Vous parlerez de nous. Les journées sont

longues ici ; là-bas elles sont courtes, car le malheur n'en
compte pas les heures. Dites à nos chefs que nous sommes
sans pain, sans feu, sans vêtements. Dites-leur qu'il fait bien
froid dans les montagnes. N'oubliez pas les pauvres prisonniers.

— Je veux partir, monsieur de France! s'écriait le père
Lanternier.

— Nous voulons tous partir reprirent les autres captifs ;
mon lieutenant, envoyez-nous du pain, des souliers, des
chemises, des capotes. Nous ne mourrons pas ici, n'est-ce
pas? Vous vous occuperez de nous à votre arrivée? Vous
le savez, M. Meurice est mort de froid; Berthoumiau, le
corailleur, est aussi mort de froid. Par pitié, ne nous oubliez pas! »

Et ces infortunés suppliaient et se lamentaient, et les
gardiens fermaient sur eux impitoyablement les portes de
leur cachot. Et ceux qui partaient entendaient encore des
soupirs, des sanglots étouffés, des imprécations, et pardes-
sus tous ces gémissements, et comme les dominant d'une
façon plus lugubre encore, le hoquet et le râle que jetait
M. Lanternier au milieu de son agonie, avancée de quelques heures par ces dernières émotions. Ce ne fut pas sans
éprouver un cruel serrement de cœur, que les élus franchirent le seuil de la prison. Ces larmes, ces prières, cette désolation et ce désespoir accablaient douloureusement leur
cœur : n'allaient-ils pas s'éloigner d'une ville d'où M. Lanternier ne devait jamais sortir? Ne laissaient-ils pas le cadavre de l'un de leurs compagnons dans les divers lieux où
ils avaient traîné leur captivité? C'était la borne funéraire

qui indiquait la place sur laquelle les chrétiens s'étaient arrêtés. Le cadavre de Berthoumiau gisait enseveli à Tekedempta, et celui de Meurice à Mascara.

Nos voyageurs s'arrêtèrent devant le maison du bey. Ce
kalifa de l'empire chancelant de l'émir était assis sur un
banc, dans le vestibule.

« Viens ici, dit-il au lieutenant de marine.

— Que me veux-tu ?

— Recommande au général de presser l'échange des
prisonniers qui vont demeurer encore à Milianah pendant
votre retour à Alger. Je veux trois Arabes pour un chrétien. A ce prix, je n'attaquerai pas les avant-postes de
quelque temps. Si ton sultan n'accède pas à ces conditions,
les Hadjoutes et moi, nous ne cesserons pas un seul jour
de vous tourmenter et d'attaquer vos blockaus.

— Ce ne seront pas ces menaces qui engageront le général à échanger les prisonniers, car les menaces, il les
méprise. Mais, comme il ne veut pas laisser mourir les
chrétiens dans une prison où ils sont traités d'une manière
horrible et sans exemple, il s'occupera de l'échange pro-
posé.

— Je te recommande de rapporter au général mes
paroles telles que je viens de les faire entendre à tes
oreilles.

— Je te le promets. Je voudrais voir le Juif Durand.

— Dans quel but?

— J'ai l'intention de lui emprunter de l'argent, afin de
procurer quelques secours aux prisonniers que nous laissons derrière nous.

— Tu ne verras pas le Juif.

— Qui m'en empêche ?

— Il est au secret. Vous allez vous mettre en route, car voici la femme et l'enfant qui arrivent. »

En effet, madame Laurent et Benedito sortaient de la maison du bey. Leur condition avait été bien différente de celle qui avait accablé leurs compagnons dans la prison. Ils avaient reçu les meilleurs traitements dans cette demeure hospitalière.

Le bey est père de deux filles charmantes, aussi jolies que bonnes. Ces jeunes filles se levaient au milieu de la nuit et portaient à manger à madame Laurent et à Benedito. Elles leur donnèrent de petits foulards en soie, qui leur furent d'une grande utilité pendant le voyage, et dont ils enveloppèrent leur tête. Souvent madame Laurent leur disait qu'elle n'avait besoin de rien, mais que les chrétiens de la prison devaient être accablés de privations ; alors ces excellentes filles envoyaient des plats de couscoussou à la prison ; mais les nègres qui étaient chargés de porter ces provisions les mangeaient avec les gardiens.

L'aînée de ces jeunes filles parut dans le corridor , tandis que son père adressait ses dernières recommandations aux chrétiens. Elle était habillée et parée avec autant de goût que de propreté et de richesse. Elle portait des boucles d'oreilles et des bracelets en diamants, et tout, sur sa personne, comme dans l'intérieur de son habitation, annonçait l'influence que le voisinage d'Alger doit nécessairement exercer dans les villes et dans les campagnes qui entourent les avant-postes français. Comme le soleil qui féconde les plaines qu'il réchauffe de ses rayons, de même la civilisation développe, aux lieux où son action se fait sentir, des germes aussi féconds que nombreux de bien-être et d'élégance.

A la fin, le bey donna l'ordre aux voyageurs de monter sur leurs mules. Crescenco fut obligé de suivre à pied, et ce petit convoi traversa la ville au milieu des huées de la population accourue sur son passage, et qui criait :

« Ah! les chiens de chrétiens s'en vont! »

Six prisonniers chrétiens prenaient le chemin du retour; ils allaient toucher au terme de leur captivité, et cependant cette circonstance, appelée avec autant d'anxiété que d'impatience, n'excita chez aucun d'eux la joie et les transports qu'on aurait dû s'attendre à leur voir manifester. Le découragement et la maladie avaient épuisé les forces de Crescenco et de Francesco : leur chaude et brillante imagination avait été étouffée par les mauvais traitements et les longues déceptions auxquels ils avaient été livrés au sujet de leur départ. Ils avaient oublié la mer, leurs barques , Gênes et leurs familles : ils ne s'occupaient que des souffrances du moment; ils ne voyaient que la maladie qui avait brisé leurs membres ; et c'était plutôt le chagrin que l'allégresse qui attristait leurs pensées et leurs sentiments.

Benedito pleurait : le pauvre enfant se plaignait du froid, et il ne cessait de demander les enfants avec lesquels il jouait dans les rues de la ville, et sa mère qu'il avait, disait-il, abandonnée aux environs de Mascara.

Madame Laurent traînait une santé chancelante et délabrée : elle avait perdu toute espèce de vivacité, et, à l'exemple des deux corailleurs, elle ne se montrait sensible qu'aux fatigues de la route et qu'aux rigueurs du temps.

Bastien, le domestique de M. Pic, ne parlait pas de son maître, qu'il laissait dans les prisons de Milianah. La plaie qui déchirait ses flancs, lui arrachait, par moments, des cris aigus, et il suivait machinalement le convoi. A chaque faux pas de la mule qui le désarçonnait, sa blessure lui causait de nouvelles douleurs.

Notre jeune officier de marine suivait, tout pensif, le chef de l'escorte et partageait la tristesse commune. Cependant il se portait assez bien, et, en dépit du froid et de la neige, il pouvait affronter, sans trop de risques, les fatigues du voyage. Mais le cœur de l'homme est rempli de bizarre-ries et de contresens ! Les desirs qu'il a formés la veille, s'ils sont réalisés le lendemain, sont à l'instant même rem-placés par de nouveaux desirs, aussi ardents que les pre-miers. La délivrance était certaine ; à chaque pas on s'en rapprochait davantage, et cependant d'amères réflexions accablaient M. de France.

Il revenait sans Meurice. Cette mort lui causait une peine profonde et le poursuivait d'un regret poignant. Pendant plusieurs mois, il avait partagé le tapis sur lequel l'un et l'autre étendaient leur faim, leur maladie, leurs tourments. Ils ne s'étaient entretenus que de leurs crain-tes communes, que de leurs douleurs, que de leurs espé-rances, que de leur retour à Alger. Ils s'aimaient en frères, et ils s'étaient promis, dès leur arrivée dans la patrie, d'aller visiter leurs familles, et de redire tous les bons offices qu'ils s'étaient mutuellement rendus. Un seul allait rentrer dans Alger : il allait annoncer la mort de son compagnon d'infortune. Oh! le survivant ne devait-il pas ressentir qu'il s'était produit un vide affreux dans son existence! Comment se présenter devant la femme, la mère, la famille du trépassé? En quels termes raconter que cette vie, protégée par d'augustes influences, et qui s'annonçait comme devant être si belle et si fortunée, avait été brisée d'une façon aussi cruelle qu'imprévue?

Au souvenir de Meurice était lié celui de Berthoumiau. Le pêcheur italien, né sous un ciel chaud et serein qui lui avait donné la jeunesse, la force, la gaîté, était enseveli dans les neiges de Tekedempta. Quelle fatalité l'avait donc ainsi conduit à sa perte? Après Tekedempta, après Mascara, places marquées par ces tombes, venait Milianah. Notre généreux officier entendait encore les supplications, les larmes, les grincements de dents des compagnons qu'il venait de quitter.

L'image de M. Lanternier revenait sans cesse à ses esprits : le vieillard pouvait-il oublier sa femme, sa fille, les horribles supplices qu'il avait endurés à Droma, au camp de l'émir et à Mascara. Pauvre homme! Et Mardulin, ce fidèle et généreux serviteur! Quant à lui, notre jeune officier espérait bien opérer un changement dans la mauvaise fortune qui accablait le déserteur repentant, et il se plaisait à croire que son dévoûment allait recevoir sa récompense.

Ce fut sous ces impressions que nos voyageurs sortirent de Milianah par la porte de l'ouest. Malgré la brume épaisse qui obscurcissait l'atmosphère et la neige qui tombait, on distinguait, en descendant la montagne, une grande quan-

tité de jolis jardins et d'arbres fruitiers. On rencontrait sur
la route de nombreux bassins, les uns qui étaient creusés
par la nature, les autres qui étaient bâtis en maçonnerie,
mais la plupart se trouvaient être en mauvais état et avaient
besoin de réparation. Des aqueducs souterrains versaient
leurs eaux dans ces bassins, et ces eaux devaient alimenter
les réservoirs des jardins et abreuver les chevaux et les bestiaux de la ville.

La neige ne cessa de tomber. On voyagea pendant toute
la journée par des chemins affreux et dans des montagnes
couvertes de chênes verts, de lentisques, de caroubiers, de
cyprès. A la nuit, on bivouaqua dans une tribu située dans
les montagnes qui bordent à l'ouest la plaine de la Mitidja.
Le pays dans lequel on venait d'arriver paraissait être bien
cultivé, et les champs environnants étaient couverts de
chaume.

Le kaïd du bey de Milianah, qui commandait le convoi,
conduisit les voyageurs dans une cabane construite en torchis, dont la toiture était formée avec des broussailles. On
alluma un grand feu et l'on put sécher les vêtements dé-
trempés par la neige, qui n'avait cessé de tomber pendant
toute la journée.

Les Arabes de la tribu, à la nouvelle de l'arrivée des prisonniers, accoururent en foule pour les visiter. Ils les accablèrent d'injures et de coups. Ils forcèrent Benedito à réciter la prière des croyants. L'enfant les émerveillait par la
facilité avec laquelle il s'exprimait dans leur langue. Dès
qu'un nouveau venu entrait dans la cabane, on faisait recommencer la prière à Benedito. Ce pauvre petit, ce soir

là, récita bien, sans exagération, la prière deux cents fois. Les Arabes prêtaient la même attention et éprouvaient le même plaisir à chaque nouvelle reprise. Lorsqu'ils eurent jugé à propos d'accorder quelque répit à Benedito, ils ne s'occupèrent qu'à tourmenter ses compagnons.

« Fais la prière, dirent-ils en s'adressant à M. A. de France.

— Je ne la sais pas.

— Et toi? en interrogeant Francesco.

— Je ne la sais pas.

— L'enfant est donc plus sage et plus grand que les hommes?

— A ce qu'il paraît.

— Comment?

— L'enfant est plus sage que les hommes.

— Chiens de chrétiens, faites la prière !

— Nous ne la savons pas.

— Eh bien ! vous l'apprendrez. »

Et tout en prononçant cette injonction, ils accablèrent les hôtes de la tribu de coups de bâton et de coups de pied.

Puis, en se tournant vers Crescenco :

« Prie Dieu et Mahomet, » lui dirent-ils.

Crescenco, afin d'éviter quelque mauvais coup, obéit à ces imbéciles, et récita la prière. Tous les prisonniers la savaient : car il est impossible, même avec la plus mauvaise volonté du monde, de ne pas l'apprendre, lorsqu'on a été exposé à l'entendre répéter trois fois pendant le jour et trois fois pendant la nuit ; mais les prisonniers préféraient en-

8

durer quelques coups, plutôt que d'accomplir un acte qui pouvait être agréable à ces brutes.

Bastien, dont la plaie, envenimée par la fatigue du voyage, répandait une odeur infecte, fut celui des chrétiens qui devint le but des vexations et des cruautés. Les Arabes lui appliquaient des coups de pied, et le frappaient sur sa blessure avec leurs bâtons. Alors le patient sortait de son engourdissement ; il poussait un cri et se traînait au fond de la cabane.

Quelques instants après, les Arabes revenaient sur lui et le tourmentaient de nouveau. Les captifs souffraient cruellement de ces méchancetés, mais ils n'osaient pas se plaindre. Les Arabes ne cherchaient que prétexte à dispute pour tomber sur eux et pour les assommer sur la place : et comme ces premiers se voyaient sur le point de toucher au terme de leur captivité, ils s'efforçaient d'éviter tout sujet de querelle.

Après quatre heures d'attente et de mauvais traitements, on servit un plat de couscoussou détestable. Les Arabes refusèrent de donner le miel et le beurre qu'on leur avait demandés pour panser la blessure de Bastien. Alors, chacun chercha dans le sommeil l'oubli de ses souffrances ; mais quel sommeil goûter dans une cabane dont les murs, en torchis, laissaient à travers leurs crevasses pénétrer le vent et le froid ?

Les vexations dont les hommes de cette tribu avaient harcelé leurs hôtes avec une rage et une tenacité sans précédent, avaient exaspéré notre jeune officier.

« Francesco ! s'écria-t-il, dès notre arrivée à Marseille,

nous irons rendre visite aux prisonniers arabes qui sont détenus dans cette ville.

— Parfait, mon lieutenant.

— Nous leur raconterons les injures et les coups auxquels nous avons été exposés pendant notre captivité, et
surtout dans cette tribu.

— Ça sera un chapelet qui demandera du temps à être
défilé.

— Et nous nous vengerons sur les bédouins de Marseille.

— Oui, oui, mon lieutenant.

— Je compte sur toi?

— Comme sur la sainte Vierge. Ces brigands nous ont
trop accablés de coups pour que nous ne leur donnions pas
une petite rincée. Savez-vous ce qu'il faudra faire?

— Parle.

— J'irai ramasser sur le port les équipages de tous les
caboteurs sardes : nous irons de compagnie à la caserne
des bédouins, et là, nous jouerons des bras et des jambes.

— Nous n'avons pas besoin de prendre un pareil ren-
fort.

— Mais vous vous trompez, mon lieutenant; il faut
assommer tous ces gredins. Des bédouins, mon lieutenant !
mais ce ne sont pas des hommes. Au reste, nous faisons là
de beaux projets, mais je crains bien de ne jamais les voir
se réaliser : car nous ne serons jamais échangés. Les bédouins feront que nous ne nous trouverons bientôt plus
en état de poursuivre notre route, et que nous crèverons
tous ici comme ce pauvre Berthoumiau.

— Tu es bien changé, Francesco. Du courage, de la persévérance! Demain nous coucherons à Bouffarick : demain nous serons libres. Mon brave, ne te tourmente pas davantage. Dors, demain la bonne fortune marchera assise en croupe sur nos mules.

—Je le souhaite aussi ardemment que vous : mais je redoute encore les trahisons et les mensonges de ces scélérats. Qui sait ce qui nous adviendra demain ?

— Demain nous coucherons à Bouffarick, et nous mangerons à souper un bon macaroni.

— Ne parlez pas ainsi, mon lieutenant, vous me tuez.

— Je te le répète, demain nous pouvons arriver à Alger, car nous avons atteint la montagne qui borde la plaine de la Mitidja.

— Je reverrais Alger ! je retrouverais la mer et une barque ! Comment, je naviguerais bientôt vers Gênes ! O mon Dieu ! je n'ose croire à tant de bonheur. Cependant, Berthoumiau est mort !

— Ceux qui sont morts sont morts. Dieu les a reçus dans son sein : regrettons-les, mais pour échapper à une aussi terrible destinée que la leur, ne nous laissons pas dominer par la crainte et la terreur. Demain notre malheur n'existera plus que dans nos souvenirs. A demain !

— A demain donc. Bonsoir, mon lieutenant. »

Le kaïd qui dirigeait le convoi fit lever son monde avant le point du jour, et nos voyageurs s'éloignèrent de cette tribu qui leur avait fait un si méchant accueil, sans prendre de quoi manger. On jeûnait, car le Rhamadan n'était pas fini. On parcourut pendant trois heures de marche un bois

planté d'oliviers magnifiques, et coupé dans tous les sens
par une rivière au courant rapide, mais dont le lit n'est
pas profond. Il fallut traverser à gué quinze à vingt fois
cette rivière. A onze heures on arrivait sur la lisière de la
plaine de la Mitidja.

Le kaïd s'arrêta et montra au fond de l'horizon le point
où se trouvait placé Alger. A cette vue, tous les cœurs bat-
tirent d'espérance et de joie. Les établissements des Français se dessinaient au fond du paysage : il ne s'agissait plus
que de quelques heures de marche.

Un panorama vert et brillant se déroulait aux yeux des
voyageurs. Au premier plan, c'était la plaine de la Mitidja,
féconde et riche, qui déroulait ses gras pâturages et ses
campagnes magnifiques. Au dernier plan, le massif d'Alger
s'élevait comme une ombre indécise que chacun poursuivait de ses yeux et de ses desirs. A gauche, *le Tombeau de la
Chrétienne* et la montagne de Coléah formaient la limite
du paysage. A droite l'Atlas, cette barrière élevée entre la
civilisation et la barbarie, dressait sa tête chauve et chenue
vers le ciel. La plaine de la Mitidja se déroulait aux pieds de
ce géant comme un manteau qui se serait détaché de ses
épaules colossales, et couvrait, verdoyante et fertile, une
immense étendue de terrain. Enfin, Blidah, l'Eden de cette
contrée, avec ses minarets élégants, ses blanches terrasses,
ses jardins et leur végétation, ses orangers chargés de fruits;
enfin donc, Blidah, au milieu de ce tableau aux larges pro-
portions, aux lignes majestueuses, pareille à une charmante habitation impériale, se montrait coquettement as-

8.

sise au pied de cette montagne dont le sommet devait la protéger contre la fureur des ouragans.

Cependant la fatigue et la maladie avaient épuisé les forces des captifs. Crescenco ne pouvait plus marcher, Francesco se plaignait et Benedito pleurait, tant il avait froid. La vue d'Alger avait ranimé le courage de notre jeune officier. Il céda sa mule à Crescenco, donna son haïk à Francesco, et s'écria, dans l'ivresse de sa joie :

« Je ferai le reste de la route à pied ! »

On traversa la plaine de la Mitidja : elle était en partie submergée, et, dans certains endroits, les voyageurs avaient de l'eau jusqu'aux genoux. Le mauvais temps retenait les troupeaux dans les tentes. Une marche rendue pénible par les chemins affreux et par la boue conduisit au bout de deux heures à Blidah. Le kaïd fit arrêter le convoi qu'il commandait sur une petite place, aux portes de la ville. Il alla chercher le hakem (gouverneur nommé par les Français). Il revint bientôt. Le hakem était absent ; il était allé à Bouffarick s'informer de l'arrivée des prisonniers arabes ; les prisonniers chrétiens devaient être échangés. Il donna l'ordre aux voyageurs d'entrer dans la ville ; mais les habitants s'opposèrent avec une obstination et une rage incroyables à ce que les nouveaux arrivés pénétrassent dans la ville.

Les chrétiens étaient assis par terre : les femmes, les enfants, les hommes leur crachaient au visage en les accablant d'injures et de coups. Ils leur reprochaient l'incendie de leurs jardins par les Français, lors de leur dernière expédition. La fureur des Arabes s'exaspéra tellement, que

peu s'en fallut qu'ils n'égorgeassent les prisonniers. Et cependant ces derniers demeuraient sans défense, exposés à
leur colère, à la pluie, trempés comme ils l'étaient jusqu'aux os, couverts de boue, abîmés de fatigue et dévorés
par la faim. Et le spectacle de ces infortunés qui gémissaient à leurs pieds, loin de toucher les Arabes, ne faisait qu'augmenter leur rage. A la fin, le kaïd se décida à
se porter dans un bois d'oliviers situé à dix minutes de la
ville. On attendit encore pendant deux heures l'arrivée du
hakem de Blidah, après lesquelles un Arabe vint annoncer
que le hakem ne serait de retour que fort tard, et il ajouta
que le kaïd des Hadjoutes enjoignait de conduire les chrétiens dans une tribu de l'Atlas pour y passer la nuit.

Ces contradictions perpétuelles, ces espérances renver-
sées à chaque minute désolaient les prisonniers. Francesco
jetait un regard sur M. de France ; et dans son désespoir,
il semblait lui dire :

« Ne le voyez-vous pas, nous sommes destinés à mourir. Par un raffinement inouï de cruauté, nos bourreaux
soulèvent un des coins du voile qui dérobe à nos yeux le
but vers lequel tendent tous nos vœux. L'espérance qu'ils
jettent à de rares intervalles dans nos cœurs est comme une
étincelle qui doit rallumer notre vie prête à s'éteindre ; et
alors, quand nos yeux commencent à rayonner, quand
nos forces sont revenues et quand nous pouvons tendre nos
bras vers notre pays et marcher, nos bourreaux retirent la
parole jurée, ils brisent le dernier anneau qui rattachait
notre existence à celle de nos frères. Nous ne reverrons jamais notre patrie. C'est ici que nous allons mourir. »

Si les hommes succombaient au découragement, l'enfant, Benedito, pouvait bien se désoler. Il se plaignait du froid et de la faim, et il brûlait de se joindre aux enfants de la ville. Mais le kaïd ne voulut pas s'arrêter à ces lamentations; il donna l'ordre de se mettre en route pour la tribu désignée par le kaïd des Hadjoutes, en l'absence du hakem de Blidah.

VIII

BOUFFARICK

L'Arabe auquel le kaïd des Hadjoutes avait confié les prisonniers chevauchait en tête de la colonne. Il ne cessait de frapper les chrétiens et les mules, car il voulait courir pour franchir, avant la tombée de la nuit, les mauvais chemins de l'Atlas. M. A. de France suivait à pied et sans chaussures.

Ce ne fut qu'après avoir essuyé les brutalités de leur guide et franchi un chemin rapide et boueux, par un temps de neige et de pluie, que nos voyageurs arrivèrent à la nuit close dans une tribu des Béni-Messaout.

Cette tribu est située au col de l'Atlas (qui mène à Médéah) à mi-côte, là où la neige qui tombe pendant l'hiver couvre la montagne une partie de l'année et s'étend en croûte glacée sur les dernières cimes de l'Atlas.

En arrivant, l'Arabe des Béni—Messaout mit notre jeune officier aux fers. Celui-ci eut beau protester qu'il n'avait nulle envie de s'évader ; il eut beau montrer ses jambes meurtries et ses pieds déchirés par les cailloux et les broussailles, il ne put fléchir le maître de la tente. Le kaïd des Hadjoutes avait ordonné cette mesure contre M. de France seul.

Ces rigueurs effrayèrent Francesco au point qu'il se mit à pleurer et à se désespérer.

Le chef de la tente alluma un grand feu, et en attendant que les femmes eussent préparé un couscoussou aux fèves, il distribua à ses hôtes du gland de chêne et des pommes de terre bouillies , rondes et toutes petites.

Au lever du jour , l'habitant des Béni-Messaout délivra M. de France de ses fers et enfourcha un cheval qu'une femme jeune, jolie, à la taille svelte, aux mains fines et aux petits pieds venait de seller. Il partit en disant qu'il se rendait à Blidah afin de s'assurer de l'arrivée du hakem et qu'il enverrait chercher ses hôtes.

La journée s'écoula dans une vaine attente. L'Arabe ne revint pas. On envoya Crescenco et M. de France dans la montagne casser du bois. En revenant du bois ce dernier supplia les femmes de lui donner du beurre pour panser la blessure de Bastien. Il n'obtint que des refus.

La cabane en torchis dans laquelle les prisonniers avaient été reçus était habitée par deux hommes , par trois femmes et par plusieurs petits enfants. La chambre était coupée en deux par une cloison à claire-voie. D'un côté on voyait l'écurie dans laquelle on remisait un cheval, une jument et son poulain, deux vaches et deux veaux. Le propriétaire de la cabane possédait encore une baraque dans laquelle il renfermait quatre bœufs. Les prisonniers occupaient la seconde pièce. Entre cette dernière chambre et la muraille, trois énormes jarres contenant des légumes secs, formaient une sorte de séparation et ménageaient un troisième réduit dans lequel couchaient les femmes et les enfants.

A la tombée du jour M. de France fut remis aux fers. Grâce au bois qu'il avait ramassé, il put entretenir un bon feu pendant toute la nuit. La matinée du lendemain se passa au milieu de douloureuses anxiétés. On ne partait pas. Les malades se désolaient et l'on ne pouvait rien se procurer pour appliquer un pansement sur la blessure de Bastien.

Cependant, vers une heure, le chef de la cabane annonce qu'il va se mettre en route et qu'il va conduire directement les captifs à Bouffarick. Ceux-ci étaient au nombre de six.

Il n'existait qu'une mule. Crescenco pouvait à peine marcher, et ses compagnons n'étaient guère en meilleur état que lui.

Madame Laurent monte sur la mule. Benedito se place en croupe derrière elle ; on se procure un âne pour Bastien et l'on part.

On avait à peine fait une demi lieue par des chemins affreux et des pentes escarpées, que Bastien se laisse choir de son âne , Francesco tombe exténué de fatigue, madame Laurent va rouler dans un précipice. Les captifs s'arrêtent et déclarent qu'ils sont hors d'état de continuer leur voyage.

Le vent souffle avec violence. La neige tombe à gros flocons. Notre officier de marine exhorte ces pauvres gens à ne pas se livrer à un tel abattement, et il leur montre Alger. On ne lui répond pas. Sur ces entrefaites un Arabe amène un cheval qu'il est allé chercher dans une tribu voisine. On abandonne l'âne. Madame Laurent est replacée sur sa mule , Bastien est hissé sur le cheval et l'Arabe prend Benedito en croupe. Malgré ces précautions il faut encore s'arrêter de quart d'heure en quart d'heure, et ce n'est qu'exténués de lassitude et mouillés jusqu'aux os que nos voyageurs arrivent à Blidah.

Ici l'Arabe donne le signal de faire halte.

Au lieu de cheminer vers Bouffarick , il entre dans Blidah , dans cette ville d'où les chrétiens avaient été repoussés si indignement.

Encore une espérance brisée ! Une illusion détruite !

Francesco pleurait de rage.

Les prisonniers furent conduits, au milieu des huées et des provocations des enfants de la ville , dans le quartier qu'habitait le hakem.

Ce fonctionnaire public était, à la fin, de retour de Bouffarick. On introduisit les nouveaux arrivants dans la maison du hakem.

Celui-ci se tenait assis sur des banquettes qui étaient

disposées le long de la muraille dans le corridor qui partageait sa maison en deux parties. Les marabouts et les chefs
des tribus voisines que la nouvelle de l'arrivée des prisonniers avait attirés à Blidah, se tenaient assis aux deux côtés
du hakem. Lorsque nos voyageurs eurent salué le hakem,
on les conduisit dans une salle au milieu de laquelle ils
trouvèrent un tapis et une grande terrine remplie de feu.
Ils reçurent des fruits et du pain pour calmer leur première
faim ; et ils commencèrent, alors, sans se voir en
butte à toutes sortes de vexations, à goûter quelque repos
et à réchauffer leurs membres engourdis par le froid. Madame Laurent et Benedito allèrent se loger dans la maison
des femmes du hakem.

Le premier soin de M. A. de France fut de s'occuper de
Bastien. Il se fit apporter du beurre et du miel et il pansa
le blessé. Cette plaie exhalait toujours une odeur infecte, et
loin de se cicatriser, elle allait en s'élargissant et dévorait
de plus en plus les flancs, qu'elle envahissait : et cependant Bastien était un de ceux qui se plaignaient le
moins.

Après le tour de Bastien, vint celui de Francesco. Notre
jeune officier se hâta de le frictionner. Le froid avait gagné
toutes les extrémités du corps et il fallait prévenir ses dernières atteintes. Mais le feu, les aliments, la bienveillance
que nos captifs venaient de trouver dans cette demeure
avaient calmé l'irritation de Francesco, et il ne faisait plus
entendre que de rares gémissements.

Crescenco lava ses pieds ensanglantés par la route et il

se roula dans un tapis afin de sécher ses vêtements tout mouillés par la boue, la neige et la pluie.

En ce moment le hakem fit appeler M. A. de France.

« Quels ordres avais-tu donc donnés, s'écria notre jeune officier lorsqu'il se vit en présence du hakem. Ainsi à notre arrivée à Blidah, après une route longue et pénible, tout couverts de haillons et de maladies, nous nous sommes arrêtés aux portes de la ville que tu gouvernes, et les habitants nous ont accablés d'injures et de coups, et nous en ont impitoyablement chassés.

— J'étais, en ce moment, absent de Blidah.

— Est-ce qu'en ton absence les habitants de Blidah ne reconnaissent pas ton autorité et méprisent tes ordres?

— J'étais allé à Bouffarick.

— Tu ne réponds pas à ma question. Après une longue attente, pendant laquelle nous avons été exposés à toute sorte de mauvais traitements, nous avons été conduits dans une tribu de la montagne, chez les Béni–Messaout. Là, j'ai été mis au fers. Je ne comprends pas qu'un hakem qui se dit être l'ami des chrétiens, puisque c'est de leurs mains qu'il tient l'autorité dont il jouit, je ne comprends pas qu'un hakem tolère de pareilles cruautés à l'égard des prisonniers français.

— Voilà, répondit le hakem en montrant le kaïd des Hadjoutes, celui qui a ordonné, dans la crainte que tu ne te sauvasses, qu'on te mît aux fers.

— Je te remercie, fit notre officier en s'adressant au kaïd, des précautions dont tu m'as fait entourer. »

Le kaïd des Hadjoutes ne répondit pas.

La conversation se prolongea encore pendant quelque temps. Elle roula sur la puissance et les projets de l'émir, ainsi que sur le gouverneur des possessions françaises en Afrique. Le hakem s'exprimait à mots couverts : il craignait de se compromettre devant le nombreux auditoire qui l'écoutait. Néanmoins, il finit par dire :

« Mon amitié pour les chrétiens est grande et sincère. Je suis allé voir le commandant des spahis à Bouffarick et je lui ai annoncé que les prisonniers iraient le rejoindre demain. »

Notre lieutenant se hâta de rapporter cette heureuse nouvelle à ses compagnons. La nuit était venue, et comme le Rhamadan ne touchait pas encore à sa fin, l'heure du souper avait sonné. Un chaou vint bientôt chercher M. A. de France et le conduisit dans la salle où le hakem avait pris place. Ce dernier était assis sur un divan couvert de riches carreaux de soie. A sa droite on voyait un marabout des Béni-Kélil, tribu soumise aux Français. Ce marabout avait accompagné le Juif Durand à Milianah. La gauche du hakem était occupée par le marabout de l'Oxerrois, le personnage le plus puissant parmi les Hadjoutes, et le kaïd Berkassem, commandant des Hadjoutes. De riches et somptueux tapis couvraient le sol. La salle était chauffée par un grand brasier.

Notre marin s'assit en face du hakem ; tandis que le chaou, qui était allé le chercher, prenait place à ses côtés.

Le hakem invita son hôte à souper.

Soudain un nègre apporta un plateau sur lequel on avait dressé plusieurs plats. Des volailles, du macaroni, de la viande hachée, mais cuite dans des moules qui lui avaient donné la forme de petits poissons, composaient un ensemble de mets des plus appétissants.

Ce festin ne fit pas oublier à notre jeune lieutenant ses compagnons d'infortune qui étaient malades. Il pria le hakem de leur envoyer des provisions et surtout des oranges ; car ces pauvres gens, à la vue des orangers qui entouraient Blidah, avaient témoigné le desir de manger de ces fruits. Il aurait voulu faire porter du macaroni à Francesco, mais ce dernier était souffrant, il craignait qu'une indigestion n'aggravât son état de maladie.

Le hakem répondit qu'on servirait du couscoussou, des fruits, du pain et des oranges aux absents, et qu'ils ne manqueraient de rien.

Lorsque les esclaves eurent enlevé ces premiers mets, il les remplacèrent par un plat de couscoussou d'une saveur délicieuse.

Après le repas, on donna des pipes et du café à chacun des convives et la soirée se passa à fumer, à boire du café et à manger des gâteaux au miel, pareils à ceux que notre prisonnier et Mardulin avaient mangé chez le pâtissier sur la petite place de Mascara. Durant tout le repas, le hakem, et pour cause, ne cessait de dire qu'il était l'ami des chrétiens.

— Mais tu es aussi, lui répondait son convive, l'ami des Hadjoutes avec lesquels nous sommes constamment en guerre ouverte.

— Je suis il est vrai, répliquait le hakem, l'ami des Hadjoutes, car je ne puis rompre avec eux sans encourir de graves périls. Cependant les Arabes me reprochent ma fidélité et mon dévoûment aux Français, et ils ne cessent de m'appeler *chien de chrétien.*

— Oui, s'écria Berkassem, le farouche kaïd des Hadjoutes, il se trouve dans cette assemblée trois chiens de chrétiens : le hakem de Blidah, le marabout de la tribu des Béni-Kélil et le prisonnier. Au milieu d'eux on compte deux fidèles, deux grands musulmans, le marabout de l'Oxerrois, et moi, Berkassem, le kaïd des Hadjoutes. »

Cette véhémente apostrophe excita un rire fou chez le hakem de Blidah, et cette hilarité fut sa seule réponse.

Quant au marabout des Béni-Kélil, quoique sa tribu fût soumise aux Français, il pouvait s'aventurer sans crainte parmi les Arabes ; et quelque violents et cruels que fussent les ennemis au milieu desquels il voyageait, il n'était menacé par aucun danger, car son titre de l'hadj, *saint,* commandait la vénération des croyants.

A une heure de la nuit, on servit un nouveau plat de couscoussou auquel personne ne toucha. Puis vint l'heure du sommeil, et tout en se retirant le hakem dit au prisonnier :

« Tu vas coucher dans cette chambre. Je t'engage à te défier des deux Hadjoutes qui vont reposer à tes côtés dans cette salle. »

Notre lieutenant avait remarqué, en entrant dans cette

chambre, un sabre et des pistolets. La recommandation du hakem lui fit porter involontairement les yeux sur ces armes. Le kaïd s'aperçut de ce mouvement. Aussi dès que l'esclave eut distribué à chacun des hôtes du hakem les tapis et les coussins nécessaires pour la nuit, le kaïd lui fit signe de lui donner ses armes. L'esclave obéit et le kaïd s'écria en brandissant ses armes :

« Ce sabre et ces pistolets, dans l'occasion, pourront servir contre un chien de chrétien tel que toi.

— Tes menaces ne m'effraient guère. Je suis l'hôte du hakem, et l'homme qui porte ce titre est sacré pour tout Arabe, pendant le temps qu'il demeure dans la tente sous laquelle il a trouvé un asile. Je me roule dans mon tapis. Bonsoir, le sommeil me gagne. Je tombe de fatigue.

Le prisonnier avait à peine fermé les yeux, que le Berkassem s'asseyait à ses côtés et le réveillait :

— Demeure avec moi, lui disait-il, je possède de belles armes; mes femmes sont encore plus belles que mes armes. Je compte encore dans ma fortune de beaux chevaux, des fusils, des sabres, des yatagans, des pistolets, de la poudre, beaucoup de poudre. Demeure avec moi.

— Non, je rentre demain à Alger. Laisse-moi dormir en paix.

— Viens avec moi : aux Hadjoutes l'homme courageux obtient tout ce qu'il peut desirer.

Tu posséderas des chevaux vigoureux et légers ; tu auras de jolies femmes et tu te reposeras auprès d'elles, sur de riches tapis et sous une tente magnifique. On te donnera des haïks et des burnous fabriqués aux Kaala. On t'apportera de belles armes, des yatagans ornés de perles et de corail, des fusils brillants, des sabres bien trempés, des pistolets excellents. Aux Hadjoutes !

— Non, je rentre demain à Alger. Laisse-moi dormir en paix.

— Tu auras de la poudre, beaucoup de poudre. Ta grandeur et ta puissance seront égales à ma grandeur et à ma puissance. Suis-moi. Ton cheval t'attend ; tes femmes t'appellent, tes armes sont accrochées aux piliers de ta tente ; la rouille n'a pas encore eu le temps de les attaquer. Tu seras grand ; tu tireras de nombreux coups de fusils ; tu seras toujours assis en selle, et tu marcheras constamment en guerre.

— L'émir m'a déjà fait proposer de rester dans son camp. Ses offres étaient aussi brillantes que les tiennes. Je les ai refusées. Je refuse encore aujourd'hui. Je n'ambitionne ni puissance, ni commandement chez l'émir et chez les Hadjoutes.

— Il est toujours temps d'embrasser un parti avantageux. L'homme est plein d'imprévoyance, et bien souvent il lui arrive de se repentir d'avoir repoussé les propositions qu'un ami lui apportait ; mais alors il est trop tard.

— Tu ne sais donc pas, Berkassem, que les richesses et la puissance dont vous jouissez ne sont que de misérables guenilles, que de mesquines attributions : et le dernier des chrétiens ne saurait les accepter sans s'exposer à de cruels mécomptes.

Qu'est-ce donc que ces Hadjoutes desquels tu me parles? Vous savez apprécier la véritable grandeur, le courage, le mérite, dites-vous, et cependant Moussa, le déserteur chrétien, n'occupe-t-il pas dans vos rangs un des postes les plus élevés ?

— Moussa n'est qu'un lâche et qu'un menteur ; il n'a jamais occupé parmi nous l'autorité et l'importance qu'il se vante d'avoir obtenues. Moussa! mais il a fui devant l'ennemi; il a volé le sultan; il a commis des crimes, et je pense qu'à cette heure il a cessé de vivre.

Reste avec nous : tu es un brave, un courageux soldat ; tu seras bien récompensé : tu ne sais pas la gloire et la grandeur qui t'attendent. Embrasse notre religion. Tu parles déjà l'arabe. Ta fortune sera rapide : tu auras des chevaux, des armes, de la poudre, des femmes. Aux Hadjoutes! aux Hadjoutes !

— Non, bonsoir. Laisse-moi dormir. »

Le kaïd Berkassem ne cessa, pendant toute la nuit, de harceler le prisonnier. A la fin, le jour parut et notre homme s'endormit. De demi heure en demi heure, les esclaves avaient servi du café.

Le hakem ne tarda pas à paraître.

« Tu as bien passé la nuit ? demanda-t-il à son hôte.

— Oui.

— J'espère que tu parleras au gouverneur de l'hospitalité avec laquelle je t'ai reçu ?

— Oui.

— Es-tu content de moi ?

— Très content.

« — Dis au gouverneur que je traite ainsi tous les chrétiens qui passent à Blidah. Engage-le à me donner des appointements. Mes ressources sont bornées, et j'aurai besoin de ses secours.

— Lorsque j'aurai vu mes compagnons et que j'aurai appris de leur bouche s'ils ont été bien soignés, je te promets, si leur réponse est telle que je l'espère, de dire au gouverneur ce que tu m'as prié de lui mander.

— Ne l'oublie pas, car je fais de grandes dépenses, et je n'ai pas d'argent.

— Je te promets de lui rapporter tes paroles ; mais il faut que j'aille rejoindre mes compagnons.

— Suis-moi. »

Les autres prisonniers étaient contents. Ils avaient passé une bonne nuit. Trois mules les attendaient devant la porte. Madame Laurent, Bastien, Francesco et Benedito prirent place sur leurs montures. Crescenco et M. A. de France cheminèrent à pied. Le hakem donna une vieille paire de babouches à ce dernier.

Cette course est aussi pénible que possible. La pluie tombe en abondance. Benedito, l'enfant, a froid et pleure. Mais est-il permis de gémir, lorsqu'on va toucher la terre de la délivrance ?

Nos voyageurs franchissent le premier blockhaus. Seul, à cause du mauvais temps, le capitaine qui commande ce poste vient les voir passer. M. A. de France lui serre la main avec un sentiment de joie inexprimable. On marche et l'on entre dans Bouffarick. On traverse le marché, on pé-

9.

nètre dans l'intérieur du camp, et là, notre jeune officier de marine se précipite dans les bras du capitaine Gastu, lieutenant de l'aga des spahis, qui venait de ramener d'Alger les prisonniers arabes én paiement de la rançon des prisonniers chrétiens.

Tandis que les captifs sont portés dans les cantines, où l'on s'empresse de leur prodiguer les premiers secours, le capitaine Gastu fait conduire chez le commandant des spahis, M. d'Erlong, M. A. de France. Par une délicate attention, M. d'Erlong a retardé l'heure de son déjeûner, afin de le partager avec notre jeune lieutenant.

Après les premiers moments d'effusion, on se met à table. Tandis que le héros de la fête mange, les domestiques lui lavent les pieds, les officiers de spahis et d'artillerie viennent l'embrasser, et chacun lui apporte des vêtements pour remplacer les haillons qui souillent son corps.

« Que ces dignes et généreux officiers, écrivait plus tard, en termes aussi simples que touchants, M. A. de France, me permettent de leur exprimer combien les attentions qu'ils m'ont prodiguées à mon passage à Bouffarick m'ont vivement touché. Les premiers, avec le commandant d'Erlong et le brave capitaine Gastu, ils ont consolé le prisonnier; les premiers, ils ont arraché de dessus son corps la livrée misérable qui le couvrait depuis si longtemps. »

En sortant de table, il fallut s'occuper du départ pour Alger. Francesco et Bastien étaient trop malades et ne pouvaient sans péril continuer la route; on les porta à l'ambulance. Madame Laurent, Benedito, Crescenco et M. A. de France se mirent en chemin avec une escorte de trente cavaliers commandés par le capitaine Gastu, et à neuf heures du soir, ils étaient arrivés à Alger.

IX

ALGER.

Tandis que les prisonniers français traversaient Bouffarick, le hakem de Blidah allait recevoir des mains de M. le
capitaine Gastu les prisonniers arabes que le gouverneur
des possessions françaises en Algérie s'était engagé à rendre à l'émir. Ces Arabes arrivaient de Marseille, et malgré
les fatigues inséparables d'une traversée en mer, leurs visages
rayonnaient de bien-être et de santé. Ils portaient de bons
vêtements, et la propreté qui régnait sur toute leur personne contrastait avec les haillons et la misère des prisonniers chrétiens.

Le hakem compta et recompta son monde, et il repartit

pour Blidah, en emmenant à sa suite ses Arabes, sans être obligé d'en laisser un seul derrière lui à l'ambulance de Bouffarick.

Quelques jours après cet échange, Francesco, Crescenco, Bastien et madame Laurent arrivèrent à Alger. Ces quatre individus n'étaient pas entièrement rétablis. Ils entrèrent à l'hôpital. Leur état de maladie, sans inspirer des craintes sérieuses, nécessitait encore beaucoup de ménagements et de soins. Cependant, les uns et les autres ne tardèrent pas à entrer en pleine convalescence et à regagner leurs foyers respectifs. Mais, dès les premiers jours de leur délivrance, M. A. de France et Benedito, parmi les six prisonniers rachetés, étaient demeurés seuls debout.

La curiosité et l'intérêt publics avaient été éveillés à Alger par le retour de notre jeune officier de marine. Chacun brûlait de le voir et de l'entendre. Grands et petits se disputaient sa présence. On s'arrachait ses paroles, on se pressait sur son passage. Entre tous les soldats de l'armée française, en Afrique, le premier il avait vu l'émir, et le premier, il pouvait fournir de précieux renseignements sur sa personne, son caractère, ses mœurs et ses projets. C'était un jour de fête pour la maison dans laquelle M. A. de France voulait bien entrer et raconter une partie de ses aventures. Les hommes admiraient sa jeunesse, sa force, sa résignation, son courage et sa modestie, et les femmes, ces pauvres mères de famille, soupiraient péniblement en voyant cette tête de vingt ans couverte de cheveux que la captivité avait blanchis dans une nuit.

Les officiers de toutes armes le traitèrent en frères. Nous

n'avons pas besoin de dire qu'il se fit l'hôte assidu de M. Lafont. Le lecteur doit se rappeler que Meurice, quelques mois avant de tomber entre les mains des Arabes, avait dîné à Alger, en compagnie de M. A. de France, chez M. Lafont, négociant. Une des premières visites de notre jeune officier devait donc s'adresser à M. Lafont. L'entrevue fut douloureuse. La personne de Meurice, le souvenir de ses qualités et de ses espérances fournirent le sujet de la conversation, et les larmes des deux amis coulèrent au récit de la fatale catastrophe à la suite de laquelle, en quelques heures, un homme heureux, intelligent et bon avait perdu tout ce qui avait fait le charme de sa vie : l'amour et la liberté.

Notre jeune enseigne de vaisseau tomba malade. Il devait se ressentir du contre-coup que le changement de vie auquel il venait d'être ramené avait opéré dans sa santé. Mais il en fut quitte pour quelques jours d'indisposition, et il se trouva bientôt en état de rentrer en France.

Au moment où il allait s'embarquer pour Marseille, il entendit, en passant sur le quai, une petite voix qui l'appelait :

« Bonjour, bonjour, monsieur France ! »

Notre officier se retourne ; il aperçoit Benedito. L'enfant était habillé à neuf. Son costume se composait d'une casquette en drap bleu de ciel, entourée d'un galon en or, et d'une jolie veste en drap gris, ornée d'une double garniture de boutons en argent, et de forme ronde.

« Ah ! c'est toi, Benedito !

— Oui, monsieur France.

— Bonjour, mon enfant. Viens m'embrasser.

— Avec plaisir, mon lieutenant.

— Es-tu content de te retrouver à Alger?

— Oh! oui, monsieur, je suis bien content.

— Benedito, sais-tu à présent où demeure ta mère ?

— Ma mère, répondit l'enfant en souriant ; ma mère, la Maria : elle est là-bas, qui m'attend. C'est elle qui m'a envoyé ces beaux habits. Je vais m'embarquer avec Francesco et Crescenco pour aller la voir. »

Et en prononçant ces mots : « Ma mère, elle est là-bas, » le mousse ne montrait plus du doigt les tentes des Arabes, mais il se tournait du côté de la Méditerranée, dont les flots allaient baigner les côtes de Gênes la Superbe, non loin de laquelle s'élevait le village dans lequel demeurait sa mère, la Maria.

A son arrivée à Marseille, notre intéressant voyageur se rappela la revanche qu'il s'était promis de prendre de concert avec Francesco, le pêcheur de corail , sur les prisonniers arabes.

L'un et l'autre avaient fait serment maintes fois, lorsque les réguliers et les tribus les maltraitaient, de rendre avec usure les injures et les violences, qu'on leur prodiguait, aux captifs de Marseille. Il s'empressa donc d'aller les visiter : mais au moment où il mettait le pied dans la caserne, ses ressentiments s'évanouissaient : il avait déjà oublié le mal qu'on lui avait fait, pour ne se rappeler que le bien dont il avait reçu quelques bons témoignages chez l'émir, et il prenait en pitié le sort de ces Arabes, que la fortune des armes tenait exilés loin de leur patrie et de leurs familles, au milieu d'un peuple généreux, mais entièrement étranger à leurs mœurs et à leur croyance religieuse. Il les aborda affectueusement et leur raconta l'infortune et la misère qu'il avait éprouvées dans leur pays, et il finit par les féliciter sur la façon toute pleine d'humanité avec laquelle ils étaient traités.

Aussi ces Arabes étaient bien logés, bien nourris, bien habillés, bien couchés.

On leur distribuait une paye qui leur permettait d'acheter du tabac et du café; et la plupart du temps, on leur donnait le café et le tabac qu'ils demandaient.

La ville, en outre, avait mis à leur disposition et gratuitement deux places au théâtre pour chaque représentation. Les Arabes n'avaient garde de négliger la gracieuseté qu'on leur avait faite. Ils allaient chaque soir, à tour de rôle, au spectacle, et ils parlaient avec transport et admiration de tout ce qu'ils y voyaient et de tout ce qu'ils y entendaient.

M. A. de France invita deux de ces Arabes à dîner. L'un d'entre ces deux prisonniers était marabout : il refusa l'invitation qui lui était adressée, en termes aussi courtois que bienveillants, à cause du Rhamadan. Son camarade se montra moins difficile que lui, et il alla partager le repas du chrétien.

A table, il but du vin et de l'eau-de-vie aussi bien qu'aurait pu le faire le matelot qui va boire à son arrivée au restaurant de la *Réserve*. Notre Arabe était ravi de la conduite que le nouveau débarqué tenait à son égard : il demanda une plume et de l'encre, et écrivit à l'émir une lettre dans laquelle il lui raconta les bons procédés dont le marin avait usé à son égard.

Et lorsqu'il eut fini d'écrire sa lettre, il s'écria, en prenant les mains de son hôte :

« Si tu reviens jamais dans mon pays, je te donnerai des chevaux et des moutons ; beaucoup de moutons. Tu viendras dans ma tente. Tu seras mon hôte ; je coucherai pendant la nuit à ta tête : il ne te sera fait aucun mal, et tu seras comblé de présents. »

Le dîner était fini : il fallut que notre officier reconduisît son convive à sa caserne ; il l'aida à se coucher : le disciple de Mahomet était gris.

De Marseille, notre voyageur se rendit à Castres (département du Tarn), sa ville natale. Il eut à peine le temps d'embrasser sa famille, qui l'attendait avec une vive impatience. Il dut s'arracher à sa tendresse après une courte entrevue, et se transporter immédiatement à Paris, où l'appelaient MM. les ministres de la guerre et de la marine.

Nous ne nous étendrons pas sur l'accueil aussi honorable qu'affectueux dont notre ex-prisonnier se vit l'objet dans le monde parisien, au milieu duquel il se produisit avec une bonne grâce, une touchante simplicité et un goût parfaits. Nous ne dirons pas non plus l'éclatant succès d'intérêt et de curiosité qui vint couronner la publication de sa captivité parmi les Arabes. La presse parisienne, à quelque drapeau qu'elle appartînt, fut unanime dans ses louanges. Nous nous bornerons à raconter une entrevue touchante qui eut lieu entre notre officier de marine et une personne qui avait depuis longtemps excité ses sympathies.

Nous nous sommes fait, dans ce livre, plutôt l'historien des malheureux que celui des heureux, et nous devons demeurer fidèle à l'esprit qui nous a dicté nos premières pages.

Dans ses longs entretiens avec son compagnon de captivité, Meurice ne cessait de parler de sa mère, qu'il avait laissée à Paris, et qu'il avait espéré rejoindre dans des temps meilleurs pour lui que ceux à l'époque où il s'était vu obligé de la quitter. Mais à mesure que sa captivité se prolongeait, il perdait tout espoir de rentrer jamais en France. Chaque jour il sentait s'aggraver les germes de la maladie à laquelle il devait succomber lors de son séjour à Mascara; aussi chaque jour recommandait-il à son nouvel ami d'aller porter à sa mère ses derniers embrassements s'il venait à mourir.

« Vous êtes jeune, vous êtes fort, disait-il à son compagnon, vous triompherez des tortures de la captivité. Vous reverrez quelque jour notre patrie. Pour moi, une voix secrète me crie à toute heure que c'en est fait de ma vie. Je ne reverrai jamais notre patrie, mon ami : je suis condamné à mourir loin des miens. Aussi me promettez-vous, si vous rentrez sans moi à Paris, d'aller embrasser ma pauvre mère, et de lui dire que la dernière pensée de son fils a été pour celle à qui il doit la vie, à celle dont la tendresse ne lui a jamais manqué. »

Tout en écartant ces funestes pressentiments, notre jeune officier finissait toujours par promettre à son ami d'accomplir la pieuse mission qu'il lui confiait.

Aussi, dès son arrivée à Paris, M. A. de France s'em—

pressa-t-il de se rendre chez la mère de son infortuné compagnon. Il redit fidèlement à cette malheureuse dame les adieux que son fils lui avait adressés avant de mourir. Et si cette mère, pleine de douleurs, put recevoir quelque consolation au milieu du deuil qui affligeait son âme, ce fut d'apprendre que son souvenir n'avait pas cessé d'occuper l'esprit de son fils, et que la dernière pensée comme la dernière parole du moribond avait été pour elle.

Mais l'accomplissement de cette promesse ne doit pas nous faire négliger un fait qui mérite, au même titre, notre attention.

Le bonheur ne pouvait pas étouffer la reconnaissance dans ce cœur jeune et vaillant; car la prospérité n'engendre l'ingratitude que chez les lâches. On doit se rappeler qu'à Mascara, Jean Mardulin, ce déserteur qui s'était fait la providence des prisonniers français, avait demandé pour unique récompense, à son lieutenant, d'obtenir du gouverneur d'Alger son pardon et sa rentrée dans les rangs de notre armée. Il avait été convenu entre Mardulin et M. A. de France, que si ce dernier obtenait la grâce du premier, il apposerait en tête d'une lettre insignifiante qu'il s'empresserait de lui écrire, le cachet de M. le général baron Rapatel.

Dès son arrivée à Alger, notre brave marin s'occupa activement de cette affaire.

On sait que, lors du départ des prisonniers de Mascara pour Milianah, le kaïd avait envoyé Mardulin déterrer une pièce de canon dans une direction opposée à celle que devaient suivre les voyageurs, afin de le priver de leurs adieux et de leurs embrassements.

Bien douloureuse fut la surprise de Mardulin, lorsque, après avoir achevé sa corvée, il trouva la prison de Mascara vide des captifs. Il demeura pendant quelques jours en proie à la plus cruelle désolation. Il se crut oublié à jamais de ces hommes auprès desquels il avait consacré son temps, ses peines et le prix de son labeur. Mais c'était un homme doué d'une rare énergie et d'une force de volonté indomptable. Il ne tarda pas à se relever. Son cœur lui disait de croire dans les autres comme il croyait en lui-même, et que la récompense suivrait tôt ou tard le bien qu'il avait fait.

Confiant dans cette espérance, Mardulin reprit sa vie accoutumée. Il continuait de se rendre utile aux Arabes qui l'entouraient, à ménager leurs soupçons et à mériter leur confiance. Sur ces entrefaites, il reçut une lettre par l'intermédiaire du courrier qui, d'Alger, allait porter la correspondance de nos officiers avec l'émir. Il va pour briser le cachet, il hésite, une sueur froide baigne son front, un tremblement convulsif le fait frissonner des pieds à la tête. Cette lettre lui apporte-t-elle la nouvelle de sa délivrance, ou va-t-elle lui signifier qu'il doit à jamais renoncer à l'espoir de rentrer dans Alger... A la fin, il surmonte son émotion : il ouvre la lettre. Qu'a-t-il vu !... ô joie... ô bonheur! Mardulin, tu es sauvé... le cachet du général Rapatel est apposé en tête de la lettre. Ton lieutenant d'aventure a obtenu ta grâce. Ton exil touche à sa fin, et il t'est permis de rentrer parmi les tiens. Le jeune officier ne t'a pas trompé ; il a su tenir la promesse qu'il t'avait jurée sur le cadavre de son compagnon de captivité.

Dès ce moment, Mardulin avisa une occasion favorable pour sortir de Mascara. Des marchands d'oranges, qui étaient de passage dans cette ville, ne tardèrent pas à se mettre en route pour Blidah. Notre soldat alla les rejoindre à quelque distance de Mascara, et il arriva sain et sauf à Blidah. Là, il continua pendant quelque temps à mener la vie des renégats : il se mettait au service des Arabes, et tirait parti pour subsister de ces mille petites industries qui sont si précieuses chez des peuples privés des ressources que produit la civilisation. De Blidah, il apercevait le blockaus de Bouffarick, et cette vue ne faisait qu'irriter son impatience de s'échapper. Mais le hasard s'obstinait à lui refuser une de ces circonstances aussi heureuses que fortuites, qui décident, la plupart du temps, de la fortune d'un homme.

Cependant, un jour que Mardulin conduisait à quelque distance de Blidah des chevaux à l'abreuvoir, un détachement de spahis se mit en mouvement dans la plaine. Soudain notre soldat s'élance vers les spahis, il court, il les rejoint, et il finit par trouver un asile dans leurs rangs et par rentrer en leur compagnie à Bouffarick.

Une fois en sûreté contre la poursuite des Arabes, Mardulin va raconter son histoire au commandant de Bouffarick. A Alger, on constate son identité, et on l'envoie à Oran prendre rang dans un escadron de spahis.

Notre Mardulin ne tarda pas à s'ennuyer de sa nouvelle vie : une effroyable nostalgie s'empara de ses esprits, et il sollicita de rentrer en France. Sa demande fut couronnée de succès. Il obtint le passage gratuit sur un navire de l'E-tat, et il débarqua selon ses vœux à Marseille.

Comme il est naturel de le penser, notre soldat ne de-sire plus ici bas qu'une chose, c'est de revoir M. A. de France, aux démarches duquel il est redevable de la vie et de la liberté. Il brûle de rencontrer son bienfaiteur, et il s'a-chemine, déchiré par une impatience fiévreuse, vers la ville qu'habite la famille de son lieutenant. Il touche au but de son voyage, il arrive, il se nomme, et il retrouve l'ancien prisonnier de l'émir.

Dès ce moment, il devient le serviteur de M. A. de France, et il vit sur sa propriété en qualité de garde-chasse.

Vous voulez connaître jusqu'à la fin quel a été le sort de notre jeune officier. A peine remis de ses fati-gues, il s'embarque sur un navire de l'Etat. Il sert avec distinction dans l'arme de la marine pendant plusieurs années : il fait l'expédition de Saint-Jean-d'Ulloa, et quoi-que bien jeune encore, mais éprouvé par les traverses cruelles auxquelles il a été exposé chez les Arabes et dans ses courses maritimes, il quitte le service et échange une vie de hasards et de périls sans cesse renaissants contre la vie calme et facile que lui fait l'honorable famille au sein de la-quelle il est allé chercher une jeune et charmante compagne.

Avant de nous séparer de M. A. de France, et au mo-ment de rejoindre les prisonniers que nous avons laissés dans la prison de Milianah, nous devons rendre un dernier hommage à l'héroïsme que cet officier a déployé dans l'ad-versité.

Il est glorieux, il est doux pour une nation de rencontrer chez l'un de ses enfants, des plus jeunes et des plus inexpérimentés, une résignation si vaillante, une énergie si courageuse, une prudence si digne, un dévoûment si arrêté et si généreux. Saurions-nous trop louer l'amabilité de ce cœur, la franchise audacieuse et la douce gaîté de cet esprit ? Il s'est fait aimer de son compagnon de captivité, il s'est fait chérir par le plus obscur des déserteurs, et notre plus grand ennemi, l'émir lui-même, n'a pu lui refuser son estime et son respect.

Oui, la France est une bonne mère ! Dieu la bénit dans sa fécondité, et les enfants que la Providence lui accorde l'honorent autant par leur tendresse filiale que par la grâce et la noblesse de leur esprit, par la vaillance et le désintéressement de leur cœur.

La délivrance des six premiers prisonniers avait eu lieu à la date du 9 janvier 1837.

On savait à Alger que la prison de Milianah renfermait encore Bourgeois, Devienne, Lefort, Fleury, Léonard, M. Pic et le père Lanternier. On s'occupa dès ce moment de les racheter des Arabes.

De nouvelles négociations se nouèrent entre le lieutenant-général Rapatel et l'ex-aga Hadji-el-Sghir; et ces négociations ne tardèrent pas à produire un heureux résultat.

Le 8 mars 1837, deux mois après la délivrance des six premiers captifs, nos cinq soldats étaient conduits à Bouffarick et remis entre les mains du commandant de cette place.

Les Arabes avaient évité de parler du père Lanternier et

de M. Pic. Lorsqu'ils eurent échangé Bourgeois, Devienne, Fleury, Lefort et Léonard, ils révélèrent l'existence de MM. Pic et Lanternier, et le gouverneur d'Alger se vit dans la nécessité de rouvrir de nouvelles négociations pour le rachat de ces deux captifs.

Tant de lenteurs apportées dans sa délivrance devaient nécessairement tuer M. Lanternier, dont la maladie n'avait fait qu'empirer depuis le départ de ses compagnons.

L'infortuné vieillard finit par désespérer de Dieu et des hommes; et lorsque dans les premiers jours d'avril le hakem de Blidah conduisit M. Pic à Bouffarick, cet Arabe annonça à M. le colonel Marey que le père Lanternier avait cessé de vivre, et qu'au lieu de deux prisonniers, il ne lui en restait plus qu'un seul, M. Pic, à lui livrer.

Ainsi nous avons rencontré chez les Arabes, au fur et à mesure que nous avancions dans ce récit, vingt prisonniers français, qui se composent, pour les hommes, de :

MM. Meurice, arpenteur-géomètre.

A. de France, enseigne de vaisseau.

Lanternier, colon.

Berthoumiau, ⎫
Crescenco, ⎪
Francesco, ⎬ corailleurs sardes.
Benedito, ⎭

Pic, colon.

Bastien, domestique.

Bourgeois, ⎫
Devienne, ⎬ soldats.
Fleury, ⎭

Lefort,
Léonard,   } soldats.

Pour les femmes :

MM^{es} Lanternier, mère.

Lanternier, fille.

Une Allemande.

Une jeune Allemande.

Laurent, cantinière.

Laforest, cantinière.

Sur ces vingt prisonniers, douze sont rentrés à Alger, savoir : De France, Francesco, Benedito, Crescenco, Pic, Bastien, Bourgeois, Devienne, Fleury, Lefort, Léonard et la cantinière Laurent.

Quatre sont morts : Meurice, Berthoumiau, Lanternier et la cantinière Laforest.

Quatre femmes ont été considérées comme perdues à jamais par suite de leur envoi, sous forme de présent, à l'empereur de Maroc de la part de l'émir : ce sont les femmes Lanternier et les deux Allemandes.

Deux, au moins, parmi ces quatre femmes, ne doivent plus être considérées comme perdues. Grâce aux renseignements que deux soldats de l'armée d'Afrique ont recueillis en 1844 à Fez, nous pouvons raconter la fortune inouïe qui est venue placer dans l'une des premières familles de l'empire marocain, les femmes Lanternier. Ainsi, par un de ces caprices incroyables du sort, tandis que le père Lanternier périssait de misère et de maladie dans un cachot de Milianah, sa fille, épouse adorée, entrait dans la couche royale de...... Mais avant de raconter le dénoûment des aventures qu'ont courues ces femmes dans le Maroc, il est rationnel de prendre leur histoire à son commencement. Aussi allons-nous en faire le sujet des chapitres suivants.

X

TEFZRA

AVENTURES DES DAMES LANTERNIER DANS LE MAROC.

Les cadeaux que l'émir envoie à Muley-Abderrhamann. — Quatre bêtes
féroces et quatre femmes. — Départ de la caravane. — Nedroma. — Arrivée à Ouchdah. — Les chaous annoncent aux chrétiennes qu'elles sont
passées à l'état d'esclaves. — Désespoir. — Voyage. — Un bain maure
dans le désert. — Les haltes du soir. — Portrait des captives. — Thérèse l'Alsacienne. — Joséphine, la douce enfant. — La mère Lanternier.
— Madame Pinchon en chair et en os. — Virginie Lanternier. — Sa
beauté. — Sa grâce. — Son esprit. — La résolution qu'elle prend et de
quelle façon elle sait accepter la mauvaise fortune.

Vers le mois d'avril 1836, à l'époque où M. Meurice fut
fait prisonnier dans la plaine de la Mitidja, un colon du village d'Adel–Ibrahim, nommé M. Lanternier, fut enlevé par
un parti de cavaliers arabes. Il s'était transporté avec sa
femme et sa fille à Bouffarick, où l'avait appelé une partie
de plaisir. En retournant dans son village d'Adel–Ibrahim,
avec sa femme, sa fille et deux Allemandes, il tomba dans
une embuscade que lui avaient tendue des maraudeurs arabes, et il fut vendu à l'émir, ainsi que les quatre femmes qui

l'accompagnaient. Ces cinq prisonniers finirent par rejoindre, sous l'escorte de leurs ravisseurs, l'émir, qui bivouaquait aux environs de la Tafna ; et ils rencontrèrent dans le camp M. Meurice. L'émir venait de perdre, contre M. le général Bugeaud, la bataille de la Tafna, et cette déroute l'avait déconsidéré aux yeux de ses partisans, à tel point que les réguliers et les goums refusaient de marcher à l'ennemi, et qu'ils se débandaient. La révolte, le pillage et la panique désolaient le camp de l'émir. Dans cette fâcheuse conjoncture, il essaya de porter ses tentes aux environs de Mascara. Mais le mécontentement des vaincus, au lieu de se calmer, ne fit que s'irriter davantage. L'autorité de l'émir fut méconnue, et dans le tumulte d'une fausse alerte nocturne, la tente impériale fut pillée et coupée en deux.

En présence de ces actes d'insubordination, l'émir comprit que la vie des six prisonniers chrétiens, deux hommes et quatre femmes, n'était plus en sûreté dans son camp. D'un moment à l'autre, les séditieux pouvaient fusiller les deux hommes, et emmener en servitude, dans quelque tribu inaccessible, les quatre femmes. Aussi, dans une difficulté aussi critique que celle dans laquelle se trouvait ce chef, dont l'autorité était méconnue momentanément dans son camp, fallait-il prévenir un crime et placer les captifs en sûreté contre les révoltés. L'émir donna l'ordre à une troupe de trente nègres, avec lesquels, à cette époque, il avait composé une sorte de garde d'élite, l'émir donna l'ordre de conduire les chrétiens, hommes et femmes, à Nedroma, et de les mettre, en son nom, sous la protection du kaïd de cette ville. L'émir recommanda aux trente nègres de bien traiter les prisonniers et de respecter les femmes. On sait ce qui arriva dès que l'escorte se fut éloignée du camp, et le supplice auquel ces nègres exposèrent ces quatre malheureuses captives.

En arrivant à Nedroma, les deux hommes furent jetés en prison, et les femmes allèrent habiter une maison qui appartenait au kaïd.

Quelque temps après, l'émir rappela M. Meurice auprès de lui. Depuis ce jour, toutes les fois qu'il s'agissait de traiter avec le général français de l'échange des prisonniers, l'émir, qui avait sans doute arrêté déjà la conduite qu'il se proposait de tenir à l'égard des Lanternier, l'émir défendait expressément que le nom du père Lanternier fût prononcé dans ces négociations.

Plus tard, à l'époque où l'émir, à son retour de Tekedemta, campait aux portes de Mascara, le père Lanternier fut extrait, par les chaous, de sa prison de Nedroma, et ramené une seconde fois chez l'émir. Pendant ce voyage, cet infortuné fut exposé à mille morts ; et nous voyons encore le moment où, le front fendu par les pierres dont les enfants l'ont accablé, le dos marqué par les coups de bâton des chaous, ce prisonnier est jeté dans la prison de Mascara pour avoir pleuré et tenté de demeurer auprès de sa femme et de sa fille, condamnées à vivre, séparées de lui, dans la maison du kaïd de Nedroma.

Tandis que le vieillard déplore le sort qui lui fait une si cruelle catastrophe et qui le plonge dans un cachot infect, on voit prendre dans le camp de l'émir, aux portes de Mas-

10.

cara, le 2 novembre (six mois se sont écoulés depuis le jour où la captivité a commencé), on voit prendre des préparatifs de voyage. Des Arabes apportent de la ville trois de ces sortes de cadres qui servent à soutenir des haïks sur les bâts des mules, et qui forment, en un mot, une manière de litière dont les rideaux demeurent fermés, afin de cacher aux yeux des passants le visage des femmes maures lorsqu'elles voyagent. Outre ces trois cadres, on prépare trois caisses dans lesquelles on renferme deux lionceaux, deux panthères et trois autruches. A ces cadres et à ces caisses, on joint encore un tapis brodé en or et en soie, un burnous en drap bleu, un burnous en drap rouge, brodés en fils d'or, plusieurs tapis de médiocre valeur, quatre chevaux, quatre mules et deux caisses d'argent.

Lorsque les esclaves de l'émir eurent emballé et chargé ces divers objets, les muletiers se mirent en route, et ils prirent, sous la conduite des chaous, le chemin de Nedroma.

La caravane ne fit que toucher à Nedroma. Les chaous présentèrent un ordre de l'émir, qui enjoignait au kaïd de la ville de livrer les quatre femmes aux porteurs de son écrit. On fit à l'instant même monter les captives chrétiennes sur les mules : on les plaça sous les cadres ; on tira les rideaux sur elles, et les muletiers se mirent en mouvement; mais, au lieu de remonter vers Mascara, ils continuèrent à descendre vers Tefzra et à se diriger sur Ouchdah, une des premières villes du Maroc, sur les frontières de l'Algérie.

Les chaous et le kaïd n'avaient rien dit aux femmes : celles-ci ignoraient ainsi sur quel point ils les dirigeaient et quelle devait être leur destinée. Personne ne leur avait parlé d'un père, d'un époux , et ces infortunées suivaient, sans savoir quel sort les attendait, la direction que les muletiers faisaient prendre à leurs montures. Tandis qu'elles s'éloignaient à jamais de la contrée dans laquelle elles avaient passé les premières années de leur émigration à cultiver les champs qui devaient un jour leur procurer la fortune nécessaire pour rentrer en France et vivre dans une modeste aisance, fruits d'un labeur assidu et d'une industrie intelligente, elles laissaient derrière elles un mari, un époux et un compagnon d'infortune. Ce dernier, M. Meurice, expirait dans la prison de Mascara, et, quelques mois plus tard, M. Lanternier finissait par mourir, à la veille de recouvrer sa liberté, dans son cachot de Milianah.

Cependant, dès les premiers jours de leur voyage, les captives s'étaient flattées d'un doux espoir. En se voyant entourées d'égards et de soins, elles avaient pu se persuader que l'heure de leur délivrance allait bientôt sonner, et que chaque pas qu'elles faisaient dans la nouvelle voie où elles se trouvaient engagées les rapprochait de la liberté. Mais cette espérance fut de courte durée. En arrivant à Ouchdah, les chaous de l'émir les conduisirent dans la maison du kaïd qui gouvernait la ville. Là, elles apprirent qu'elles avaient cessé d'appartenir à l'émir, et que le chef des Arabes de l'Algérie les envoyait en cadeau à Muley-Abderrhamann, empereur du Maroc. A cette nouvelle, les pauvres femmes se prirent à pleurer et s'abandonnèrent au plus violent désespoir. Elles mesurèrent toute l'étendue de leur malheur. Elles ne s'appartenaient plus à elles-mêmes. Elles perdaient leur patrie, leur famille, leur culte et leur nom. Elles cessaient de faire partie du nombre des prisonniers français que l'émir échangeait chaque jour contre les prisonniers arabes déportés à Marseille, et elles se voyaient réduites à l'état d'esclaves chez l'empereur du Maroc.

Dès ce moment les idées les plus lugubres s'emparèrent de leurs esprits. L'ignorance dans laquelle elles se trouvaient plongées sur la condition à laquelle leur nouveau maître allait les réduire, les tenait dans les plus cruelles appréhensions, et les singuliers compagnons de voyage qu'on leur avait donnés, les jetaient dans des transes et dans des terrreurs sans cesse renaissantes.

Enveloppées comme elles l'étaient dans les haïks que l'on avait accrochés sur les cadres, elles ne voyaient rien et demeuraient plongées dans un isolement qui entretenait leur désespoir et leurs craintes. Les chaous, au lieu de placer les mules qui portaient les captives à la file les unes des autres, avaient eu la précaution, par un raffinement de méchanceté, de mettre entre chaque femme la cage d'un lion ou celle d'une panthère. Ces animaux, excités par la marche saccadée des mules, irrités par l'isolement dans lequel on les retenait prisonniers, poussaient des rugissements effroyables, ébranlaient les planches de leur caisse, qu'ils mordaient, avec leurs ongles et leurs dents. Les bêtes féroces exhalaient une odeur infecte qui effrayait les mules et les chevaux, et qui causait des nausées aux hommes et aux femmes. Et il semblait aux captives qu'elles précédaient les bêtes fauves auxquelles elles devaient être jetées en pâture, aux applaudissements de la foule entassée sur les gradins du cirque, afin de jouir du spectacle de leur agonie. Ainsi, dans les jeux sanglants des arènes antiques, Rome faisait marcher les gladiateurs devant les lions et les tigres contre lesquels un caprice du triomphateur les avait destinés à combattre.

A Ouchdah, les chaous de l'émir remirent la caravane entre les mains du kaïd de la ville ; et, après avoir constaté que personne, femmes, bêtes féroces et autruches, n'avait souffert, ils revinrent sur leurs pas et reprirent le chemin qui devait les conduire à Nedroma. Mais, avant de s'éloigner, ils firent leurs adieux aux captives, et demandèrent aux femmes Lanternier si elles avaient quelque commission à leur donner pour le père Lanternier. Celles-ci leur répondirent qu'il valait mieux éviter de parler d'elles au vieillard duquel on les séparait, plutôt que de lui annoncer que sa femme et sa fille avaient cessé d'être libres, pour passer, en qualité d'esclaves, chez l'empereur du Maroc.

« L'émir, ajoutèrent-elles, ne dira rien de nous. Il aimera mieux laisser croire que nous gémissons dans quelque prison de la province de Mascara, ou que nous avons cessé de vivre, plutôt que de faire connaître aux Français, à la suite d'une indiscrétion inévitable, qu'il a vendu, au mépris du droit des gens, quatre chrétiennes, quatre femmes libres, à l'empereur du Maroc, en paiement de quelques haïks et de quelques sacs de poudre. Si sa conduite était divulguée, il encourrait l'animadversion publique, et Muley-Abderrhamann, son allié, serait compromis aux yeux de la France, avec laquelle il fait des traités dans lesquels il promet d'observer la plus stricte neutralité. »

A cette réponse, les chaous se mirent à rire de pitié, et retournèrent chez eux.

Le kaïd d'Ouchdah donna pour escorte aux muletiers et aux gens qui composaient la caravane, une vingtaine de cavaliers marocains ; et, sans prendre un plus long repos, les voyageurs poursuivirent leur route, et se mirent à parcourir les vallées et les montagnes du Rif.

Quoiqu'elle fût assez avancée, la saison d'automne prodiguait encore ses plus tièdes haleines, ses plus calmes horizons, ses douces journées et ses nuits sereines et palpitantes des derniers frémissements amoureux de la nature entière. La caravane marchait depuis le lever jusqu'au coucher du soleil ; elle campait dans les tribus qu'elle rencontrait sur son chemin. Les habitants accordaient une généreuse hospitalité aux voyageurs. Ils leur servaient leurs meilleurs plats de couscoussou, leur lait de chamelle et les logeaient dans de bons caïmans. Les femmes de la tribu se chargeaient des chrétiennes et leur prodiguaient mille soins empressés. Les cavaliers du kaïd d'Ouchdah avaient l'ordre d'exercer les meilleurs traitements à l'égard des captives, et ils ne devaient rien négliger dans l'intérêt de leur santé et de leur conservation. Aussi, dès leur arrivée dans la tribu, commandaient-ils aux esclaves de la caravane de dresser une petite tente. A peine les toiles de la tente étaient-elles fixées, que les nègres creusaient un trou d'un mètre de profondeur ; ils entassaient des fagots dans ce trou et ils y mettaient le feu, en ayant soin de fermer hermétiquement les rideaux de la tente. On chauffait ainsi pendant deux heures cette sorte d'étuve, on en chassait la fumée, et alors les femmes de la tribu introduisaient les chrétiennes; elles les déshabillaient et leur faisaient prendre un bain maure. Après avoir été massées et frictionnées, les captives reprenaient leurs vêtements et se voyaient ramenées dans le caïman qui devait leur servir de chambre à coucher pour la nuit. Quelque barbares que fussent ces procédés d'ablution, ils n'en procuraient pas moins un grand soulagement à ces pauvres femmes harassées par un voyage qui les exposait aux chaleurs dévorantes d'un soleil d'Afrique, aux sables du désert et aux rafales corrosives et brûlantes du terrible simoun.

En outre, la halte du soir dédommageait agréablement les esclaves chrétiennes des fatigues du voyage. Dès qu'elles avaient mis pied à terre, les Marocains les réunissaient dans la même tente et les laissaient pendant toute la nuit libres d'échanger entre elles leurs craintes et leurs consolations. Rien n'était plus attendrissant que de contempler ces quatre pauvres éplorées mettant en commun leurs larmes et leurs regrets, et qui s'entretenaient de la patrie et de la famille absentes. Étrangères par leur religion et par leur naissance parmi les peuples au milieu desquels le caprice du sort les avaient jetées, elles commençaient à ne composer qu'une seule et même famille qui souffrait des mêmes douleurs et qui partageait la vie d'esclave qu'on lui avait faite. Déjà se produisaient les instincts et les passions qui animaient ces quatre femmes, et, dans un coin du désert, se révélaient l'intelligence et les préoccupations d'une

jeune fille, que la force des choses, aussi bien que la puissance de sa volonté, devaient retirer de la condition abjecte d'esclave et placer dans une de ces positions brillantes
qui assurent à jamais la fortune et le crédit.

La plus âgée des deux Allemandes, une sorte d'Alsacienne, avait trente ans. C'était une de ces beautés épaisses
et triviales qui ont besoin de s'encadrer dans la fumée des
estaminets pour déguiser l'ampleur de leurs formes : au
milieu de ces vapeurs malsaines, les cheveux blonds et les
grosses joues de ces Hébés flamandes brillent d'un certain
éclat et perdent ces grasses couleurs qui impatientent l'œil
au lieu de le charmer. Au demeurant, la Thérèse était
une bonne femme, active, ménagère, pleine de sens, et
douée de l'humeur la plus vagabonde et la plus résolue.

La jeune fille qui l'accompagnait, Joséphine, avait tout
au plus seize ans. Douce et timide, obéissante et résignée,
avec ses yeux bleus et ses cheveux blonds, son front si pur
et sa bouche si candide, Joséphine représentait l'image
séraphique d'une vierge. Le sort en avait fait, à son arrivée
à Alger, une fille de taverne et de bivouac ; et si, par sa
naissance, elle eût été placée dans une riche maison, sa
grâce, sa modestie et sa distinction en eussent fait la plus
charmante et la plus enviée des filles du grand monde. Au
bivouac, l'enfant faisait sa besogne : elle rinçait les verres,
essuyait les tables et les bancs, mais elle ne savait ni boire,
ni jurer ; et la simplicité de cette jeune âme était si douce
et si vraie, qu'elle se faisait respecter du soldat. Celui-ci
comprenait que la Joséphine était déplacée à la cantine, et
que, s'il voulait trinquer avec une femme, cette jeune fille

n'était ni assez vaillante, ni assez délurée pour soutenir ses assauts. Il soupçonnait que ces lèvres virginales se terniraient bien vite à ses baisers enflammés par le tabac et l'eau-de-vie, et qu'il en était de certaines filles comme de certaines fleurs qui, les unes aussi bien que les autres, se meurent au souffle d'un vent furieux. Et si la pauvre fille passait inaperçue, malgré ses charmes de quinze ans, au milieu des buveurs qui encombraient la cantine, elle devait, à plus forte raison, n'exciter chez les Marocains aucun sentiment de convoitise. La finesse exquise de sa physionomie ne pouvait séduire des hommes qui recherchent, avant tout, dans une femme, des formes amplement développées et grossières.

La mère Lanternier touchait à ses trente-cinq ans. A quinze ans elle avait pu se faire remarquer par la fraîcheur de son teint et par la cambrure de sa taille. Ce devait être alors ce que l'on est convenu d'appeler au village une fille bien bâtie. Mais elle avait perdu aux travaux des champs la blancheur de son teint. La charge de sa hotte avait quelque peu fait dévier sa taille. La peine et la fatigue l'avaient en un mot marquée du sceau ineffaçable qu'elles impriment inévitablement sur le corps de tous les êtres qui s'adonnent à la culture de la terre.

Mais si le corps de la mère Lanternier avait vieilli, avant l'âge, aux pénibles corvées de la campagne, son esprit, du moins, n'avait rien perdu de sa finesse, de son entendement et de sa bonhomie. C'était la fermière rangée, active, bavarde, franche et rusée par excellence, et le père Lanternier

ne pouvait pas dire toutes les fois qu'il en avait l'envie —
Je le veux !

Aussi cette femme souffrait-elle beaucoup de sa captivité, et au lieu de l'accepter avec la résignation de Thérèse l'Alsacienne, la mère Lanternier passait son temps
à protester contre la violence qu'on lui faisait et à espérer
des jours meilleurs.

Quant à la fille Lanternier, elle n'offrait ni physique-
ment, ni moralement aucune ressemblance avec les trois
compagnes au milieu desquelles elle voyageait à cette
heure, par suite du caprice et de la munificence de l'émir
Abd-el-Kader.

Virginie, ou plutôt ainsi que la nommaient ses père et
mère, La Virginie, avait atteint à cette époque ses dix-sept
ans. Elle était née au village, et dans la ferme on l'avait
employée, dès l'âge de douze ans, à soigner les vaches à
mener les chevaux à l'abreuvoir, à rincer la lessive pendant
la nuit au lavoir de la commune, à bêcher, à labourer et à
scier les blés. Et malgré les fatigues que lui causaient ces
divers travaux, chaque dimanche La Virginie paraissait la
première à la danse et se retirait la dernière. Mais jamais,
en sortant de ces joyeuses réunions, on ne la voyait s'attar-
der le long des murs de l'église, ou dans les allées entr'ouvertes des maisons, pour deviser d'amourette avec les galants
qui la courtisaient. C'était la fille la plus vaillante et la plus
aimée du village. La Virginie était la plus jolie fleur du
pays et on ne citait pas, à dix lieues à la ronde, une fille
qui fût capable de la *déchausser*. Elle avait des cheveux
châtains, qui se lissaient en bandeaux sur ses tempes ; ses

yeux noirs respiraient une vivacité et une espièglerie des plus spirituelles et des plus émoustillantes. Le nez était d'un profil admirable par son élégance et sa pureté, et la bouche s'épanouissait en un sourire des plus gracieux et des plus charmants ; et chose remarquable, la boîte osseuse de la tête affectait la petitesse de la forme que l'on observe dans les meilleures figures de la sculpture grecque. Le cou était un peu engagé dans les épaules, par suite des fardeaux que l'enfant avait portés sur les reins ; les bras et les mains dessinaient un galbe d'un précieux modelé ; la taille offrait ce contour héroïque qui fait pressentir dans la nubilité virginale la fécondité maternelle ; et les jambes et les pieds présentaient un type parfait de finesse, de légèreté et d'élégance.

Rien de vulgaire dans la personne de la paysanne ne venait trahir son origine toute plébéienne.

Tout au contraire dans sa beauté et sa physionomie révélait une distinction, un charme exquis.

C'est la nymphe antique, tant elle est bondissante dans ses allures ; c'est la délicieuse marquise, tant elle est pétillante d'esprit ; c'est la Lise de Béranger, tant elle est simple, franche et bonne dans son cœur ; c'est la plus séduisante des amoureuses tant elle est hardie dans sa provocation et confuse dans son succès. C'est la plus folle des filles honnêtes et la plus sage des filles rieuses et pétulantes. Et par une de ces circonstances qu'il n'est pas rare de rencontrer au village, l'esprit de La Virginie est aussi charmant que son visage. Le *frater* du lieu lui a enseigné à lire et à écrire. Elle a déniché dans une vieille armoire quelques livres oubliés par son père — des tragédies de Voltaire — Paul et Virginie — les comédies de Molière — l'Andromaque de Racine — le Cid de Corneille — un volume de Buffon — deux volumes de Clarisse Harlowe — des chapitres de Gil Bas — un résumé de la Révolution française.

Ces ouvrages qu'elle a lus et relus à la veillée, aux prés, au jardin, et qui lui parlent un peu et parfaitement de tout, ont nourri son esprit et son cœur des plus saines substances ; et comme La Virginie a le jugement droit et vrai, qu'elle ne se laisse jamais emporter par son imagination, elle s'est trouvée de très bonne heure à même de se conduire et d'apprécier le monde au milieu duquel elle a vécu.

La paysanne est aussi belle et aussi intelligente que la plus belle et la plus spirituelle des dames de la ville. Elle saura résister à l'infortune et tirer parti des circonstances au milieu desquelles le hasard de sa vie la jettera.

Déjà elle a compris qu'elle devait renoncer à tout espoir de revoir l'Algérie et la France. Elle s'est dit qu'elle ne retrouverait jamais son père, et que l'émir la déportait dans une contrée d'où elle ne saurait jamais revenir.

C'était donc à elle à préparer sa vie à venir et à se créer un sort parmi les Marocains, un sort moins misérable que celui d'une esclave obscure, que le maître repousse du pied à l'arrivé d'une nouvelle épouse.

Sa destinée veut qu'à son arrivée à Fèz ou à Maroc, elle

soit présentée à l'empereur. Dans cette première entrevue, elle rencontre l'occasion de préparer sa fortune et de se ménager la faveur du souverain. Et quelque précaire que soit cette éventualité, elle n'en demeure pas moins pour La Virginie Lanternier l'objet de toutes ses pensées, le but de tous ses desirs. Ainsi, tandis que ses trois compagnes, pareilles à ces brebis stupides qui se laissent pousser à l'abattoir en fuyant devant le fouet du boucher, suivent machinalement les cavaliers marocains et acceptent tristement la condition que l'émir leur a faite, La Virginie se révolte à l'idée dégradante de la servitude ; et au lieu de se résigner, elle s'évertue à dompter le sort et à préparer son élévation parmi les plus belles et les plus puissantes de l'empereur.

Dès ce moment nous connaissons parfaitement les quatre femmes que l'émir envoie en cadeau à son allié Muley-Abderrhamann : nous pouvons donc nous occuper de leur voyage jusqu'à Fèz et raconter leurs aventures dans le Maroc. On a pu nous reprocher en commençant de nous être complu dans un long détail des qualités physiques et morales des quatre captives, mais à cette heure on doit comprendre le motif qui nous portait à nous étendre sur ce sujet.

Il était de toute nécessité, pour la bonne intelligence des événements qui vont passer sous nos yeux, de bien connaître l'esprit, le cœur et le visage des nouveaux acteurs que nous venons de produire sur la scène.

XI

AAIOU-MEILOUK.

A mesure que la caravane remontait dans le Maroc, elle laissait derrière elle les provinces montagneuses du Rif et pénétrait dans une contrée fertile, arrosée par divers courants d'eau tels que l'Oued–Malaouya et l'Oued–Za.

De nombreuses tribus campées sous des tentes cultivaient la terre et récoltaient d'abondantes moissons en blé, en orge et en olives ; de grands troupeaux de bœufs et de moutons ajoutaient aux richesses des tribus le produit de leurs toisons et de leurs cuirs. On mangeait en grande quantité des dattes que les caravanes allaient recueillir dans le grand désert.

L'aga de la plaine de l'Oued–Za, nommé Sidi Mohammed accueillit dans sa tribu nos voyageurs et leur accorda
une hospitalité de quelques jours pendant lesquels les chevaux, les mules et les cavaliers purent se refaire des fatigues de la route.

Les quatre femmes chrétiennes se logèrent dans le caïman
occupé par les femmes de l'aga. Elles furent entourées
d'égards et de prévenances, et elles payèrent amplement les
bons traitements dont elles se virent l'objet durant leur
séjour dans cette tribu, par ces mille petits services que des
femmes sont à même de rendre. Ainsi elles taillaient des
vêtements, elles raccommodaient les haïks et les burnous, et
elles apprenaient aux Marocaines de l'Oued–Za à se servir
de l'aiguille, à se peigner et à draper coquettement leurs
haïks autour de leurs tailles. Virginie Lanternier se montrait aussi empressée qu'avenante, et elle profitait des rapports journaliers qu'elle entretenait avec les habitantes de
la tribu pour se perfectionner dans la langue marocaine.
Elle avait déjà compris que la langue marocaine n'était
qu'une sorte d'arabe plus pur et plus correct que celui dont
les indigènes se servent dans l'Algérie. Elle voyait que
dans chaque tribu les petits garçons allaient tous les jours
à l'école du marabout et qu'ils savaient lire et écrire. Elle
comparait cette sollicitude avec l'indifférence qui régnait
parmi les Arabes des tribus de l'Algérie, et elle attribuait
les connaissances des uns et l'ignorance des autres à l'état
de paix dont le Maroc jouissait depuis de nombreuses années, et à l'état de guerre qui depuis sept années décimait

les tribus de l'Algérie et ne leur laissait d'autre loisir que celui de fuir devant leurs ennemis.

Mais l'application que La Virginie apportait dans l'étude de la langue marocaine et les travaux qu'elle accomplissait dans l'intérêt de son hôte, n'avaient pas le pouvoir de distraire ses pensées du projet qu'elle méditait, et elle s'irritait des lenteurs inévitables dans ces voyages entrepris à dos de mulet. Elle brûlait d'arriver à Fèz et de connaître la réception qu'elle allait y recevoir. Elle s'impatientait de ne pas découvrir son avenir, et malgré la bonté de son jugement, elle cherchait à lire son sort dans les révélations produites par des circonstances fortuites. Ainsi est fait le génie de la femme. L'esprit le meilleur est rempli de superstition et de préjugés ; et tandis que la force de l'homme va droit son chemin sans s'inquiéter du bien ou du mal qui l'attend à la fin de sa marche ; la faiblesse de la femme hésite, recule, et avant de se présenter devant l'obstacle, elle s'ingénie à prévoir la solution que lui en prépare la Providence.

Sur ces entrefaites, une rencontre imprévue vint donner satisfaction aux desirs de la jolie captive et la rassurer contre l'appréhension d'une mauvaise fortune.

La caravane séjournait encore chez l'aga de l'Oued–Za. Le soleil touchait à son déclin. Les hommes de la tribu étaient partis pour la foire de Takinn (petite ville juive dans laquelle se tient un marché d'esclaves) et ils n'étaient pas encore de retour. Les femmes attendaient l'arrivée de leur mari, et elles se tenaient assises à l'entrée de leurs caïmans.

Les esclaves et les vieilles femmes préparaient le couscoussou du soir, les enfants jouaient dans l'enceinte du
douair, tandis que les bergers ramenaient les troupeaux
du pâturage et que les muletiers conduisaient leurs bourriquets à la rivière et faisaient la provision d'eau nécessaire
pour abreuver les tentes.

A cette heure toute brise avait cessé de souffler. Le soleil embrasait de son dernier rayon un coin du firmament,
qui brillait d'une sérénité limpide. La campagne semblait
frémir de bien-être à l'approche de la nuit qui allait verser
sur son sein altéré par la chaleur de la journée les larmes
de sa rosée, la fraîcheur de ses baisers et le mystère de ses
ombres.

Les captives chrétiennes s'étaient arrêtées sur le seuil de
leur tente et elles contemplaient le mouvement si curieux
qui s'opère dans un camp au coucher du soleil. Elles suivaient des yeux les grands chameaux qui se couchaient sur
leurs genoux, tandis que les femmes allaient traire les
chamelles. Elles comptaient les bœufs et les moutons et
souriaient aux ébats que prenaient les enfants de la tribu ;
elles admiraient leurs yeux étincelants, leurs dents éblouissantes et leur grosse tête, sur laquelle le rasoir n'avait laissé
qu'un *mahomet flottant* (une mèche de cheveux). Mais
Virginie ne s'occupait pas de la tribu : elle élevait ses regards vers le ciel et suivait dans les plaines de l'éther la
course d'un nuage que le soleil couchant avait doré de son
plus beau rayon. La jeune fille s'était laissée absorber dans
cette contemplation. D'étranges pensées traversaient ses
esprits et l'avaient plongée dans une sorte d'hallucination,

11.

car ses yeux se mouillaient de larmes, ses narines frémis-saient, sa bouche se crispait dans une pénible convulsion, et une sueur glacée perlait son front.

« Tu souffres, Virginie ? fit soudain la mère Lan-ternier.

— Non ma mère. Pourquoi m'adresser cette ques-tion ?

— Pourquoi ? Mais tu as le visage tout décomposé.

— Ce n'est rien.

— Mais encore, ressens-tu quelque malaise ?

— Ne t'inquiète pas. Je réfléchissais. Je voyais se dé-rouler à mes yeux d'étranges événements.

— Où voyais-tu tout cela ?

— Dans ce nuage.

— Tu es une folle. Tu ferais bien mieux de regarder à tes pieds, plutôt que d'aller te perdre dans le ciel.

— Ma foi, ce qui se passe ici bas pour nous est assez triste, pour que je ne cherche pas à m'inquiéter de ce qui se passe là haut.

— On ne s'y occupe pas de nous.

— Si le bien et le mal descendent du ciel sur la terre, nous devons croire qu'il est question de chacun de nous, si petit qu'il soit, dans le partage, et nous n'avons pas tort de nous inquiéter de ce qui se passe audessus de nos têtes.

— En attendant, nous nous rapprochons de Fèz, où nous allons passer à l'état d'esclaves.

— Aussi voudrais-je déjà savoir quelle sera notre con-dition chez l'empereur.

— Tu n'as qu'à voir ce qui arrive aux esclaves achetés sur les marchés. On nous cantonnera dans quelque tribu à la suite d'un chef dont nos personnes et nos travaux récompenseront les services qu'il aura rendus à son maître.

— Il ne faut pas que nous quittions le palais de l'empereur.

— On nous consultera peut-être ?

— Qui pourrait dire le contraire ?

— Tout le monde.

— Aussi voudrais-je connaître notre destinée avant d'arriver dans la ville impériale... Oh !... qui viendra briser l'incertitude dans laquelle je suis plongée ?

— Dans quinze jours nous saurons notre sort.

— Ces quinze jours sont un siècle... Mais n'entends-tu pas des cris, ma mère, à l'extrémité du douair ?

— Oui, j'entends comme le bruit d'une émeute.

— La poussière tourbillonne audessus d'un groupe d'individus...

— Quelques Marocains qui se chamaillent entre eux.

— Allons voir ce que c'est.

— Y penses-tu ? L'aga nous a défendu de nous promener dans la tribu.

— Mais les cris se rapprochent de nous... des hommes et des femmes sont en marche de ce côté... ils arrivent...

— Ce ne sont pas des Arabes. Quelles mavaises mines et quels haillons !

— Ma mère, ma mère ! ce sont des gitanos.

— Des *gitanos !* Quelle espèce d'hommes entends-tu désigner par ce mot?

— Ce sont des bohémiens, des tireurs de bonne aventure.

— Des sorciers. C'est du beau !

— Il faut que je les consulte.

— Tu n'as pas le sens commun de parler ainsi.

— C'est possible : mais je ne saurais résister au mouvement qui me précipite vers eux.

— Consulte-les, si ça t'amuse, mais je ne pousse pas la curiosité aussi loin que toi.

— Vous blâmerez plus tard ma conduite; mais, en attendant, il faut que j'avise au moyen de m'aboucher avec eux. »

Tandis que ces deux femmes échangeaient ces paroles, une troupe de ces vagabonds aux industries bizarres et que l'on trouve disséminés sur tous les points de l'ancien monde, traversait les douairs et s'avançait vers le caïman occupé par les chrétiennes. Cette bande se composait de cinq hommes, de quatre femmes et de onze marmots, filles et garçons, qui poussaient devant eux des bourriquets chargés d'ustensiles de cuisine, de sacs de grains, de quelques broussailles et d'une cage dans laquelle était renfermé un coq. Les baudets se dandinaient sur leurs jambes : ils s'offraient dans un état de maigreur qui attestait les longs jeûnes auxquels ils se trouvaient réduits. Leur échine pelée était déchirée par les plaies qu'avait imprimées dans les chairs le bâton de leurs guides. Hommes et femmes ressemblaient à des mulâtres avec leur teint cuivré, leurs che-

veux crépus et leurs lèvres épaisses. Quelques haillons, arrachés à des haïks et à des peaux de moutons, couvraient
tant bien que mal leur nudité. Les femmes allaient nu-tête,
et portaient pour tout vêtement une sorte de ceinture qui
leur prenait la taille et descendait à peine jusqu'au genou.
Les enfants couraient nus des pieds à la tête, et ceux qui ne
pouvaient pas marcher se tenaient accrochés sur le dos de
leur mère. Ces individus, hommes et femmes, n'auraient
pas su dire d'où ils sortaient, où ils allaient et où ils
comptaient s'arrêter. Les uns étaient nés au coin d'un bois,
ceux-ci dans le fossé du chemin, ceux-là sur un rocher de
la mer, et d'autres sur la lisière du désert. Ils parlaient une
langue qui participait de toutes les langues parlées sur la
terre ; leur religion se composait de paganisme, de mahométisme et de christianisme ; ils n'appartenaient à aucun
empire, ils ne descendaient d'aucune nation : ils erraient à
l'aventure sur la terre africaine, vivant, au jour le jour, de
misère, de joie, de hasards, du bien et du mal, sans avoir
adopté de patrie et de chef. Leur caprice était leur règle et
la nécessité leur loi. En France, ces vagabonds parcourent
les campagnes, volent dans les fermes, étament les ustensiles
de cuisine et jettent des sorts sur les fruits de la terre. En
Afrique, les hommes conduisent les ânons aux juments ; ils
opèrent la castration sur certains animaux domestiques et
leurs femmes disent la bonne aventure aux esprits crédules.
En un mot, ce rebut impur de toute société, cette écume
qui surnage audessus de toute population, vit et grouille
dans la fange ainsi que le porc immonde qui s'engraisse de
toutes les plus odieuses déjections.

Au milieu de cette bande, une femme jeune encore et qui portait sur son visage les signes d'une grande beauté, altérée toutefois par les fatigues du vagabondage et de la maternité, se faisait remarquer par son attitude théâtrale. Elle marchait la tête fière, la taille cambrée, et se drapait avec une certaine majesté dans un morceau de burnous en drap rouge. A ses poignets et à ses chevilles étincelaient des anneaux en cuivre doré. Ses cheveux étaient relevés sur son front et formaient une sorte de diadème dont les tresses d'ébène étaient parsemées d'étoiles en corail. La fière encolure de son cou, la forme pétulante de sa poitrine, la souplesse bondissante de ses reins et la netteté des lignes de ses bras et de ses épaules lui faisaient cette sorte de beauté farouche dont on se plaît à embellir la chasseresse antique, alors qu'on l'aperçoit haletante au milieu de la clairière et baignée dans un flot de lumière.

A mesure que cette sorcière s'avançait, les femmes et les enfants de la tribu se pressaient sur son passage et l'appelaient à grands cris :

« Regina ! Regina ! La grande sorcière, la fille des mauvais anges, dis-nous notre sort.

— Regina, répondait l'un des hommes, ne parlera pas aujourd'hui.

— Il faut qu'elle parle.

— *L'Esprit* le lui a défendu. »

Et Regina, ainsi se nommait cette bohémienne dont la renommée remplit encore, à l'heure qu'il est, les dernières tribus de l'Algérie du côté d'Oran et les tribus du Rif, de l'Oued-Malouya et de l'Oued-Za dans le Maroc, Regina dédaignait de répondre à la foule, qui s'irritait de son silence et qui l'injuriait. Impassible et dédaigneuse, elle marchait à grands pas vers le douair de l'aga Mohammed. Dès qu'elle fut entrée dans le douair, les esclaves de l'aga fermèrent les barrières en broussailles et élevèrent une digue contre le flot des curieux qui menaçaient d'envahir cette enceinte. Ainsi désappointés dans leur poursuite, les gens de la tribu finirent par s'impatienter, et chacun se retira dans son douair.

Pendant ce temps, les aventuriers arrivaient devant la tente occupée par les femmes de l'aga. Soudain un nègre murmurait quelques mots à l'oreille de Regina. Celle-ci prenait la cage qui renfermait le coq, et elle entrait à la suite de l'esclave chez les femmes de l'aga, tandis que ses compagnons déchargeaient les baudets, et rongeaient, accroupis sur la terre, quelques débris de viande taillés sur la croupe d'un chameau qu'ils avaient rencontré mort sur leur chemin.

Virginie Lanternier était rentrée dans son caïman, lorsqu'elle avait aperçu les gitanos pénétrer dans le douair de l'aga, mais elle n'avait eu garde de s'éloigner. Elle avait rapproché les rideaux qui fermaient la tente, et elle avait suivi d'un œil curieux, à travers les interstices que laissaient entre eux les plis des rideaux, tous les détails de cette scène étrange.

Les femmes de l'aga lui avaient déjà parlé de Regina. Elle n'eut pas de peine à la reconnaître ; et dès qu'elle l'eût vue disparaître dans leur tente, elle dépêcha vers elle une vieille femme attachée au service des chrétiennes ; la vieille femme ne tarda pas à revenir, et la réponse qu'elle murmura à l'oreille de la jolie captive remplit celle-ci d'une bien vive satisfaction, car elle poussa un frémissement de joie pareil à celui que jette une biche bondissante qui entend le cerf bramer dans les hautes futaies.

Une heure s'était à peine écoulée depuis que la messagère de la chrétienne était allée chez les femmes de l'aga, et l'on voyait la gitana Regina écarter les rideaux qui fermaient le caïman des captives. Elle portait à la main une baguette en bois d'ébène et une cage dans laquelle était renfermé un vieux coq. Notre héroïne courut audevant de la devineresse et l'introduisit dans sa tente, en l'accueillant avec toutes sortes de bonnes grâces. La gitana lui rendit son salut avec une gravité solennelle, et tout en déposant à terre la cage qu'elle tenait à la main, elle lui adressa cette question :

« C'est toi qui m'as envoyé chercher chez les femmes de l'aga Mohammed ?

— Oui.

— Tu es esclave ?

— Oui.

— Tu n'es pas née dans ces contrées et tu es fille des chrétiens ?

— Je suis étrangère à ce pays et ma patrie est la France.

— Que veux-tu de moi ?

— Ai-je besoin de te l'apprendre ?

— Si je te le demande, c'est sans doute parce que je crois utile de t'interroger.

— Te défierais-tu de moi ?

—Défie-toi de l'étrangère, a dit le Prophète, et ne laisse pas tenter en vain l'esprit de Dieu par la curiosité ou l'indiscrétion de l'incrédule.

— Mais j'ai confiance en ton art ; mais je sais ton habileté, et depuis que la mauvaise fortune m'a conduite dans cette maison de servitude, chacun m'a vanté ta science et ton infaillibilité.

— Ainsi tu reconnais la puissance de mon art?

— Oui, je reconnais la puissance de ton art.

— Et tu viens me consulter?

— Je viens réclamer les lumières de ton esprit, afin d'éclairer les ténèbres au milieu desquelles je me trouve plongée et qui dérobent à mes regards les horizons lointains de mon avenir.

— C'est bien. Et puisque tu es si impatiente d'interroger le sort et de réclamer les interprétations que me souffle l'Esprit, tu dois être prête à verser l'offrande de ta générosité et de ta reconnaissance dans ma main.

— Je suis pauvre, Regina ; l'émir a fait de la fille des chrétiens une esclave. Puis-je posséder quelque chose à cette heure, puisque je ne m'appartiens pas à moi-même! Les chaous du kaïd d'Ouchdah me conduisent à Fèz, où je dois sans doute rencontrer un maître. En attendant, je me trouve privée de toute ressource, et je n'ai en mon pouvoir ni argent, ni étoffe précieuse à t'offrir.

— Mais comment veux-tu que le coq mange, si nous n'avons pas de quoi lui acheter quelques grains de blé ou d'orge?

— Les Arabes qui m'ont faite prisonnière se sont emparés des bijoux que je portais au cou et aux doigts ; il ne me reste plus que ce petit anneau. Je suis parvenue jusqu'à ce jour à le cacher à tous les yeux. Il est en or. L'acceptes-tu?

— Oui.

— Alors tu vas commencer?

— Oui: mais la nuit est venue; cette chambre est plongée dans l'obscurité : hâtons-nous de dissiper ces ténèbres, car l'heure du sommeil va bientôt sonner pour le coq.

— Je vais préparer de la lumière. »

A ces mots, la captive alla chercher dans un coin du caïman une sorte de chandelier en bois, qui avait bien en hauteur trois pieds. A l'extrémité de ce bâton était planté un clou. La chrétienne ficha sur ce clou une bougie en cire jaune aussi mince que le petit doigt. Elle plaça ce luminaire au milieu du caïman, et l'alluma à l'aide d'un morceau de bois, qu'un nègre venait d'enflammer en le frottant contre un morceau de bois. Aussitôt la Regina alla fermer les rideaux du caïman ; elle fit sortir le nègre et la négresse qui servaient les chrétiennes et elle demeura seule en compagnie des quatre captives, et commença les préparatifs nécessaires pour la scène de divination qu'elle allait jouer au grand ébahissement des personnes présentes.

La bougie projetait dans le caïman une clarté douteuse qui favorisait l'étrange spectacle dont la représentation allait avoir lieu. Une partie de la tente était plongée dans une demi obscurité. Les quatre femmes étaient assises en cercle sur les nattes qui occupaient le centre de la chambre. Leurs yeux étaient éclairés par les ternes rayons de la bougie et pétillaient d'impatience et de curiosité. Regina se tenait debout au milieu du cercle, avec la tête haute, l'œil inspiré, la lèvre gonflée et les seins irrités; on la voyait passer insensiblement à l'état convulsif qui jadis faisait trembler la sibylle des pieds à la tête. Par moments, elle recevait en plein sur le visage et sur la poitrine la clarté du luminaire, et alors cette flamme rouge qui la colorait violemment de ses rayons, imprimait sur sa personne ces reflets sinistres et terrifiants dont les génies infernaux couronnent leur front déchu.

La devineresse, en tenant sa baguette à la main et en traçant dans l'air des signes cabalistiques, se tourna vers les quatre points cardinaux, qu'elle salua successivement et murmura quelques mots cabalistiques.

« *Zephira*, » s'écria-t-elle en regardant le nord.

« *Ananisapta*, » continua-t-elle en s'inclinant du côté du midi.

« *Ephesia-Grammata*, » ajouta-t-elle en saluant le levant.

« *Bagad*, » finit-elle en se prosternant du côté du couchant.

Après avoir prononcé ces paroles sacramentelles, la Regina souleva la natte sur laquelle elle venait de piétiner et la roula dans un coin du caïman. Ensuite elle traça autour d'elle un grand cercle avec son bâton divinatoire, en prononçant ces mots :

« Fille des chrétiens, je dessine le carré magique sur le sol. Je vais diviser le carré en autant de cases que l'alphabet renferme de lettres. Sur chaque case, j'écrirai une lettre en commençant par l'*alpha* et en finissant par l'*oméga*. Ensuite je mettrai dans chaque case et au pied de chaque lettre un grain de blé. Lorsque j'aurai rempli ainsi chaque compartiment du carré avec une lettre et un grain de blé, je lâcherai mon coq au milieu du cercle. A mesure que le coq piquera un grain de blé, nous inscrirons sur une tablette la lettre à laquelle correspondait le grain de blé que le coq aura enlevé ; et lorsque l'oiseau aura cessé de manger, nous rassemblerons les lettres que nous aurons relevées sur nos tablettes, et le mot que l'assemblage de ces lettres entre elles formera, nous fournira le mot de ta destinée.

Acceptes-tu cette épreuve par le concours du coq ?

— Oui, répondit d'une voix ferme La Virginie.

— Sais-tu lire l'arabe ? ajouta la devineresse.

— Je le déchiffre mal.

— De quel alphabet veux-tu que je me serve ?

— De celui que tu jugeras le plus propre à seconder ton charme.

— Je puis employer l'alphabet syriaque, égyptien, turc, marocain, nègre, espagnol, italien, latin, grec.

— Tu ne connais donc pas l'alphabet franc ?

— Non.

— Cependant c'est celui dont je te verrais servir de préférence à tout autre.

— Il m'importe peu de me servir de tel ou tel caractère. Tu choisis l'alphabet franc ?

— Oui.

— De combien de lettres se compose-t-il ?

— De vingt-quatre lettres.

— Je vais diviser le carré magique en vingt-quatre

cases, et dans chaque case tu inscriras une lettre de ton alphabet.

— Je suis prête à t'obéir. »

Aussitôt la gitana subdivisa son carré en ving-quatre parties et La Virginie écrivit successivement les vingt-quatre lettres de notre alphabet.

Ainsi qu'elle venait de l'annoncer, la Regina allait interroger l'avenir par les procédés de l'*alectryomancie*. Le genre de divination qu'elle employait n'était pas nouveau, et on pouvait dire qu'il était aussi ancien que le monde.

Dans toute l'Algérie et dans tout le Maroc, ainsi que sur les côtes d'Espagne et de Portugal, les devineresses opèrent encore à l'heure qu'il est par l'*alectryomancie*. Ces bizarres pratiques ont été importées dans ces contrées par les Romains de la cité païenne ; et voici ce qu'on lit à ce sujet dans les auteurs anciens :

« L'*alectryomancie* formait une des branches de la science divinatoire, qui recevait son application par le moyen d'un coq. Voici comment elle se pratiquait : on traçait sur la terre un cercle que l'on partageait en vingt-quatre cases. Dans chacune on écrivait une lettre de l'alphabet, et sur chaque lettre on mettait un grain de blé : cela fait, on plaçait un coq au milieu du cercle ; on remarquait quels étaient les grains qu'il mangeait, et quelles étaient les lettres des cases dans lesquelles les grains avaient été placés. On formait un mot de ces lettres et l'on en tirait des pronostics. C'est par cet art que le sophiste Libanius et le devin Jamblique cherchèrent et crurent avoir trouvé quel serait le

successeur de l'empereur Valens ; car le coq ayant mangé
les grains qui cachaient les lettres *t — h — e — o — d*,
il ne doutèrent plus que le successeur ne fût *Théodore ;*
mais ce fut *Théodose*, surnommé le Grand. »

Ainsi, nous retrouvons après les siècles qui ont amené
la ruine de l'empire romain et les siècles qui ont créé de
nouveaux peuples, de nouveaux royaumes et de nouveaux
cultes sur les débris gigantesques des rois de l'ancien
monde, nous retrouvons sur cette terre d'Afrique les
mêmes erreurs et les mêmes fourberies. Qu'ils sont bizarres ces instincts de la créature humaine, qui la portent, en
dépit des progrès des temps, à s'abreuver aux sources d'une
fable gossière, alimentée par le mensonge et la paresse de
quelques peuplades vagabondes ! Et comment expliquer cette
providence qui, à mesure qu'une contrée fait un pas dans
la voie de la civilisation, laisse retomber dans les ténèbres
d'une ignorance stupide une contrée qu'elle dédaigne d'enlever à la barbarie.

Nous avons en outre négligé de couper un peu plus haut
notre récit, lorsque nous aurions dû faire remarquer au
lecteur l'erreur dans laquelle étaient plongées la gitana et la
chrétienne au sujet des signes alphabétiques empruntés au
latin ou à l'espagnol. Ainsi ces femmes ne se rendaient pas
compte de l'identité qui devait exister entre les lettres de
l'alphabet espagnol avec les lettres de l'alphabet franc, et
elles se persuadaient que la différence des dialectes devait
produire une différence dans les signes de l'écriture. Elles
croyaient que l'espagnol ne s'écrivait pas au moyen

des caractères alphabétiques dont on se sert pour écrire le français.

Mais revenons à l'expérience cabalistique de Regina la gitana.

Dès que Virginie Lanternier eut inscrit dans les vingt-quatre cases du carré magique les vingt-quatre lettres de l'alphabet, la devineresse déposa un grain de blé sur chaque lettre.

Lorsqu'elle eut fini cette opération, elle alla délivrer le coq, qui commençait à sommeiller dans sa cage, et elle le lança au milieu du carré cabalistique.

XII

TEVRERT.

A peine le coq se vit-il en liberté au milieu du cercle, qu'il se mit à frissonner dans tout son corps. Il agita ses ailes, gratta le sol avec ses griffes, redressa fièrement sa tête armée d'une superbe crête, et poussa son cri d'amour et de guerre. Puis il se promena dans le cercle, en regardant la Regina, qui le suivait de l'œil dans toutes ses évolutions. Lorsque l'oiseau eut bien battu de l'aile, bien chanté, et qu'il eut donné le temps aux spectatrices d'admirer son port vif et hardi, il rabattit son bec vers la terre, et demeura irrésolu à la vue des grains de blé distribués dans les cases qui l'entouraient.

La gitana profita de cette indécision pour mettre la main sur l'oiseau ; puis, en se tournant vers la captive :

« Est-ce de toi, ou de l'un des tiens, que nous allons nous occuper ? car tu ne m'as pas encore dit de quel individu il s'agissait.

— Tu as raison. Avant de te livrer ma personne, je veux connaître la destinée d'un être qui a toute ma tendresse.

— Virginie, de qui veux-tu parler ? fit la mère Lanternier.

— Ma mère, répondit la jeune fille, je veux parler de mon père.

— Ton père ! s'écria la bonne femme ; ton père , malheureuse enfant ! Oh ! c'est mal de tenter ainsi le sort.

— Puisque je vais me soumettre à la même épreuve.

— Tu lui porteras malheur.

— Nous sommes séparées de mon père ; les Arabes, depuis son départ pour le camp de l'émir, ont refusé de me donner de ses nouvelles. Pouvons-nous entendre parler de lui dans le Maroc ? Une occasion se présente de connaître son sort. Je n'hésite pas, et je dis à la gitana de commencer son expérience.

— Tu vas être satisfaite, répondit la Regina. »

Et soudain la devineresse remit son coq en liberté.

Dès que le coq se sentit débarrassé de l'étreinte dans laquelle sa maîtresse le maintenait, il parcourut le carré

12

magique à grands pas, et se précipita sur les grains de blé.

La gitana et la chrétienne suivaient tous ses mouvements avec la plus inquiète curiosité ; et à mesure que l'oiseau enlevait un grain de blé, Virginie traçait sur le sol la lettre qui occupait la case dans laquelle il avait plongé son bec. L'oiseau enleva huit grains de blé, en revenant deux fois sur la case dans laquelle figurait la lettre *a*, et la devineresse eut beau faire, elle ne put parvenir à le contraindre à en piquer davantage.

Voici l'ordre dans lequel se présentèrent les lettres :

$$1 \quad 2 \quad 3 \quad 4 \quad 5 \quad 6 \quad 7 \quad 8$$
$$m - a - l - n - é - a - n - t$$

« L'oiseau ne veut plus mordre, s'écria la gitana, en s'adressant à la jeune captive ; c'est le moment de rassembler les lettres et de lire le mot cabalistique.

— Qu'est-ce qu'il chante, le coq ? fit la mère Lanternier.

— Il dit, répondit la chrétienne, *malnéant*.

— Qu'est-ce que cela signifie ?

— Ma mère ! poursuivit la jeune fille en pleurant chaudement, mon père a cessé de vivre.

— Qui te l'a dit ?

— L'Esprit, qui parle par la bouche de Regina.

— Malheureuse ! tais-toi.

— Ces huit lettres, continua Virginie, forment ces deux mots : *Mal, néant*.

— Eh bien ?

— Le premier mot — *mal* — signifie que mon père a souffert tout le *mal* possible.

— Et le second?

— *Néant* nous annonce qu'il est mort, qu'il est réduit à *néant*, à rien.

— Pauvre cher Lanternier, murmura douloureusement la bonne femme.

— Mon père! mon père! mort! mon Dieu! Et sa femme, et sa fille!... Mon père est mort!

— Es-tu tentée de poursuivre l'expérience? reprit la gitana.

— Oui.

— C'est bien : tu montres une confiance et un courage qui t'honorent.

— Tais-toi, sorcière de l'enfer! s'écria la mère Lanternier. Au lieu d'encourager cette enfant, tu ferais bien mieux de la dissuader et de porter ailleurs tes mensonges.

— La certitude ne vaut-elle pas mieux que l'incertitude, quelque cruelle qu'elle soit?

— Je ne comprends rien à ton argot, indigne créature, ignoble aventurière.

— Calmez-vous, ma mère. Au lieu de témoigner à la devineresse un tel mécontentement, que ne lui témoignez-vous votre reconnaissance?

— Ma reconnaissance, à cette chouette! Mais si j'étais chez nous, je la couperais en deux avec le tranchant de ma faucille.

— Ne l'irritez pas, j'ai foi dans son habileté. Allons, Regina, occupe-toi de mon sort.

— C'est bien ; je t'ai entendue. »

Aussitôt la gitana plaça de nouveaux grains de blé dans les cases vides, et remit sur ses pieds son coq qui se tenait blotti sur ses genoux.

Le coq, en se retrouvant au milieu du carré cabalistique, se redressa fièrement sur ses pattes, puis il se mit à bondir par saccades et à entrer dans une vive irritation. La devineresse lui adressa quelques mots comme pour le calmer : l'oiseau se retourna vers elle ; il sembla l'interroger du regard, puis il se précipita sur les casiers, et, sans la moindre hésitation, et avec une sorte d'instinct qu'il apportait dans cette dernière épreuve qui devait couronner son œuvre, il donna douze coups de bec, et mit à vide les lettres suivantes. Sur les douze coups, il en porta deux sur une place déjà nette, et qui encadrait la lettre *e*.

1	2	3	4	5	6	7	8	9	10	11	12
r	*e*	*g*	*i*	*n*	*a*	*t*	*o*	*u*	*c*	*h*	*e*

Dès que le coq eut ramassé les douze grains de blé, il battit de l'aile, poussa un cri de triomphe, et alla se réfugier dans les jambes de la devineresse.

« L'Esprit a parlé, dit la gitana.

— J'ai inscrit douze lettres, répondit la chrétienne.

— Rassemble-les.

— En les rassemblant, elles forment le mot *Regina-touche*.

— Il y a deux mots.

— Quels sont-ils ?

— *Regina*, c'est le premier ; *touche*, c'est le second. Je comprends bien ce que veut dire le premier, mais je ne sais pas ce que signifie le second.

— C'est un mot franc.

— Quelle idée traduit-il ?

— Celle d'atteindre, de prendre, de mettre la main sur un objet ou sur une personne.

— Ah ! je saisis le sens...

— Quel est-il ?

— La fille des chrétiens sortira de la classe des esclaves...

— Après ?...

— Son front est entouré d'une auréole lumineuse. La gloire et les honneurs l'accompagnent. Toutes les têtes s'inclinent devant elle... Un palais la reçoit dans ses salles de marbre... Que d'esclaves à genoux devant elle !... Un grand lui fait une couronne de son amour... Les perles et les diamants se suspendent à ses oreilles et à son cou... ses babouches magnifiques foulent les somptueux tapis... esclave aujourd'hui ; reine dans quelques jours...

— Explique-toi plus clairement ! s'écria la belle captive, en attachant un regard plein d'anxiété sur la gitana.

— *Regina*, reprit la devineresse, c'est la reine; *touche*, c'est mettre la main sur la grandeur, la puissance et la richesse.

— Ainsi, tu me prédis ?...

— Que tu seras Regina dans le Maroc...

— Entends-tu, ma mère ?...

— Tu t'élèveras au lieu de descendre.

— Par quel moyen ?

— Par la volonté d'un grand, qui te prendra dans sa maison et te donnera...

— Achève...

— J'entends du bruit... on vient...

— Oui, fit la vieille négresse en entrant dans la tente ; ce sont les cavaliers qui arrivent de la foire, et l'aga Mohammed s'avance dans le douair... Allons, la Regina, c'est l'heure de t'en aller.

— Parle, parle, Regina...

— C'est trop tard... Adieu...

— Un dernier mot.

— L'Esprit s'est retiré de moi.

— Conjure-le de nouveau.

— J'en ai dit assez... Adieu, et dans ta splendeur, n'oublie pas la gitana, qui t'a parlé dans la tribu de l'Oued-Za. »

Et en achevant ces mots, la Regina éteignit la lumière et s'échappa au milieu de l'obscurité, en emportant le coq, qu'elle avait replacé dans sa cage.

Soudain l'aga de la plaine de l'Oued-Za, précédé par un esclave qui portait une bougie dans un petit vase en terre, entra dans la tente que venait de quitter la devineresse : il constata, par sa propre inspection, que les quatre captives ne s'étaient pas absentées de la tribu, et il leur annonça qu'au lever du jour elles partiraient pour la ville de Taza.

Dès que les cavaliers chargés d'escorter les quatre prisonnières eurent dit la prière du matin, la caravane se mit en marche. Elle suivit la route tracée jusqu'à Fèz par les

Portugais, à l'époque de leur domination dans le Maroc. Chemin faisant, on rencontrait la trace des anciens camps: ici, des pans de muraille, là, des casernes à moitié ruinées; plus loin des citernes immenses et dans un parfait état de conservation, attestaient les travaux et le passage des conquérants européens. Quelques ponts, en partie détruits, plongaient leurs piles isolées au milieu de la rivière. Nos voyageurs, avant d'arriver chez l'aga Mohammed, avaient traversé, à une journée de marche de la tribu, l'Oued-Malouya. A quelques heures du chemin de la tribu, ils franchirent à gué l'Oued-Za. A cette époque de l'année, vers la fin de décembre, les pluies de la saison d'hiver avaient grossi les eaux, et le passage de ces rivières présentait quelque danger. Les cavaliers lancèrent leurs chevaux à la nage ; les mules qui portaient les femmes suivirent l'exemple qui leur était donné sans trop opposer de résistance ; et la distance qui séparait les tribus de l'Oued-Za de la ville de Taza fut parcourue sans avoir exposé la caravane aux attaques des maraudeurs et aux périls de la crue des rivières.

Cachées, comme elles l'étaient, sous les rideaux que drapaient autour d'elles les haïks, les chrétiennes traversaient ces premières provinces du Maroc sans rien voir du paysage et de la campagne. Virginie Lanternier aurait pu recueillir quelques observations intéressantes et retracer l'itinéraire que suivent les caravanes qui font le voyage d'Ouchdah à Fèz ; mais la jolie chrétienne était emprisonnée sous les plis du haïk qui lui formaient une sorte de litière, et elle était empêchée de promener ses regards sur les contrées qu'elle traversait. Elle aurait bien pu, à la faveur de quelque petite ouverture, satisfaire sa curiosité et examiner, en courant, la physionomie de ces provinces inconnues aux Européens ; mais elle se laissait aller à d'autres pensées, et le souvenir de la Regina l'occupait beaucoup plus que les plaines, les montagnes et les tribus qui se rencontraient sur son passage.

La caravane finit par découvrir la montagne sur laquelle est bâtie la jolie petite ville de Taza. De loin, cette montagne, qui s'élève à une grande hauteur, montrait ses dernières cîmes couronnées par une immense forêt. A mesure qu'on se rapprochait, on découvrait, audessous de cette forêt, de vastes escarpements dépouillés d'arbres et n'offrant que des roches et des terrains dépouillés de toute végétation ; puis, audessous de ces escarpements, sur les premiers plans, le soleil inondait de ses rayons les terrasses des maisons de Taza. La ville s'étendait sur une seule ligne, et faisait admirer l'élégance de sa mosquée, dont le dôme étincelait à la lumière, ainsi qu'un casque en acier sur la tête d'un soldat romain. Mais on perdit bientôt de vue la ville. L'horizon était borné par les jardins qui forment comme les avant-postes de Taza, et on traversait un bas-fond pour gagner le pied de la montagne. La caravane filait le long des sentiers qui sont tracés au milieu des jardins, et les mules accrochaient en passant les clôtures des jardins fermés par des haies vives en roseaux. Elle franchit un petit pont et atteignit la première rampe de la montagne.

Les cavaliers commencèrent par traverser les anciennes murailles qui doivent leur origine aux Portugais. Puis on traversa la vieille forteresse, et l'on arriva devant une porte sous laquelle est placé le bureau de la douane.

Le kaïd préposé à l'entrée, et à la sortie des voyageurs, demanda le paiement des droits de douane; mais le chef de la caravane lui montra la lettre de l'émir. Aussi dès que le kaïd des douanes eut déchiffré le cachet du sultan des Arabes, ouvrit-il les portes et laissa-t-il pénétrer nos voyageurs dans l'intérieur de la ville.

Les cavaliers prirent la route qui devait les conduire au *fondack* (espèce d'hôtellerie) dans lequel les voyageurs ont le droit d'être logés et d'abriter leurs marchandises et leurs chevaux moyennant le prix d'une *oukia* par jour (monnaie marocaine) que le portier du fondack verse entre les mains du gouverneur de la ville. Mais dès que les employés du fondack eurent appris que parmi les gens qui composaient cette caravane, on comptait quatre femmes, ils firent mille difficultés et refusèrent d'ouvrir la porte.

Les cavaliers présentèrent la lettre de l'émir et invoquèrent le nom de l'empereur marocain.

« Nous venons, dirent-ils, nous présenter ici d'après la volonté de Sidi-l'Hadj-Abd-el-Kader : ces femmes appartiennent à Muley-Abderrhamann.

Nous sommes fatigués. Nous marchons depuis Ouchdah. Ouvrez-nous les portes du fondack.

— Nous voulons bien vous recevoir, répondirent les gens du fondack, mais nous ne voulons pas prendre sur nous de recevoir des femmes qui n'ont pas de maître.

— Mais leur maître c'est votre empereur, l'émir les lui envoie sous forme de présent.

— Oui, mais notre empereur les a-t-il acceptées ?

— Il les acceptera.

— L'a-t-il dit ?

— Non.

— Allez-vous-en.

— Elles sont jeunes et jolies.

— Nous vous croyons. Mais ce sont les filles des chiens de chrétiens.

— Elles prieront bientôt Allah et Mohammed.

—· En attendant, des chrétiennes ne peuvent pas entrer dans la maison des croyants.

— Que faire ?

— Allez chez le gouverneur de la ville.»

Les cavaliers se dirigèrent vers la maison du gouverneur. Ils s'engagèrent dans une petite ruelle et s'arrêtèrent devant un grand portail en ogive. Un nègre vint leur ouvrir. Le kaïd de la caravane entra seul dans la maison.

Il ne tarda pas à revenir et donna l'ordre d'aider les femmes à descendre de leurs mules.

Une fois à terre, les chrétiennes pénétrèrent, sous la conduite du kaïd, dans la maison du gouverneur.

On passa sous un porche taillé à l'espagnole, et l'on mit le pied dans une cour pavée en marbre blanc au milieu de laquelle un jet d'eau bouillonnant à quelques pouces de terre, s'écoulait, dans un bassin en marbre blanc, en cascade limpide.

Dans la cour on admirait six chevaux magnifiques, attachés par un licou à des anneaux plantés dans la muraille.

Des nègres, habillés avec des chemises en cotonnade rouge et blanche et coiffés avec un bonnet en pain de sucre et de couleur écarlate, se prélassaient dans une molle oisiveté autour de ces chevaux, qui n'avaient pas d'autre écurie que cette cour.

Le kaïd traversa la cour tout en jetant un regard d'admiration et de convoitise sur les chevaux et s'engagea dans un petit corridor qui conduisit notre homme et les femmes dans un jardin.

A l'entrée de ce jardin on passait sous une sorte de tonnelle formée par des branches de vigne. Le gouverneur de la ville était assis sous cet ombrage de pampres, sur de riches coussins et fumait gravement sa pipe.

A ses côtés, plusieurs agas et kaïds se livraient au même délassement. Ce gouverneur était un homme de cinquante ans et se faisait remarquer par une physionomie bonne et belle et par une attitude majestueuse.

Ce personnage donna l'ordre aux chrétiennes de se dévoiler : il les regarda des pieds à la tête pendant quelques minutes, sans trahir par un geste ou par un mot l'impression qu'elles produisaient sur lui ; puis il leur fit adresser quelques questions.

« Ont-elles à se plaindre de quelqu'un ?

— Elles disent que non, répondit l'interprète.

— Ont-elles besoin de quelque chose?

— Oui.

— Que demandent-elles?

— Des chemises, des haïks et des babouches.

— Que le juif aille en chercher dans son magasin.

LES PRISONNIERS EN AFRIQUE.

— Elles te remercient.

— Aiment-elles mieux loger au fondack ou demeurer avec mes femmes ?

— Elles demandent à aller chez tes femmes.

— On va les conduire chez mes femmes. Elles seront traitées comme méritent de l'être les esclaves de l'empereur Abderrhamann.

— Partirons-nous demain ?

— Vous partirez, non pas demain, mais dans trois jours : je vais faire charger sur des mules des haïks, des burnous, des babouches et des caisses d'argent que tu conduiras à Fez. C'est la contribution que la ville paie à l'empereur. Les hommes vont donc aller au fondack et les chrétiennes demeureront avec mes femmes. »

A ces mots le kaïd partit avec les cavaliers pour le fondack, et les captives allèrent chez les femmes du gouverneur.

Au jour fixé par le gouverneur de Taza, la caravane se mit en route. Elle descendit dans la plaine par des sentiers étroits, bordés par des haies en roseaux ou par des murs en pierres sèches qui clôturaient des jardins. Des pavillons élégants et des plantations admirables en oliviers, en orangers, en figuiers, en grenadiers, faisaient de ces jardins des campagnes aussi agréables que productives. On rencontrait des muletiers qui poussaient devant eux des mules et des bourriquets chargés de sel gemme. Ces hommes allaient à deux lieues de Taza récolter ce sel, que l'on vend à très bas prix. Ainsi avec une dizaine de sous, un ménage fait une ample provision de sel pour sa consommation de l'année.

Dès que la caravane eut franchi les jardins et se fut engagée dans la plaine, elle put jeter un dernier regard sur Taza, qui s'étendait gracieusement sur la première rampe de la montagne. Peu à peu les lignes des maisons se fondirent dans une vague demi teinte et elles finirent bientôt par s'effacer à l'horizon.

On traversa l'endroit dans lequel les Marocains recueillaient le sel gemme ; ensuite on gravit une montagne au pied de laquelle se déroulait une vaste plaine. Cette plaine était coupée par une rivière, et de chaque côté de la rivière s'élevaient de nombreuses collines. Les tribus séjournaient dans cette province et se livraient à la culture du sol.

Çà et là, les vestiges des anciens camps racontaient la victoire et la ruine de la domination étrangère.

Nous n'avons pas l'intention de suivre pas à pas nos voyageurs, et nous les laissons tranquillement filer jusqu'au pied d'une grande montagne, escarpée, pelée et d'un accès difficile. Ils atteignirent cette montagne après avoir marché pendant trois jours, et ils se virent dans la nécessité de l'escalader.

Les cavaliers mirent pied à terre ainsi que les femmes, et chaque homme gravit les rampes de la montagne en tirant par la bride sa monture après lui. Chemin faisant, les Marocains ramassaient des pierres qu'ils emportaient précieusement dans les plis de leur haïk. On finit, non sans peine, par atteindre les derniers sommets de la montagne. Là un plateau assez vaste occupait ces crêtes élevées. Sur cet emplacement on voyait plusieurs monceaux de pierre accumulés les uns sur les autres en si grande profusion qu'ils auraient pu fournir les matériaux suffisants pour la construction d'une grande ville.

De ce point culminant, on découvrait une immense plaine traversée par une belle rivière, et cette plaine était bornée d'un côté par une montagne.

La ville de Fèz s'élevait en amphithéâtre sur les premières rampes de cette montagne, et on distinguait les maisons dans lesquelles logeait une population de trois cent mille âmes. Les flèches des mosquées et les dômes des marabouts et des palais, couverts de tuiles en faïence peintes en blanc, en vert et en bleu, étincelaient au soleil et encadraient merveilleusement la ville dans un horizon inondé de lumière, dont les dernières lignes s'éteignaient graduellement dans un océan de verdure.

A la vue de la cité impériale, les Marocains déposèrent les pierres qu'ils avaient ramassées sur celles qui étaient déjà entassées, et ils accomplirent cet acte si simple en apparence avec une sorte de solennité qui trahissait chez eux une préoccupation religieuse. Puis ils se prosternèrent et baisèrent la terre. Après ces génuflexions, ils se redressèrent et adressèrent une prière à Allah et à Mohammed, en élevant les bras vers le ciel.

Telles sont les dévotions auxquelles se livrent les vrais croyants lorsqu'ils se préparent à entrer pour la première fois dans une ville.

Ainsi, les patriarches bibliques élevaient des monuments, qu'ils formaient avec de simples pierres brutes, lorsqu'ils voulaient perpétuer le souvenir de quelque grand événement, ou sanctifier l'emplacement sur lequel ils avaient accompli les sacrifices de la loi et les saintes dévotions prescrites par le Prophète.

Pour descendre la montagne, les Marocains furent obligés de contourner leur marche afin d'adoucir l'escarpement des rampes, et ils finirent par arriver dans la plaine sans avoir essuyé d'accidents.

Ils traversèrent la rivière de Fèz sur un pont magnifique, dont la construction remonte à la conquête des Portugais, et ils s'engagèrent dans un chemin tracé à travers des jardins. Ils arrivèrent ainsi à une sorte de carrefour dont le centre était occupé par *un marabout* (tombeau d'un saint personnage), qui formait un beau monument en marbre blanc. Des carreaux en faïence bleu recouvraient son dôme, et des verres bleus, oranges, rouges, violets, fermaient les ouvertures qui donnaient du jour dans l'intérieur de l'édifice.

Il s'en fallut bien peu que les chrétiennes ne devinssent à cette place victimes d'un misérable fou.

Sur les marches du marabout, on voyait accroupis des aveugles, des paralytiques, des culs-de-jatte qui imploraient la charité publique. Les bonnes âmes, en passant, leur baisaient la tête et leur faisaient d'abondantes aumônes. On sait que les estropiés et les fous sont considérés, chez les peuples mahométans, comme des êtres privilégiés auxquels Dieu accorde les grâces d'une sainteté parfaite. Aussi toute impunité est-elle acquise à ces malheureux impotents, et jouissent-ils du titre et du bénéfice de *santon*.

Parmi ces infirmes qui priaient sur les marches du marabout, on voyait un homme jeune et beau, qui se déménait d'une étrange façon. Il était nu des pieds à la tête, et une chevelure noire et emmêlée couvrait sa tête, que le couteau n'avait jamais rasée. Il roulait des yeux hagards, et une bave infecte tachait ses lèvres d'une écume venimeuse.

A la vue de la caravane, l'épileptique pousse des cris féroces. Il se précipite parmi les chevaux et court sur les mules qui portent les femmes. Les cavaliers ouvrent leurs rangs et se contentent de regarder, en simples spectateurs, les indiscrétions auxquelles le fou va se livrer. Celui-ci arrive sur Virginie Lanternier : il écarte le haïk qui lui cache la jeune fille, et il recule frappé d'admiration. Mais il a bientôt dominé son émotion : il se perche sur la mule, prend dans ses bras la belle captive et la dépose par terre. Alors, il se roule à ses pieds, lui baise les mains. Ses yeux s'injectent de sang : un horrible desir lui arrache des exclamations passionnées; la convoitise sue par tous ses pores : il va pour étreindre la jeune fille dans ses bras, lorsque celle-ci, l'œil en feu, la menace à la bouche, et le geste impérieux, s'écrie :

« Je suis chrétienne et prisonnière de Sidi-Mahidin-l'Adj-Abd-el-Kader?

— *Keffre?* répond l'épileptique.

— Oui, *keffre* (chrétien), réplique la Virginie, et je te tue avec ce couteau si tu me touches. »

Soit que la résolution de la captive eût intimidé le fou, soit que son titre de chrétienne lui eût inspiré cette répugnance et cette horreur que ressent le musulman contre tout être qui ne partage pas sa religion, il arriva que ce misérable abandonna la victime qu'il voulait immoler à sa brutalité. Il alla prier dans un coin, en versant d'abondantes larmes; et tandis que les dévots l'entouraient de soins et d'offrandes en baisant sa tête, les cavaliers replaçaient Virginie Lanternier en selle et se remettaient en marche.

Ils atteignirent, après un bon quart d'heure de chemin, une sorte de faubourg occupé par des maréchaux ferrants, des marchands de grains et de paille. Puis ils longèrent l'ancien mur d'enceinte construit par les Portugais, et ils finirent par arriver, au milieu d'un concours de curieux qui allait en grossissant sans cesse, à l'une des portes de la ville de Fez. Là, ils rencontrèrent une porte en fer et une vingtaine de soldats qui leur barrèrent le passage.

Le kaïd qui commandait le poste questionna les cavaliers : il lut la lettre de l'émir. Cette lecture terminée, le kaïd marocain fit ouvrir la porte en fer. La caravane franchit cette porte, on la referma sur les voyageurs, qui se trouvèrent dans la rue des marchands. Là, on leur donna deux chaous qui se chargèrent de conduire les nouveaux arrivants au palais de l'empereur Muley-Abderrhamann.

XXIII

MAROC

De la rue des *Marchands*, les cavaliers entrèrent dans la rue des *Moulins*. On peut ainsi nommer cette rue, car elle n'est formée des deux côtés que par des maisons dans les-quelles, au moyen de roues hydrauliques, les meuniers mettent en mouvement des meules qui réduisent le blé en farine. On employa une heure à traverser la ville. On sortit par une porte dans une direction opposée à celle par la-quelle on était entré, et alors les cavaliers filèrent le long de vastes emplacements occupés par des jardins plantés de grenadiers, d'oliviers, d'orangers et de citronniers, et ils arrivèrent devant un grand portail en marbre et à colonnes, de fondation portugaise, qui donnait accès dans le *Bour* (résidence de l'empereur).

Le *Bour* est situé à mi-côte, sur la montagne et domine la ville de Fèz, sur laquelle il se tient suspendu comme une citadelle prête à vomir la mitraille contre la cité turbulente. Fèz est lui-même bâti en amphithéâtre sur les premières rampes de la montagne.

Le lecteur ne doit pas s'attendre à trouver dans cet ouvrage une description minutieuse de la ville de Fèz et du *Bour* de l'empereur Muley-Abderrhamann.

Ce n'est pas aux femmes envoyées par l'émir Sidi-l'Adj-Abd-el-Kader-Mahidin en présent à Sa Majesté marocaine que nous sommes redevables des détails si nouveaux et si curieux sur cette ville de Fèz et sur la contrée qui l'environne. Ces femmes n'ont pu rien voir, ni rien raconter. Cachées sous leurs haïks, elles ont traversé le Maroc comme si elles avaient été affligées de cécité. A Fèz et à Maroc, elles ont vécu séparées des renégats et elles ont été ensevelies dans le sérail du maître.

La rumeur publique et quelques indiscrétions échappées aux habitants du *Bour* ont révélé l'existence qui leur avait été faite. Mais quant à des récits sur les mœurs, sur les lieux qu'elles ont été à même de parcourir, nulle oreille européenne ne les a jamais recueillis.

Seule, Virginie Lanternier a pu faire connaître par une

négresse qui l'avait servie, Baki, les fortunes diverses qu'elle avait courues.

La description exacte de Taza, de Fèz, de Mekenès, de la Maison-Blanche, d'Arzilla, etc., nous a été révélée par un Français, le trompette Escoffier. On n'a pas oublié que Escoffier est ce vaillant et généreux cavalier qui, au milieu d'une bataille, aperçut son capitaine démonté et séparé de son escadron.

A la vue du péril qui menaçait son capitaine, Escoffier tourna bride vers lui, et lorsqu'il l'eut rejoint, il lui donna son cheval et se mit à sonner la charge à pied. Mais les Arabes se précipitaient à la poursuite du trompette, et celui-ci finissait, noble victime d'un dévoûment héroïque, par tomber au pouvoir des cavaliers de l'émir.

Escoffier demeura prisonnier pendant dix-huit mois chez les Arabes et chez les Marocains. Quelque temps après la bataille d'Isly, l'émir l'envoya à l'empereur Muley-Abderrhamann. Son voyage dans le Maroc commence à Ouchdah et se termine à Tanger, en remontant par Taza et par Fèz.

Nous avons écrit la relation de la captivité d'Escoffier : ce livre est terminé, et nous allons le publier dans quelques jours. Nous engageons donc nos lecteurs à consulter cet ouvrage, qui devient forcément un des plus intéressants corollaires de celui-ci. Dans la lecture des aventures d'Escoffier, ils trouveront un sujet formant une suite dramatique et naturelle aux infortunes des prisonniers en Afrique, et ils apprendront à connaître exactement ces contrées et ces villes du Maroc, si mystérieuses et si nouvelles pour nous.

Ainsi, les lecteurs ont déjà dû comprendre que c'était en partie par Escoffier que nous avions été mis à même de compléter l'histoire des femmes Lanternier et des deux Allemandes.

On nous pardonnera cette digression que nous avons jugée nécessaire, aussi bien pour repousser le reproche d'effleurer légèrement des sujets qui comportent d'amples développements, que pour nous laver du soupçon d'inventer à plaisir des événements et des péripéties aussi imprévues qu'invraisemblables.

Nous reprenons notre récit.

Nous avons laissé la caravane arrêtée devant un grand portail qu'il fallait franchir pour pénétrer dans le *Bour*. Les soldats qui gardaient cette porte laissèrent passer les voyageurs, et ceux-ci, après avoir traversé un grand emplacement, des portes monumentales, arrivèrent dans une grande cour encadrée, sur ses quatre côtés, par de hautes murailles blanchies à la chaux. Quelques portes basses, s'ouvrant à hauteur du sol, indiquaient seules que ces murailles servaient de clôture à de vastes bâtiments habités par l'empereur et sa maison.

Des esclaves aidèrent les femmes à descendre de leurs mules ; d'autres déchargèrent les caisses dans lesquelles on avait déposé l'argent, les tapis, les burnous et les haïks, et des Arabes de l'Atlas, envoyés au Maroc tout exprès, s'occupèrent des cages dans lesquelles les lions, les hyènes et les autruches avaient voyagé.

Cette cour, inondée de soleil et aux murailles étincelantes de lumière, était en ce moment remplie par un mouvement et une agitation qui offraient un contraste des plus pittoresques et des plus tranchés avec la solitude et le silence qui en faisaient une place vide avant l'arrivée de la caravane. Les chevaux et les mules, débarrassés de leur fardeau, secouaient l'écume qui blanchissait leurs naseaux ; tandis que les chameaux relevaient, en balançant leur cou, leur tête effilée, et jetaient ces longs bâillements qui trahissent la fatigue et la faim. Les femmes étaient assises par terre, au soleil, et demeuraient voilées par les plis du haïk qui recouvrait leur tête et descendait sur leur visage.

La cour se remplissait d'officiers et d'esclaves, et une légion de négrillons, aux regards inquiets, aux dents blanches, habillés avec des chemises écarlates et coiffés avec un *fèz* bleu (calotte grecque), assiégeaient de leur turbulence et de leurs indiscrétions les nouveaux arrivés.

A peine les gardiens qui étaient chargés de l'entretien des bêtes féroces que l'émir expédiait à l'empereur, eurent-ils déposé par terre les cages qui renfermaient les deux lions et les deux hyènes, que des rugissements épouvantables retentirent dans l'enceinte du Bour. Les lions et les hyènes bondirent dans leur cage et répondirent, par des hurlements furieux, aux cris des animaux qui saluaient leur arrivée. A ce vacarme, les chevaux, les mules et les chameaux furent saisis de terreur. Ils tremblaient sur leurs jambes, et leurs guides avaient toutes les peines du monde à les maintenir en place.

Nous pourrons dire bientôt d'où partaient les rugissements de ces lions qui avaient salué la présence de leurs
nouveaux compagnons.

Une heure s'écoula pendant laquelle les gens du palais
servirent du café et du thé aux voyageurs. Tout à coup, il
se fit un certain tumulte devant une porte. A cette agitation
succéda un silence respectueux, et soudain l'empereur,
monté sur un cheval noir magnifique, s'avança au milieu
de quelques chefs dans la cour. Sa Majesté marocaine descendit de cheval, et elle s'approcha du groupe au milieu
duquel on avait placé les présents de l'émir Abd-el-Kader.
Un esclave soutenait un parasol audessus de la tête de
l'empereur, et deux autres esclaves agitaient continuellement des mouchoirs en soie, afin de rafraîchir le souverain
et de chasser les mouches.

A la vue de l'empereur, tous les assistants courbèrent le
front, et chacun d'eux, avec un empressement des plus
respectueux, alla baiser les babouches et les vêtements du
monarque.

Celui-ci accueillit avec une certaine affabilité les chaous
de l'émir : il leur fit distribuer une centaine de douros,
puis il se mit à examiner les lions, les hyènes et les autruches. Il admira la beauté des bêtes féroces et donna l'ordre de les renfermer dans la *Fosse aux Lions*, consacrée
à la *Justice des Juifs*.

Nous engageons les lecteurs à consulter la relation de la
captivité d'Escoffier, qui leur fournira des renseignements
précieux sur cette *Fosse aux Lions* et sur ce qu'il faut entendre par la *Justice des Juifs*.

Quant aux autruches, des esclaves les conduisirent dans une cour abandonnée, et au milieu de laquelle perchaient des poules et des coqs.

Les burnous, les haïks et les tapis attirèrent l'attention du souverain. Il vanta la finesse des étoffes et la richesse des couleurs. De là, il alla s'arrêter devant les chevaux : il les regarda attentivement et parut médiocrement satisfait de leurs formes et de leur taille, et il ne manqua pas de dire que, si les haïks et les burnous fabriqués à El-Kaala égalaient en souplesse et en force les haïks de sa ville de Mékenès, les chevaux de l'Algérie ne valaient pas ceux du Maroc.

« Les chevaux algériens, répétait-il, sont de trop petite taille et de médiocre apparence. Ils n'égalent ni en vigueur, ni en taille, ni en force, ceux du Maroc. Ils descendent d'une race abâtardie et épuisée par une guerre qui dure depuis huit années. Ces bêtes sont maigres : elles sont mal nourries. Sidi l'Hadj–Abd-el-Kader-Mahidin se persuade que les animaux peuvent se passer d'une bonne nourriture. Il se trompe. Il faut que l'orge et les fèves soient distribuées aux chevaux dans une proportion égale aux services que l'on exige de ces animaux. Qu'il continue, et dans quelques années, il aura ruiné les étalons des tribus et des villes de son empire. Je sais qu'il se moque des Marocains et qu'il leur reproche de fumer du *keef* (graine de lin) et de beaucoup manger. Il en est des hommes comme des chevaux, et il est préférable de commander à des soldats rassasiés et bien portants, plutôt que de marcher à la tête de serviteurs maigres, minés par la disette, et qui cherchent leur nourriture à toute heure du jour et de la nuit. Ainsi font ces chiens, pressés par la faim, qui errent autour des tribus, et qui ne trouvent jamais de quoi calmer pour un jour leur voracité inquiète et efflanquée. Mais l'é-mir pense et il se conduit selon la sagesse de son esprit. Ce n'est pas à moi qu'il appartient de rien enseigner au mara-bout de la Mecque et au vainqueur des chrétiens, des Français. Il est grand, il est saint et il marche selon la loi et l'amour d'Allah et du Prophète, dans le chemin de la vé-rité, de la justice, de la force et de la gloire.

Tout ce que je viens de voir est beau, est magnifique. J'accepte avec reconnaissance ces présents qui me parlent de la munificence et de l'amitié du sultan. Je n'avais pas besoin de ces cadeaux pour conserver inaltérable l'al-liance qui unit les deux empires et les deux souverains contre l'ennemi commun de leur religion ; et si les circon-stances l'exigent jamais, j'irai moi-même en personne, dans le Riff, à la tête d'une armée formidable et avec tous mes canons de Larrache, de Tanger, de Mogador, de Maroc et de Fèz, présenter la bataille aux Français.

Voilà ce que j'avais à faire dire à votre maître, qui est grand, qui est saint.

Est-ce tout ? ne parle-t-on pas de l'envoi de quatre femmes, des chrétiennes ?

— Oui, on en parle.

— Vous ne me les avez pas montrées.

— Les bêtes, les étoffes, les chevaux et l'argent valaient mieux qu'elles.

— Sans doute ; mais à présent ?

— Elles sont assises au pied des mules,

— Qu'elles viennent.

— Tu veux les examiner?

— Oui.

— Des chrétiennes?

— Mes esclaves.

— Tu les acceptes?

— Oui ; et avant de les renvoyer à la maison, je tiens à les voir en présence des chaous de l'émir. Je veux qu'ils puissent rapporter à leur sultan que j'ai été aussi content des femmes que je l'ai été des lions et des burnous. »

A cet ordre, le kaïd, qui avait conduit la caravane depuis Ouchdah, se dirigea du côté des femmes : il leur enjoignit de se lever et de le suivre. Les quatre captives obéirent et vinrent se placer devant l'empereur. Elles s'accroupirent sur le sol, et, sur le commandement du kaïd, elles rabattirent les plis du haïk qui leur servait de voile.

A la vue des captives, les chefs marocains parurent frappés d'étonnement et d'admiration. Mais la présence du souverain les empêcha de donner un libre cours aux sensations qu'ils ressentaient, et ils se virent forcés de demeurer dans une muette contemplation. Cependant, il était difficile de se tromper sur la femme étrangère qui, parmi ses compagnes, excitait leur convoitise. Tous les regards étaient attachés sur Thérèse l'Allemande. L'ampleur de ses formes, l'éclat de son teint, la forme véhémente et rebondie de ses épaules et de sa poitrine tenaient les yeux enchantés et la bouche entr'ouverte.

L'empereur promena ses regards avec une indifférence affectée sur ses nouvelles esclaves. Il sembla plutôt supputer ce que chacune d'elle pouvait valoir d'argent, s'il se décidait à les envoyer au marché. Il détaillait leur âge, leur santé, leur force, et s'inquiétait de savoir si aucune d'elle n'était pas atteinte d'une infirmité, ainsi que, sur un champ de foire, on voit un acheteur s'informer si le cheval ou le bœuf qu'il marchande n'est pas frappé de quelque vice rédhibitoire. Aussi donna-t-il l'ordre aux femmes de se lever, de marcher, d'ouvrir la bouche, de montrer leurs dents, d'étendre les bras, de remuer les doigts de leurs mains et de frapper la terre du pied. Cette épreuve fut tout à l'avantage des chrétiennes. Toutes quatre jouissaient d'une parfaite validité, et les fatigues du voyage n'avaient porté aucune atteinte à la souplesse de leurs membres et aux couleurs de leur visage. A mesure que l'empereur examinait ses esclaves, on le voyait passer de sa première indifférence à une sollicitude des plus vives, et il souriait de ce contentement qui déride le front soucieux du propriétaire, lorsque l'expérience et l'usage de la chose acquise lui permettent de s'applaudir de son emplette.

Jusqu'à ce moment, Virginie Lanternier s'était tenue comme à l'écart derrière ses compagnes. Elle avait caché son front dans ses mains, et tout, dans sa personne, décelait une prostration douloureuse. L'empereur lui fit demander la cause de son abattement. La jeune étrangère releva lentement son front, et en laissant tomber ses mains croisées devant elle, elle sourit tristement, et répondit :

« Qu'au moment d'entrer dans la maison d'un nouveau maître, elle soupirait après sa liberté perdue et s'affligeait de l'incertitude de sa destinée. »

En parlant ainsi, notre héroïne avait pris cette attitude suppliante et penchée qui donne à la femme tant de grâce et de mélancolie, et qui, de sa faiblesse, lui fait une force et une protection contre lesquelles la résolution la plus énergique vient se briser. L'empereur, en recueillant cette réponse par la bouche de son interprète, regarda longuement l'esclave chrétienne, et il ne sut pas si bien se maîtriser, que son entourage ne remarquât son émotion en présence de cette jeune fille. Aussi, Virginie n'avait jamais été plus séduisante qu'elle l'était à cette heure. Les circonstances au milieu desquelles elles se trouvait jetée avaient pour ainsi dire grandi sa vaillance ; et toute sa personne respirait un charme indéfinissable ; la gravité de sa situation, de jolie qu'elle était, l'avait rendue belle.

Sa noire chevelure, lissée en bandeaux sur ses tempes et tressée en nattes ondoyantes sur ses épaules, miroitait au soleil avec l'éclat d'un bleu velouté. Ses yeux respiraient cette molle lassitude qui exprime la tendresse depuis longtemps déçue dans son espoir. Elle avait serré, au moyen d'un cordon en laine rouge, son kaïk autour de sa ceinture ; de cette façon, sa poitrine frémissante se révoltait contre les plis de la draperie et dessinait la hardiesse et la précision de ses formes. Sa taille svelte et flexible se jouait dans la liberté de sa grâce et de son élégance. Ses bras nus, qu'elle laissait tomber devant elle, offraient un modèle d'un éclat et d'une précision dignes de la biblique Rebecca, alors que la vierge israélite s'arrête, en rêvant, au bord du puits de sa tribu ; et ses jolis petits pieds se perdaient dans des babouches en partie déchirées. Mais ce qu'il nous est impossible de reproduire, c'est cette fraîcheur inaltérable; ce sont ces longs cils qui s'abaissent avec ce mouvement de volupté qui va troubler les sens ; ce sont ces lèvres qui offrent ce tendre coloris de la virginité ; c'est cet éclat resplendissant dont seize années font une auréole radieuse autour du front qu'elles couronnent ; pour tout dire, en un mot, c'est cette haleine, ce velouté, cette mélodie, qui donnent aux fleurs leurs parfums, aux premiers fruits leur duvet, aux oiseaux leurs chansons, et qui forment la voix, l'haleine et le coloris de ce que nous voyons exister de plus enivrant et de plus parfait sur la terre : la jeunesse de la beauté chez la femme !

L'empereur admirait silencieusement sa captive. Il laissait ses Marocains en contemplation devant les hanches rebondissantes et les grosses couleurs de Thérèse l'Allemande, tandis qu'il se complaisait dans le détail des formes et des traits si distingués et si fins de Virginie. Quant à Joséphine, la plus jeune et la plus délicate de ces femmes, nul ne lui donnait son attention : on prenait pour un corps maladif et pour une figure sans saveur et sans trait, une exquise délicatesse et une angélique perfection.

La Virginie demeurait immobile et muette : elle attendait que le maître fît connaître sa volonté : mais le maître ne parlait pas.

Parmi les individus qui composaient l'entourage de l'empeur, on devait remarquer un marabout, dont la robe violette et le turban vert tranchaient d'une façon pieuse et modeste sur les costumes brillants des agas et des kaïds. Ce personnage était Turc de naissance, et il jouissait à la cour de Fèz d'une grande faveur. Plus habile que savant, plus courtisan que dévot, ce marabout était devenu le bras droit du monarque, et celui-ci lui avait confié l'éducation de son fils aîné, Sidi Mohammed-Abderrhamann. Le marabout suivait attentivement le jeu de la scène qui se jouait sous ses yeux, et il commençait à calculer le parti qu'il pourrait quelque jour tirer de la présence de ces femmes dans le sérail de son souverain, et il avait déjà conclu que Virginie Lanternier était, des quatre captives, celle qui avait le plus impressionné l'empereur. Aussi, avec son expérience des goûts du maître, voyait-il poindre au ciel de la cour marocaine un astre nouveau, dont l'éclat devait tôt ou tard éclipser les étoiles qui brillaient à cette heure dans ce triste firmament.

Tandis que le marabout se livrait à ces réflexions, son élève, Sidi Mohammed-Abderrhamann, le fils aîné de l'empereur, à peine âgé de seize ans, au lieu de porter son attention sur les lions, les hyènes, les autruches et les chevaux qui venaient d'arriver des provinces algériennes et des montagnes de l'Atlas, ne s'occupait que des quatre femmes étrangères. Le jeune prince tenait ses yeux attachés sur le groupe des captives : on eût dit que son imagination et son intelligence étaient vivement frappées par une sorte de révélation qui leur offrait l'image d'une beauté inconnue ; car une attention soutenue, un regard fixe, un sourire imperceptible, une respiration haletante, dénotaient l'émotion qui remuait cette nature impressionnable et bonne.

Cette entrevue opéra une sorte de révolution dans la destinée de ce jeune homme, et fournit un but arrêté à ses sentiments et à ses espérances. Il ne sut pas, pour le moment, demêler parmi les sensations qui se succédaient dans son cœur, celles qui devaient décider du choix de son amour. Mais il emporta un souvenir qui finit bientôt par dominer toute autre image et toute autre mémoire dans ses esprits; et la séparation à laquelle il se vit pour ainsi dire condamné, d'après les prescriptions de la loi mahométane, ne fit que l'entretenir plus vivement dans l'ardeur d'une passion naissante.

Ni les chefs militaires, ni les esclaves, ni l'empereur, qui assistaient à cette entrevue, ne voyaient l'impression que la chrétienne avait produite sur ce jeune cœur, car chacun des individus présents ne s'occupait que de ses propres sensations : seul, le marabout ne manqua pas de surprendre, dans les yeux du prince, le secret de son agitation. Mais ce fut plutôt le tact du courtisan que la sollicitude de précepteur qui révéla cette découverte au marabout; et, dès ce moment, il ne nourrit plus d'autre pensée, il ne forma plus d'autre projet que ceux qui devaient alimenter les ardeurs d'une imagination romanesque.

Lorsque l'empereur eut pleinement satisfait sa curiosité, il rentra dans son palais, et ses chaous, après avoir enjoint aux captives de se voiler la figure, escortèrent les gens de la caravane dans la maison qui avait été désignée comme devant leur servir de logement. Pendant ce temps, les esclaves du Bour introduisirent les quatres captives dans l'une des dépendances du palais, et, après leur avoir fait traverser plusieurs cours et plusieurs corridors, ils les conduisirent dans un jardin planté d'orangers, de grenadiers, de palmiers, de lauriers et de vignes. Sur une sorte de terrasse, s'ouvraient plusieurs portes qui donnaient accès dans les chambres qui occupaient le rez-de-chaussée d'un élégant pavillon. Sur le seuil de ces portes, on voyait accroupies une trentaine de femmes sur leurs genoux. Les chrétiennes venaient d'entrer dans le sérail que l'empereur Muley-Abderrhamann entretient dans son bour de Fèz ; car Sa Majesté marocaine en possède encore un plus nombreux et plus brillant dans sa ville de Maroc.

Mais avant de nous occuper de ce sérail, et tandis que le souvenir du fils aîné de l'empereur est encore présent à l'esprit du lecteur, nous devons, tout en anticipant sur la marche des événements, dire que ce jeune prince, Sidi Mohammed — Abderrhamann, commanda plus tard, en qualité de général en chef, l'armée marocaine à la bataille d'Isly.

A l'époque des événements que nous racontons en ce moment, le fils aîné de Sa Majesté marocaine ne s'occupe guère de batailles, d'escadrons, de chevaux, de poudre et des conquérants de l'Algérie. Il s'adonne, dit-il, à la lecture du Coran : il passe ses journées et ses nuits dans la contemplation divine et dans la sainte méditation. Il ne veut s'occuper que de Dieu et du Prophète ; et tandis que ses lèvres murmurent ces noms sacrés, son cœur évoque le souvenir d'une image chérie : mais nous devons parler à cette heure du sérail dans lequel nous venons d'introduire les captives.

XIV

FÈZ

Le jardin dans lequel Virginie Lanternier et ses trois compagnes venaient de pénétrer présentait un de ces tableaux de la vie orientale, qui emprunte ses couleurs et son aspect aux lumières éblouissantes du soleil et à l'originalité des costumes et des édifices.

Un grand pavillon, dont le toit s'arrondissait en dôme, formait la bordure de ce verger. Le soleil dardait ses rayons de feu sur la muraille, blanchie à la chaux, et sur la coupole couverte avec des tuiles en faïence aux couleurs vertes

et blanches. Une sorte de perron régnait le long de la fa-
çade. Plus bas, les orangers, les grenadiers, les vignes et
les citronniers formaient des massifs de verdure et des allées
odorantes et touffues. Un bassin, en forme de coquille, retenait dans son lit de marbre une onde fraîche et limpide
que renouvelait sans intermittence un jet d'eau bouillonnant à quelques pouces de terre. A quelques pas du bassin,
les femmes de l'empereur se tenaient accroupies sur des
tapis et des coussins aux nuances éclatantes. Parmi ces femmes, dont la plus âgée pouvait avoir vingt ans et la plus jeune
dix-huit ans, on remarquait une dizaine de négresses, jeunes et frétillantes, habillées avec des chemises en cotonnade
rouge et blanche ; plusieurs femmes au visage cuivré, éta-
laient l'ampleur de leurs hanches sur des coussins, tandis
que certaines filles, dont le teint offrait la pâleur mate et
verdâtre des Espagnoles maladives, se tenaient debout contre
la muraille. Le soleil éclairait ces visages apathiques. Plusieurs d'entre ces femmes brillaient d'une certaine beauté ;
mais toutes manquaient de grâce, d'élégance et de vivacité.
Elles se laissaient engourdir dans une stupide somnolence
qui imprimait à leur esprit l'impassibilité de la brute, et
qui laissait leur regard vague et terne. Les unes digéraient
leur repas, les autres jouaient avec les doigts de leurs
pieds ; celles-ci contemplaient, sans rien voir, l'espace qui
s'étendait devant elles ; celles-là sommeillaient. Néanmoins
elles étaient groupées d'une façon pittoresque, et la lumière se jouait avec bonheur dans les plis variés et brillants
de leurs étoffes.

Un peu plus loin , sur une sorte de piédestal formé par

une colonne renversée, à l'extrémité du perron, deux nègres se tenaient assis dans l'immobilité de ces statues afri-
caines que les Vénitiens taillaient jadis dans le bois et l'or,
et qu'ils plaçaient sous les porches de leurs palais. Ces
eunuques formaient une étrange image avec leur visage,
leurs mains noires, et avec leur costume, qui se composait
d'un bonnet écarlate, en forme de pain de sucre, d'une
robe en soie jaune et de babouches rouges. A leur ceinture
étincelait un badaskar, enrichi d'une belle paire de pistolets. A la main, ils tenaient la baguette dont les chaous
sont constamment armés.

Et si sur ces arbres odoriférants, sur ce sable doré, sur
ces murailles de chaux, sur ces femmes nonchalamment
oisives et sur ces officiers du harem vous laissez tomber les
irradiations enflammées du soleil d'Afrique à son midi,
vous comprendrez la solitude embrasée et la torpeur silen-
cieuse de cette enceinte, que la jalousie du maître entoure
de mystère et de menaces.

Les quatres femmes étrangères ne firent que traverser la
terrasse de ce verger, et on les introduisit dans une chambre qui s'ouvrait au rez-de-chaussée de ce pavillon, au
dôme en faïence vernissée. Les femmes de l'empereur sortirent de leur apathie à la vue de leurs nouvelles compagnes, mais leur curiosité ne fut pas assez forte pour triom-
pher de l'engourdissement dans lequel les retenait plongées
la chaleur de l'atmosphère embrasée par le soleil qui venait
de toucher à son midi. Virginie Lanternier, sa mère et les
deux Allemandes ne cherchèrent pas à communiquer avec
les habitantes de ce pavillon, et elles se retirèrent dans la

chambre qu'on venait de mettre à leur disposition. Là, il leur fut donné de se reposer des fatigues et des émotions du voyage, et les nègres leur servirent de la couscousse, du mouton et des sucreries.

La vie de ces femmes, si tristement séparées de leur famille et de leur patrie, devait être, dans ce séjour créée par l'inquiète amitié du maître, d'une monotonie désespérante.

Les Marocaines passaient leur temps dans l'oisiveté la plus complète : leur unique occupation consistait à manger, à dormir, à fumer et à attendre les amours du harem qu'un caprice fait naître et qu'un caprice fait oublier. L'ignorance de leur esprit ne dissipait pas les ennuis de cette solitude, et l'indifférence de leur tendresse ne réveillait jamais un souvenir, une espérance dans leur cœur.

Ailleurs, si l'amour fait vivre les femmes, si le baiser du bien aimé, si sa voix, si son regard occupent l'amante dans l'isolement de sa passion pendant des années ; ici, l'amour a perdu ses illusions, ses transports, ses impatiences. Le maître passe, il s'arrête ; puis il s'éloigne sans laisser après lui cet adieu qui, en promettant le retour, fait éclore dans le cœur ces pensées délicieuses dont l'image enivrante ravive le présent et colore l'avenir de l'amante charmée.

Bien plus, dans ces contrées barbares, le maître fait vendre au marché public la femme qu'il a cessé de voir avec plaisir dans sa maison, et il n'est pas rare de rencontrer dans une misérable tribu quelque pauvre négresse occupée aux

travaux de l'étable, et qui cache sous les haillons et la vermine de l'esclave l'ancienne favorite du souverain.

Virginie Lanternier et ses compagnes reprirent à Fèz la
vie qu'elles avaient déjà menée dans la maison du kaïd de
Nedroma. Elles causaient entre elles du passé, du présent
et de l'avenir, et elles échappaient ainsi aux désespoirs de
la nostalgie.

Thérèse, l'Allemande, ne souffrait nullement de sa nouvelle condition ; elle acceptait sans éprouver aucune espèce
de regrets cette existence singulière ; elle se plaignait seulement de l'inactivité à laquelle elle était condamnée. Joséphine, la jeune fille frêle et rêveuse, se baignait délicieu-
sement dans les flots de cette lumière brûlante qui, en
ravivant chez elle les sources de la vie, lui donnait cette
douce fraîcheur et ces tendres couleurs qui forment l'auréole de la virginité.

La mère Lanternier se consumait d'ennui. L'oisiveté à
laquelle elle se voyait réduite détruisait l'énergie morale qui, jusqu'à cette heure, l'avait soutenue; et depuis
qu'elle vivait dans cette molle sécurité, elle avait reporté
ses pensées sur son pauvre mari, et c'était pour elle une
source continuelle d'angoisses et de désespoir.

Virginie pleurait son père ; mais tout en menant ce deuil
dans le plus profond de son cœur, elle détachait ses esprits
de la France, et elle ne s'occupait plus que de sa nouvelle
patrie. Le bien être dont elle jouissait, la résignation avec
laquelle elle supportait le sort que des événements plus forts
que sa volonté lui avaient imposé, l'espérance d'un avenir
meilleur, la prédiction d'une position brillante, toutes ces

14

circonstances réunies avaient doublé ses forces. Son courage grandissait, et sa beauté empruntait chaque jour un nouvel éclat aux irradiations de ce ciel de feu qui embrasait son sang et qui en ravivait les sources altérées par la fatigue du voyage et par la misère de la première captivité.

Tandis que la mère Lanternier et les deux Allemandes demeuraient renfermées dans leur chambre et refusaient de communiquer avec les Marocaines, Virginie ne craignait pas de se mêler avec ces femmes : elle les interrogeait, elle s'introduisait dans leur intimité, et elle finissait par surprendre le secret de leur existence et par mesurer le degré de faveur dont elles jouissaient dans l'estime du maître. Elle aurait bien voulu rencontrer une amie parmi ces femmes et s'éclairer de l'expérience des aînées. Mais elle se convainquit une nouvelle fois de l'abrutissement de ces femmes. Elle ne vit que des enfants aux penchants incertains, aux intelligences paresseuses, à l'ignorance crasse, qui ne savaient pas le premier mot de la vie. Elle se contenta de se faire bien venir d'elles, car elle n'avait pas tardé à remarquer que, chez ces natures épaisses, les antipathies et les inimitiés se développent avec d'autant plus de force et de rapidité qu'elle ne sont pas raisonnées.

Les quatre captives vécurent ainsi pendant trois mois : elles n'entendaient parler de rien : elles ne voyaient que les Marocaines et que les deux chaous qui étaient chargés de la surveillance du sérail, et elles n'auraient pas su dire si l'empereur existait ou s'il avait cessé de vivre.

Virginie commençait à s'impatienter contre ce silence et cet oubli, et préoccupée comme elle était continuelle-

ment des prédictions de la gitana Regina, lors de son séjour chez l'aga des tribus de l'Oued–Za, elle désespérait
déjà de l'avenir qu'elle avait rêvé. Etait-elle condamnée à végéter dans ce coin ignoré de la grande ville, ainsi
qu'une gazelle que l'on confine dans un parc.

Le ciel lui réservait une autre existence, et nous touchons
à l'époque où cette nouvelle fortune répandit sur elle ses
premières faveurs.

Un matin, l'aga du Bour vint réclamer au nom de
l'empereur les quatre chrétiennes.

Les deux nègres auxquels la garde des femmes était confiée livrèrent à l'aga les quatre captives. Les portes de ce
harem s'ouvrirent et se refermèrent sur mademoiselle Lanternier et sur ses compagnes, et on conduisit ces esclaves
dans la cour principale du Bour.

La cour était occupée par des cavaliers et par des chameaux. Des nègres, des Juifs et des chameliers allaient et
venaient : ces divers individus terminaient leurs préparatifs de voyage, et si l'on en jugeait par le nombre des gens,
par la quantité des approvisionnements, on devait se persuader qu'il s'agissait d'un long voyage. On voyait dressée
sur le dos d'un magnifique dromadaire une sorte de litière,
fermée avec des rideaux en soie écarlate brochée d'or. La
magnificence de ce harnachement annonçait qu'une femme
en possession d'un grand crédit auprès de l'empereur
allait prendre place sur le dromadaire. Il se produisit au
milieu de ce rassemblement de cavaliers, de chameaux, de
mulets et de chevaux quelque confusion. Les poulains qui
suivaient les juments, et les jeunes chameaux qui tétaient

encore les chamelles galopaient et gambadaient innocemment dans la cour : ils se jetaient au milieu des groupes, et tentaient de surprendre aux mamelles gonflées quelques gouttes de lait. Mais les mères nourrices écartaient les faux nourrissons et elles bramaient afin de rappeler auprès d'elles leurs petits.

Pendant que les chameliers et les muletiers tentaient de rétablir l'ordre parmi les rangs de la caravane, l'empereur Muley-Abderrhamann arrivait à cheval dans la cour. Les agas et les marabouts lui faisaient un cortége imposant. A côté du prince suivaient deux nègres qui tenaient un parasol suspendu sur son front, tandis que deux autres nègres agitaient des éventails, tressés avec des plumes d'autruches, devant le visage du maître, afin d'écarter les mouches.

Le souverain se fit présenter les femmes chrétiennes.

Il porta principalement son attention sur mademoiselle Lanternier, et il demeura frappé de cette beauté qui venait d'emprunter à un repos de trois mois tant d'éclat, de puissance et de pureté.

L'empereur se retourna vivement vers le vieux marabout que nous avons déjà rencontré à l'arrivée des captives.

Le marabout tenait son chapelet à la main et murmurait une prière : un coup d'œil lui avait suffi pour apprécier la jeune chrétienne, et il affectait cette dévote indifférence au moyen de laquelle il savait dérober aux plus clairvoyants ses pensées et ses impressions. L'empereur lui souffla quelques mots à l'oreille, et lui se contenta de

courber respectueusement son front en manière de réponse
et d'obéissance.

Alors le kaïd, un nègre nommé Zetta, qui devait conduire la caravane dont les chevaux et les chameaux hennis-
saient dans la cour, s'approcha de l'empereur. Il se mit
à genoux, baisa les babouches de la Majesté marocaine, se
releva et attendit les ordres du maître.

« Zetta, dit l'empereur, prends les deux vieilles femmes et la petite qui a les cheveux blancs (blonds). Tu les
feras conduire à Taza. On les vendra au marché de Takinn, si on ne trouve pas d'acheteurs à Taza.

— Tu seras obéi, répondit le nègre en levant la main. Il
en reste encore une, ajouta-t-il.

— Oui.

— Que décides-tu ?

— Demande-lui son nom.

— Virginie, répliqua Zetta après avoir interrogé mademoiselle Lanternier.

— Vilain nom. Langage chrétien ! s'écria l'empereur.
Elle en prendra un autre, continua-t-il en interpellant le
vieux marabout.

— Oui, fit le marabout. Laisse venir le temps et la lumière.

— Il faut que le temps et la lumière ne se fassent pas
attendre.

— Hâte-toi de commencer, répliqua le vieux marabout,
Zetta t'a demandé ce que tu comptais faire de la chrétienne
et tu n'as pas encore répondu.

— La chrétienne !... Dagia sera son nom. Tu m'en-

14.

tends, Sidi-l'Hadj-Miatbir, ajouta l'empereur en répondant au vieux marabout.

— Dagia ! fit en s'inclinant le marabout Miatbir, qui se mit à égrener son chapelet.

— Zetta, reprit l'empereur, qui se tourna du côté du kaïd de la caravane, la chrétienne qui s'appellera un jour Dagia doit être transportée à Maroc.

— Je lui ai préparé ce dromadaire.

— C'est bien. Obéis.

A ce dernier mot, l'empereur va pour rentrer dans son palais, et les chaous entourent les quatre femmes ; ils entraînent les deux Allemandes et la mère Lanternier d'un côté et de l'autre, Virginie, l'esclave Dagia.

Soudain des clameurs déchirantes s'élèvent du groupe des captives et forcent l'empereur à demeurer en place. Mademoiselle Lanternier a compris qu'on allait la séparer à jamais de sa mère. Elle s'est précipitée dans ses bras, et a refusé de s'éloigner d'elle. Zetta, l'a frappée de son bâton, mais cette brutalité l'a pour ainsi dire enchaînée plus étroitement au cou de sa mère. De son côté la mère Lanternier, rie, tempête et va défendre sa fille avec la rage de la louve attaquée dans ses petits. Zetta, n'écoute que l'obéissance passive à laquelle il est rompu par caractère et par condition ; il frappe les deux femmes qui pleurent et qui maudissent leur bourreau. L'empereur veut savoir la cause de cette résistance, lorsque Virginie, la Dagia comme il l'appelle, s'échappe des bras de sa mère et vient se jeter aux pieds de son cheval.

— Que veux-tu? demande l'empereur.

— Ce que je veux ! s'écrie mademoiselle Lanternier , je veux vivre avec ma mère.

— Mais on ne te sépare pas d'elle.

— Si ! on me sépare d'elle.

— Non.

— Et c'est toi qui l'as ordonné.

— Qui te l'a dit ?

— J'ai tout entendu.

— Tu parles l'arabe aussi bien que nous.

— Oui. Tu as dit à Sidi-Miatbir le marabout, qu'il fallait me nommer Dagia, et tu as ordonné à Zetta, le kaïd, de conduire ma mère à Taza et de me mettre sur ce dromadaire pour voyager vers Maroc.

— Tu as bien entendu, s'écria l'empereur. Bonne tête, beau visage, Dagia !

— Eh bien! je ne veux pas me séparer de ma mère.

— Pourquoi ?

— Pourquoi ? Sidi-Muley-Abderrhamann, je veux ma mère.

— Pourquoi ?

— Oh ! que répondre à cette question , s'écria Virginie en se tordant les bras et en pleurant toutes les larmes de son désespoir. Est-ce qu'on demande à un enfant la raison de son attachement à sa mère ?

Je veux demeurer avec ma mère , parce que c'est ma mère ; parce qu'elle m'aime , parce que je l'aime ; parce que sa vie est ma vie et que son sang est mon sang. Ma mère, ma mère ! Muley–Adderrhamann !

— Elle est vieille : elle ne te sera d'aucun secours et elle mourra bientôt.

— Elle est vieille, elle mourra bientôt ! Tu es l'empereur, tu es le maître tout puissant de ce pays et tu parles ainsi. Mais c'est à cette heure que je lui dois mon amour ; mais c'est à cette heure que je dois protéger sa vieillesse, comme elle a protégé ma jeunesse.

— L'oiseau quitte son nid lorsqu'il peut voler de ses propres ailes.

— Tu compares le cœur d'une fille avec l'instinct de la brute. La fidélité, la mémoire, l'intelligence, telles sont les qualités qui nous distinguent des bêtes. Et pourquoi donnez-vous un nom à l'enfant ainsi qu'à la mère ? Et pourquoi la négresse marque-t-elle d'une entaille le front de son enfant ? N'est-ce pas pour le reconnaître entre tous les autres enfants de la tribu. Ma mère, ma mère !

— Il y a loin de Fèz à Maroc ; elle n'aura pas la force de faire le voyage.

— Il y avait aussi loin de Nedroma à Fèz, et elle a fait tout le voyage.

— C'est un embarras qu'une vieille femme.

— Tu ne veux pas me comprendre. Ecoute-moi : c'est ma dernière prière.

Ne me sépare pas de ma mère.

Tu es grand, tu es tout puissant. Tu dois faire le bonheur de tout ce qui t'entoure, et non pas accabler de misérables femmes.

Prisonnières d'Abd-el-Kader, on nous a séparées de mon père.

Le vieillard est mort victime de la cruauté des Arabes.

Ne me sépare pas de ma mère !

L'émir nous a fait passer de l'état de femmes libres, de chrétiennes à l'état d'esclaves.

Il nous a données à l'empereur Muley-Abderrhamann. Et à présent au lieu de trouver quelque pitié auprès du maître de Fèz, de Maroc et de cent autres pays, nous retombons encore plus bas dans notre adversité.

On va vendre la mère au marché de Taza et on va mener la fille à Maroc dans quelque bazar.

N'est-elle pas assez grande notre infortune !

Ne me sépare pas de ma mère ! »

L'empereur ne répondait pas. La jeune fille à genoux et les bras élevés en l'air dans l'attitude des suppliants, attendait l'arrêt du maître. Un silence sinistre régnait dans la cour.

Soudain, un rugissement formidable fait trembler les airs et le vent apporte, en traversant un petit corridor dont la porte est ouverte, les émanations qui s'échappent de la cage des bêtes fauves. Les lions s'impatientent dans leur fosse et *la justice des Juifs* sollicite quelque condamné.

Les chevaux et les chameaux frissonnent dans tous leurs membres. Les hommes s'inquiètent. L'empereur est pensif. La chrétienne le sollicite de répondre : il se tait.

« Ma mère, ma mère encore une fois !

— Non.

— Eh bien fais-moi tuer !

— Non.

— Je me tuerai !

— Non.

— Ma mère. Oh ! le ciel m'inspire ! Ma mère, Muley-Abderrhamann !

— Non.

— Eh bien, que mon sang retombe sur ta tête ! » s'écrie mademoiselle Lanternier en se relevant ; et soudain, elle se précipite dans le corridor d'où les rugissements des lions étaient partis : elle monte sur le parapet qui couronne le mur de la fosse dans laquelle sont entassés ces animaux féroces.

Elle a mis une telle vivacité et une telle hardiesse dans son action, que nul n'a songé à prévenir son dessein et à arrêter sa course.

« Muley-Abderrhamann, cria alors la noble enfant en se tenant debout sur la balustrade qui dominait la fosse dont le gouffre béant s'ouvrait sous ses pieds, Muley-Abderrhamann, si tu me sépares de ma mère, je me précipite dans la fosse aux lions.

— Tu ne le feras pas.

— Ma mère, ma mère !

— Tu n'oseras jamais.

— Dieu me dit de mourir. Car mon père est avec lui ; en éloignant ma mère, tu la tues. Dieu nous réunira tous les trois dans son amour.

— Reviens.

— Non ! Si on fait un pas, je me laisse tomber. Rends-moi ma mère !

— Nous verrons.

— Tu me perdras. Je suis jeune ; tu me trouves belle ;
tu comptais me vendre un bon prix à quelque aga sur le
marché de Maroc. Eh bien! tu perdras tout, si tu ne me
réunis pas à ma mère.

— Ta volonté est donc plus forte que la mienne?

— Oui.

— Tu sauras que Muley-Abderrhamann doit être obéi.
Zetta, va chercher la chrétienne.

— O mon Dieu, sauvez ma mère ! Puissent tes fils te
punir de ta dureté et nous venger en se montrant ingrats
envers toi, Muley-Abderrhamann. Grâce, grâce mon Dieu!

Ainsi parlait la jeune fille. Zetta courait vers elle et au
moment où il allait s'emparer d'elle :

— C'est trop tard, Zetta ! s'écria la courageuse enfant.
Pardonne-moi ma mère ! » et en portant ses mains sur ses
yeux, elle se laissa tomber dans la fosse aux lions.

XV

LA FOSSE AUX LIONS

Cruelle perplexité. — Le kaïd Zetta aperçoit mademoiselle Lanternier. — L'empereur veut la sauver. — Le bourreau El-Yacoubi Bûacûba. — Il se décide à descendre dans la fosse aux lions. — Une alternative pleine d'angoisses. — Le grand lion. — La chrétienne est sauvée. — Elle est réunie avec sa mère. — Le marabout Miatbir et l'empereur. — Miracle. — Bûacûba réclame la récompense promise. — L'empereur l'ajourne. — Départ pour Maroc et Teza. — La caravane et le dromadaire. — Une nouvelle tragédie dans la cour aux lions. — La robe du trépassé et les dix douros du Bûacûba.

Les Marocains rassemblés dans la cour poussèrent un cri d'effroi en voyant la jeune chrétienne se précipiter dans la fosse aux lions. L'empereur lui-même, en dépit de sa gravité officielle, tressaillit des pieds à la tête. On le vit pâlir et tirer à lui convulsivement la bride de son cheval qui se cabra. La mère Lanternier jeta autour d'elle des regards effarés : elle voulut crier, mais sa parole expira sur ses lèvres ; et les mains crispées, la bouche tordue, elle s'affaissa sur elle-même et tomba évanouie sur le sol.

Un mouvement de stupeur se produisit parmi les assistants, et une sorte de terreur imbécille les tint cloués à leur place. Grands et petits ouvraient l'oreille et attendaient que le rugissement des bêtes féroces vînt leur annoncer la mort de la victime.

Un silence sinistre et qui prolongeait l'anxiété générale régnait dans la fosse.

Le kaïd Zetta s'était arrêté au pied de la balustrade qui régnait autour de la fosse; et cet homme, effrayé par la résolution désespérée à laquelle s'était livrée la jeune chrétienne, demeurait interdit et muet, ne sachant pas encore s'il devait avancer ou reculer.

Cette incertitude n'occupa que quelques secondes, mais l'importance qu'elle emprunta au dénoûment sanglant qui avait clos le débat entre l'empereur et la chrétienne, lui donna la durée d'une heure pleine d'angoisses.

A la fin, le kaïd Zetta, qui n'entend pas l'allure bondissante des lions, brise son hésitation.

Le faible murmure d'une voix humaine frappe son oreille. Il monte sur la corniche qui couronne le mur de la fosse : il plonge ses yeux dans le gouffre et soudain, dans un mouvement d'admiration béate, il jette un cri de surprise en élevant ses bras vers le ciel.

L'empereur a vu l'attitude qu'a prise Zetta : il a poussé son cheval vers l'entrée du corridor qui s'ouvre sur les gémonies marocaines, et il attend que son esclave vienne lui annoncer la mort de la chrétienne.

En ce moment Zetta saute à bas de la corniche et accourt audevant de son maître.

« Les lions l'ont dévorée ! s'écrie l'empereur.

— Ils ne l'ont pas touchée, répond Zetta.

— Que dis-tu ?

— La vérité.

— Un miracle !

— Oui.

— Je descends de cheval. »

Tandis que l'empereur met pied à terre, les paroles de Zetta volent de bouche en bouche ; un murmure d'incrédulité circule dans la foule des assistants, et tous demeurent plongés dans la plus cruelle des alternatives.

L'empereur, accompagné du vieux marabout Miatbir et de quelques agas, pénètre dans le corridor. Les chaous se placent à la porte pour contenir la foule des curieux qui envahit le seuil et qui tente en vain de faire irruption dans la cour des lions. Pendant ce temps, l'empereur escalade la corniche, et il lui est donné de contempler un spectacle aussi merveilleux qu'imprévu.

La chrétienne, couchée dans la fosse, relève lentement sa tête, en s'appuyant sur son bras. Une pâleur mortelle a blêmi son visage, et elle tient ses yeux fermés. On la dirait livrée aux agitations d'un sommeil fiévreux. Onze lions sont étendus par terre. Le soleil les terrasse sous les ardeurs de ses rayons de flamme.

Ces animaux saturent péniblement les viandes dont ils se sont gorgés, et on devine à l'hébètement de leurs prunelles sanguinolentes et gonflées, l'ivresse dans laquelle les retient plongés la fermentation suffoquante que produisent dans leur estomac les chairs des bœufs et des mulets dont

les carcasses, à demi dévorées, jonchent le sol. Ils dédaignent
de secouer leur sommolence, et ils portent à peine les yeux
sur la jeune fille qui vient de se livrer à leur férocité.

L'empereur ne cherche pas à se rendre compte de l'immobilité dans laquelle se tiennent les lions : il voit, dans
l'indifférence que témoignent les bêtes, un avertissement du
ciel, un secours éclatant, un événement prodigieux ; il
demeure ébahi de surprise et d'admiration, et soudain :

« Le gardien des lions !

— Que lui veux-tu ?

— Qu'il vienne.

— Le voici.

— C'est le *Yaoudi* (Juif) Bûacûba (prononcez Boua-
couba).

— Peux-tu délivrer cette jeune femme, Yaoudi Bûacûba?

— Tu l'ordonnes, répondit un petit homme habillé
avec une robe noire et un bonnet noir, et porteur d'un visage grêlé, aux lèvres pincées et au nez crochu en manière
de bec d'oiseau de proie.

— Je le veux.

— Ne faites pas de bruit, et quoi qu'il arrive, demeurez
tous immobiles.

— Va : je te donnerai, si tu réussis, une robe (*un jelel*)
et cinq douros.

— Et si je suis dévoré?

— Le temps presse, marche ! s'écria l'empereur en tirant un pistolet de son badaskar. »

El-Yaoudi Bûacûba , au mouvement que fit l'empereur, s'inclina respectueusement. Il courut chercher une

échelle. L'empereur replaça son pistolet dans son badaskar.

Alors, il se fit parmi les assistants un silence effrayant : on eût dit à voir l'empereur et ses agas, le visage suspendu sur la balustrade, ces statues gothiques taillées dans le bois et coloriées avec l'or, l'azur, l'ébène et l'argent, placées par nos aïeux sur les galeries qu'ils suspendaient le long des voûtes sous lesquelles la torture interrogeait les suppliciés.

Bûacùba chargea sur ses épaules un mouton écorché : il descendit son échelle dans la fosse ; et, au moment où il mit le pied sur l'échelon, il murmura quelques mots en élevant les mains vers le ciel et en se tournant vers l'Orient.

Toutes les bouches demeuraient muettes, tous les regards dévoraient le Juif, tous les cœurs battaient à rompre les poitrines. L'empereur avait repris son calme habituel, et il s'occupait plus à cette heure du Bûacùba que de Dagia, la chrétienne. Il ne nourrissait qu'une inquiétude : celle de surprendre le secret de son bourreau.

Dès que le Yaoudi eut achevé sa prière, il attacha solidement son échelle à un crampon de fer qui était planté dans le parapet ; puis il descendit cinq échelons et demeura suspendu audessus des lions à une hauteur de douze pieds. De ce point, il se mit à manœuvrer de façon à attirer l'attention de la jeune fille. Il la héla doucement :

« *Keffre* (chrétien), dit-il, regarde-moi.

— Que me veux-tu ? fit la victime.

— Te sauver.

— Me sauver !... Oh !... Me sauver !... Qui t'envoie ?

— L'empereur.

— Oui ! oui !...

— Attends, ne bouge pas.

— Que faut-il faire?

— Traîne-toi sur tes mains... plus lentement... c'est cela... Ne crains rien... les lions ne te feront pas de mal... ils ont bien mangé... il fait si chaud... Ah! arrête-toi... Le grand lion s'agite... ne bouge pas... il se lève... O malheureuse!... Non... il se couche... A présent, rampe toujours sur tes mains... doucement... plus doucement encore... Ton haïk fait du bruit... Encore quelques pas... c'est bien... prends le premier échelon... Tu le tiens bien?

— Oui... je me meurs... mes forces... ma tête tourne...

— Tu es au bout... soulève-toi... pas pardevant... parderrière l'échelle... c'est un rempart contre la bête... mets-toi debout... Tu ne m'entends pas...

— Mon Dieu... je ne sais...

— Lève-toi... bien... monte... c'est cela... Au septième échelon... tu me donneras la main et tu te placeras, en tournant, sur le devant... un... deux... trois... allons, courage... quatre... cinq... six... sept... tourne...

— Je tombe...

— Je te tiens! »

Et en proférant ce cri, le Juif saisit la jeune fille par la main; mais au moment où il l'aide à gagner le devant de l'échelle en l'attirant à lui, un rugissement épouvantable retentit dans la fosse; le grand lion qui a déjà fait mine de se lever, bondit cette fois sur ses pattes et s'élance contre l'échelle.

L'attaque de l'animal en furie arrache une exclamation désespérée aux assistants.

Bûacûba a mesuré le péril. Il descend quelques échelons... Le lion se précipite contre l'échelle... il mord le haïk de la chrétienne. En ce moment, Bûacûba pousse un cri terrible ; il jette dans la gueule du lion le mouton écorché qu'il portait sur son cou. Les lions se réveillent au sifflement de leur gardien : ils rugissent et bondissent autour du grand lion, tandis que celui-ci enfonce ses ongles et ses dents dans cette chair saignante qui occupe sa furie et le distrait de la proie qu'il poursuivait ; les autres bêtes tentent de lui arracher sa pâture, et pendant ce temps, Bûacûba, qui déploie une force, une adresse et une agilité surhumaines, remonte l'échelle en portant dans ses bras la jeune fille, privée de tout sentiment par la terreur que lui a inspirée cette dernière alerte : et le Juif, sans s'inquiéter des lions qui rugissent dans leur fosse et qui ébranlent l'échelle dans leurs bonds impétueux, vient déposer son précieux fardeau aux pieds de l'empereur.

. . . .

. . . .

. . . .

(Nous engageons le lecteur à consulter notre *Relation de la captivité du trompette Escoffier*, s'ils desirent de s'édifier complètement au sujet de la *Fosse aux Lions*. Ils trouveront dans le chapitre Fez, à l'alinéa qui a trait à la justice des Juifs, des renseignements précieux qui les mettront à même d'apprécier l'*exactitude* et la *possibilité* de l'aventure relative à mademoiselle Lanternier. Il nous suffira de

dire aujourd'hui que, lorsque mademoiselle Lanternier se
précipita dans la fosse aux lions, Bûacûba avait, la veille,
reçu l'ordre de jeter, dans la soirée du jour où elle arriva
à Fez, un Juif dans la fosse aux lions. Ainsi prévenu ,
le Bûacûba, avait cédé aux prières de la famille du condamné, et il avait tenté de *soûler* ses bêtes en les gorgeant
de viande.)

.   .   .   .

.   .   .   .

.   .   .   .

Lorsque mademoiselle Lanternier rouvrit les yeux, elle
se trouva transportée dans la cour au milieu de laquelle
stationnait la caravane. Sa mère la tenait sur ses genoux, et,
tout éplorée , elle la couvrait de ses embrassements. La
pauvre fille croyait sortir d'un rêve : elle cherchait à devi-
ner le motif qui arrachait des larmes à sa mère et qui lui
valait cette effusion et ces tendresses. Virginie avait conservé sa pâleur, et ses grands yeux noirs nageaient dans le
vague et l'hésitation.

« Mon enfant! s'écriait sa mère, Dieu t'a sauvée.

— Que dis-tu, pauvre mère ?

— C'est un miracle de la sainte Vierge.

— Mais encore, tu pleures, ma mère!

— Bien sûr que c'est un miracle de la sainte Vierge.
C'est Notre-Dame de Saint-Châmon, tu sais bien, celle de
chez nous, qui a fermé la gueule des lions !

— Les lions ?

— Elle a tout oublié... C'est à Notre-Dame de Saint-
Châmon que tu dois ton salut. Je lui ai adressé une prière,

et j'ai fait vœu de te couper les cheveux et de les lui donner en offrande. O ma Virginie, ma pauvre chérie, tu n'as pas de mal?

— Quel mal...

— Est-ce qu'elle serait devenue folle... mon Dieu?... Ma fille... mon enfant... tes yeux sont fixes... tu ne me reconnais pas... tu ne m'aimes donc plus?...

— Maman... ne plus t'aimer... Ah! je me souviens... Taza... Maroc... Ils voulaient... maman... Mon Dieu... est-ce que ça va recommencer?... On te vendait... j'allais... Ah!... parle... O mon Dieu!... mais parle donc...

— Ils nous ont réunies... tu le vois...

— Je sais... je sais... maman... les lions... on m'a sauvée... Où est l'empereur?... il ne nous séparera plus...

— Non, fit le vieux marabout Sidi l'Hadj-el-Miatbir. Du courage, tais-toi, nous allons partir pour le Maroc. »

Et sur cette assurance, les deux femmes, la mère et la fille, attendirent le moment du départ en se prodiguant ces mille tendresses que le péril auquel elles venaient d'échapper avait réveillé dans leur cœur.

Le marabout Miatbir s'était rapproché de l'empereur.

« Elle était chrétienne? dit le prince au saint personnage.

— Oui, répliqua Miatbir.

— Et Mahomet a écarté d'elle la férocité des lions. Ils étaient au nombre de onze, les lions?

— Oui; onze, en comptant les deux lions que t'a envoyés, avec les femmes, Sidi-l'Hadj-Abd-el-Kader-Mahiddin.

— Elle avait peut-être apprivoisé les deux lions de l'émir pendant le voyage?

— Non. C'est Mahomet qui l'a sauvée.

— Mahomet !... Un miracle en faveur de la fille d'un chien de chrétien !

— Le Prophète a ouvert les yeux sur elle.

— Elle sera de la religion du Prophète?

— A son arrivée à Maroc, elle aura cessé d'être chrétienne.

— Chrétienne... Mahomet... Non... il y a une ruse du Yaoudi Bûacûba.

— Le Prophète l'a sauvée, car il lui destine un magnifique avenir.

— L'Esprit de Dieu parle en toi?

— Oui.

— Dans quel lieu se produira ce magnifique avenir préparé par le Prophète?

— Ici, parmi nous.

— A Fez?

— Il commence ici et finit à Maroc.

— Et tu vas partir avec elle?

— Oui.

— Veille sur elle.

— Oui.

— Adieu ; que Mahomet et qu'Allah vous accompagnent! J'irai vous voir à Maroc, *au temps des olives.*

— Nous t'attendrons avec l'impatience de l'ami et le dévoûment de l'esclave.

— Sidi-Muley-Abderrhamann, dit en ce moment le Juif

15.

Bûacùba, en se prosternant aux pieds de l'empereur, tu m'as promis cinq douros et une robe (*jelel*) si je sauvais la chrétienne.

— C'est vrai. J'ai promis cinq douros et une robe à Bûacùba el-Yaoudi.

— Donne-les-moi.

— Pourquoi les lions n'ont-ils pas mangé la chrétienne?

— Je ne sais pas.

— Est-ce qu'ils ne touchent pas les condamnés à mort que tu descends dans leur fosse?

— Ils les dévorent.

— Toujours?

— Toujours.

— Je t'ai envoyé un condamné pour aujourd'hui.

— Oui : quand le soleil sera couché, je dois livrer aux lions un assassin : Semmede-Ben-Barabas.

— Un frère, un Yaoudi?

— Oui.

— Les lions ne le mangeront pas?

— Ils le mangeront.

— J'assisterai à l'exécution.

— Ta volonté soit faite.

— S'ils ne le tuent pas, je te ferai descendre à sa place ; s'ils le dévorent, tu auras cinq douros de plus : dix douros.

— Avec la robe?

— Avec la robe.

— C'est bien.

— Au soleil couché, Bûacùba. »

Et en disant ces mots, l'empereur rentra dans son palais,

et la caravane, sous le commandement du kaïd Zetta, se mit en mouvement. Elle sortit de la cour. Quelques cavaliers placèrent les deux Allemandes sur des mules et les entraînèrent du côté de Taza. Mademoiselle Lanternier et sa mère prirent place sur le dromadaire. Le marabout Miatbir invita la jeune fille à s'armer de courage, et, au même instant, Zetta, le kaïd, saisit le dromadaire par son licol et lui fit prendre une allure alongée. Le nègre avait perdu beaucoup de temps ; il comptait s'arrêter à Mékenès, et il lui restait un bon bout de chemin à franchir avant d'arriver à sa première étape.

Thérèse l'Allemande et la jeune Joséphine suivirent machinalement leurs guides, et ces deux pauvres femmes s'acheminèrent vers la ville dans laquelle leur existence allait devenir l'objet d'un marché, tandis que leurs deux compagnes de captivité poursuivirent leur route vers Maroc, où un sort inespéré se préparait pour leur avenir.

Les premières lieues de ce voyage ne furent signalées par aucun accident. Seulement, mademoiselle Lanternier et sa mère, qui n'avaient pas encore, jusqu'à ce jour, été transportées par un dromadaire, éprouvèrent un malaise des plus pénibles. A mesure qu'elles avançaient dans leur route, l'allure de leur dromadaire leur causait une sorte de vertige. Elles souffraient d'un mal à la tête des plus aigus, et elles ressentaient ces nausées qui sont ordinairement produites par le tangage et le roulis d'un navire en pleine mer. Elles demandèrent au kaïd Zetta à descendre et à prendre place sur des mulets ; mais le marabout Miatbir les engagea fortement à ne pas changer de monture : il leur persuada qu'elles finiraient par s'habituer à l'allure du dromadaire, et il n'eut pas de peine à leur démontrer qu'une fois rompues à cette marche saccadée, elles se trouveraient commodément assises, et à l'abri de toute fatigue, contre la lassitude d'un chemin aussi long que celui qui s'étendait entre Fez et Maroc. En effet, les deux femmes suivirent les conseils du marabout Miatbir, et elles ne tardèrent pas à se rétablir de leur première secousse et à jouir des commodités du véhicule qu'elles avaient adopté.

Mais profitons de leur trajet de Fez à Mékenès pour donner un dernier coup d'œil à la scène qui se joue dans la fosse aux lions, entre l'empereur, le bourreau Bûacûba et le condamné Semmede-Ben-Barabas.

Nous avons laissé Bûacûba au moment où il était allé réclamer de l'empereur les cinq douros que Sa Majesté lui avait promis, dans le cas où il aurait sauvé la chrétienne.

En entendant le souverain annoncer qu'il assisterait en personne à l'exécution du condamné Semmede-Ben-Barabas, le Juif Bûacûba rentra dans sa ménagerie et tira la porte sur lui. Là, il se mit à contempler les animaux confiés à sa garde, et il s'aperçut, à son grand regret, que tous avaient repris leur première tranquillité. Le grand lion avait lui-même abandonné le mouton que son gardien lui avait jeté au moment où il s'élançait sur la jeune fille.

La présence annoncée de l'empereur au moment de l'exécution de Semmede-Ben-Barabas contrariait les projets du Bûacûba, et le plongeait dans une alternative des plus difficiles, en le plaçant entre la famille du condamné et son maître, le souverain du Maroc. Devait-il persister dans la promesse qu'il avait faite de sauver le condamné, ou devait-il livrer la victime à une mort certaine ? Dans le premier cas, il donnait satisfaction aux parents de Semmede-Ben-Barabas, et il gagnait la somme que ceux-ci se proposaient de lui compter pour prix de sa complaisance; dans le second cas, il encourait la disgrâce de l'empereur, et il prenait la place du criminel dans la fosse aux lions.

Lorsque le Bûacûba eut bien pesé les diverses chances, bonnes ou mauvaises, auxquelles l'exposait la conduite qu'il pouvait tenir dans cette circonstance, il se hâta de briser son incertitude, et il se mit en devoir, avec le visage satisfait d'un homme qui a su prendre une résolution décisive, de sortir victorieux de cette épreuve. Il commença par s'armer d'une longue perche, garnie à son extrémité d'un croc en fer, et il retira toutes les carcasses et toutes les viandes qu'il avait précédemment jetées en pâture à la voracité des bêtes. Ensuite, lorsqu'il eut débarrassé la fosse de ces ossements et de ces chairs, il saisit une grande pique et harcela, avec le fer qui l'armait à sa pointe, les animaux confiés à sa garde. A cette attaque imprévue, les lions bondirent dans leur fosse et poussèrent des rugissement épouvantables. Mais plus les lions grondaient et s'irritaient, plus le gardien redoublait ses coups de lance et déchirait impitoyablement les flancs et le museau de ces bêtes. Celles-ci ne tardèrent pas à entrer dans une rage furieuse. Elles se précipitaient les unes contre les autres, se livraient des combats terribles et s'élançaient contre les murs de leur prison, qu'elles tentaient vainement de franchir. C'était des rugissements, des assauts à porter la terreur dans le cœur du chasseur le plus intrépide; et plus d'une fois, malgré sa longue expérience, Bûacûba se jeta au bas de la terrasse d'où il poursuivait, avec sa lance, les lions, dans l'effroi que lui causait leur colère bondissante.

L'exaspération des bêtes finit par devenir si menaçante, que le Yaoudi jugea à propos de leur donner un moment de répit : il déposa sa pique et il rentra dans sa loge, en attendant l'heure de l'exécution.

Peu à peu les lions finirent par se calmer. Mais ils ne cherchèrent plus à se coucher. Ils marchaient comme travaillés par une inquiétude féroce, et les rugissements qu'ils jetaient à de courts intervalles annonçaient que leur colère n'était pas prête à sommeiller, et qu'elle attendait le moment d'assouvir sa furie.

Sur ces entrefaites, le soleil ne tarda pas à décliner à l'horizon, et lorsque ses derniers rayons se furent éteints sur le sommet de la montagne qui domine Fez, on entendit retentir dans le *Bour* un bruit inaccoutumé de gens armés qui envahissaient la cour des lions. Bûacûba se tenait debout à son poste, en fumant tranquillement du *keef* (la graine de la fleur de chanvre). Les Marocains fument de préférence cette substance au tabac. Elle possède une vertu narcotique des plus actives, et elle produit une sorte d'idiotisme chez les hommes qui en font un fréquent usage. Abd-el-Kader a proscrit la consommation du keef parmi ses Arabes, et il ne laisse pas échapper une occasion de reprocher aux Marocains l'usage de cette substance végétale, si dangereuse pour l'intelligence et la santé des individus.

Bûacùba, avons-nous dit, aspirait avec une sorte de
béatitude les vapeurs du keef. Ses petits yeux gris brillaient
d'un éclat inaccoutumé, et ses joues, ordinairement si
creuses et si pâles, étaient teintes d'une couche de vermil-
lon qui trahissait quelque intempérance. En effet, au moment où les chaous de l'empereur entraient dans la cour
des lions, Bûacùba savourait, au grand mépris des prescriptions mahométanes, les dernières gouttes d'une tasse d'eau-
de-vie (*cherab*), fabriquée par les Juifs avec des raisins de
caisse. Notre homme cacha soigneusement sa tasse et se
hâta d'aspirer quelques bouffées de keef, afin de dissiper
l'arôme délateur du *cherab*.

Au milieu des chaous, on voyait le condamné Semmede-
Ben-Barabas. Le malheureux faisait assez bonne conte-
nance. Comptait-il sur le secours de Bûacùba? Le crime
qui avait conduit cet homme à la *justice des Juifs* n'aurait
pas été frappé chez nous d'un tel châtiment. Les juges auraient absous l'accusé. Semmede-Ben-Barabas était père
d'une fille de dix ans. Un jour, en rentrant chez lui, il
trouve son enfant tout en pleurs, et il voit, à quelques pas
d'elle, un Marocain, un scélérat qui avait violenté l'inno-
cente. Semmede-Ben-Barabas se précipita sur le Marocain
et le tua. Le gouverneur de la ville, en apprenant qu'un
Juif avait frappé un mahométan, condamna l'homicide à la
peine de mort. Et à cette heure, Semmede-Ben-Barabas
venait expier le meurtre que lui avait inspiré la vengeance
paternelle.

L'empereur ne paraissait pas. Les chaous s'étaient couchés par terre, et le condamné récitait ses prières. Bûa-

cùba continuait de fumer en affectant la plus complète indifférence ; néanmoins, de temps en temps, on le voyait promener ses regards dans le fond du gouffre et siffler entre ses dents. A ce bruit, les lions s'inquiétaient et fouettaient les murailles avec des coups de queue d'une force à briser un taureau. La nuit commençait à se faire, et une demi obscurité éteignait les reflets trop brillants et confondait les objets dans une teinte uniforme.

A la fin l'empereur parut : il était entouré de ses agas et du gouverneur de Larrache. Le prince tenait dans sa main une petite bourse. Il fit un signe, et Bùacùba vint se prosterner à ses genoux.

« Tu n'as pas oublié ce dont nous sommes convenus, Yaoudi Bùacùba ? murmura l'empereur.

— Non, je n'ai rien oublié.

— Voilà les dix douros.

— Dans cette bourse?

— Oui.

— Ils sont à moi ?

— Pas encore.

— C'est comme si je les tenais en ma possession.

— Tant mieux; car tu sais que si les lions se montrent aussi cléments ce soir qu'ils l'ont été ce matin, tu es condamné à descendre dans la fosse?

— Oui.

— Fais donc ton œuvre.

— Je t'obéis, fit le bourreau en se relevant. »

Puis il se tourna du côté des chaous , et dit d'un ton de voix solennel :

« Que veulent de moi les chaous de l'empereur Muley-Abderrhamann?

— Ils veulent, répondit le chef des chaous, que le Bûacùba el-Yaoudi fasse la *justice des Juifs*.

— Au nom de qui parlez-vous ?

— Nous parlons au nom du gouverneur de Fez, en présence de l'empereur.

— Quel est celui que vous conduisez à la *justice des Juifs?*

— Le voici, fit le chef des chaous en montrant le condamné.

— Comment se nomme-t-il?

— Semmede-Ben-Barabas.

— Il est Juif?

— Il est Juif.

— Comment te nommes-tu? demanda alors Bûacùba au condamné.

— Je me nomme Semmede-Ben-Barabas.

— A quelle religion appartiens-tu?

— A la religion juive.

— Tu es bien celui qui a été condamné par le gouverneur de Fez?

— Oui : je suis Semmede-Ben-Barabas-el-Yaoudi. Le gouverneur m'a condamné à la peine de mort, parce que j'ai tué un homme qui avait violenté ma fille.

— Tu n'as rien à demander avant de mourir?

— Non.

— Réfléchis bien.

— J'ai réfléchi.

— Regarde autour de toi.

— L'empereur ! s'écria le condamné.

— Eh bien?

— Je veux lui parler.

— Va lui parler.

— Sidi-Muley-Abderrhamann, fais-moi grâce de la vie! s'écria Semmede-Ben-Barabas en se prosternant aux pieds de l'empereur.

— Non.

— Tu sais mon crime ?

— Oui.

— Peux-tu demander la mort d'un père qui a su venger l'opprobre de son enfant?

— Oui.

— J'ai défendu la vie de mon enfant.

— Tu as tué le fils de Mahomet.

— Le Prophète ordonna-t-il jamais le viol ?

— Tu ne peux pas le savoir, puisque tu ne connais pas sa loi.

— Mais Dieu...

— Dieu a dit que les Juifs étaient des chiens, et que les croyants étaient ses enfants. Le chien a mordu le fidèle : que le chien soit livré aux bêtes.

— Ainsi, Sidi-Muley-Abderrhamann...

— Tu as parlé. Je t'ai écouté. Tout est dit. Bûacûba, fais ton œuvre.»

Le chef des chaous saisit alors par le collet de sa robe le condamné et le conduisit à Bûacûba. Le patient suivit sans opposer de résistance. Lorsqu'il se vit aux mains de son bourreau, il murmura quelques paroles dans la langue hébraïque.

Le bourreau ne répondit pas.

Il fit monter Semmede-Ben-Barabas sur une espèce de plate-forme. Là, il lui lia les mains derrière le dos et rattacha la corde par un nœud coulant autour du cou. Puis il s'arma de sa lance, aiguillonna ses bêtes et les rendit furieuses.

Lorsqu'il eut accompli ces diverses dispositions, il dit en langue hébraïque au patient :

« Semmede, va rejoindre nos pères.

— Tu vas me sauver ?

— Non.

— Tu trahis ta promesse ?

— L'empereur nous regarde.

— Je suis livré aux lions tout vivant ?

— Non : ils n'auront qu'un cadavre. C'est le dernier service que te rendra ton frère Bûacûba.

— Explique-toi… »

Mais Bûacûba ne répondit pas : il serra les cordes ; Semmede-Ben-Barabas opposa quelque résistance ; alors le bourreau, par un mouvement aussi rapide qu'assuré, tira sur le nœud coulant qui entourait le cou, et poussa le condamné par les épaules.

A ce moment, l'empereur monta sur le parapet.

Le supplicié ne jeta pas un cri, un gémissement. Bûacûba l'avait étranglé, et les lions mettaient en lambeaux le cadavre tout tiède et tout palpitant de l'infortuné Semmede-Ben-Barabas.

« Les lions ont fait leur devoir ! s'écria l'empereur en descendant.

— Oui : ils ont accompli la justice.

— Le Juif est mort. Voilà la bourse que je t'avais promise.

— Je l'ai bien gagnée.

— Oui. La chrétienne a été sauvée par un miracle.

— Et la robe ?

— La robe ! De quelle robe veux-tu parler ?

— De celle que tu m'avais promise avec les cinq premiers douros.

— Les cinq premiers douros. C'est cela. Tu en as dix. Ta robe est payée.

— Non. Tu as dit : Je te donnerai de l'argent, dix douros et une robe.

— Je te l'ai dit ?

— Oui.

— Je crois que je ne l'ai pas dit.

— Je le jure sur la tête de mon père !

— Alors, je l'ai dit.

— Et tu as promis.

— Tu réclames la parole de l'empereur ?

— Oui, je réclame la parole de l'empereur.

— C'est une robe qu'il te faut ?

— Oui , une robe , puisque tu m'as donné les dix douros.

— Eh bien ! n'as-tu pas celle du condamné ?

— Qu'entends-tu dire ?

— Va ramasser celle de Semmede–Ben–Barabas.

— Les lions l'ont mise en lambeaux.

— C'est une autre affaire. Je t'avais promis une robe :
je te donne celle du trépassé. Nous sommes quittes.

— Mais...

— Nos comptes sont réglés. »

XVI

SEMELALIA.

Voyage. — Longueurs et difficultés. — Haltes. — Campements. — Arrivée à Maroc. — Le palais de l'empereur. — Les esclaves chrétiennes sont traitées avec tous les égards dus à leur malheur. — Les terreurs de la mère, la confiance de la fille. — Le marabout Miatbir. — Il finit par rendre une visite à mademoiselle Lanternier. — Il la sollicite d'abjurer le catholicisme. — Combats de la conscience. — Nécessité. — Fatalité. — Ajournements. — Le Miatbir revient. — L'amour d'un jeune prince. — Mademoiselle Lanternier et sa mère se font mahométanes. — Dagia la chrétienne.

La caravane que commandait le kaïd Zetta employa vingt-cinq jours à franchir la distance qui sépare Fez de Maroc. Un tel voyage s'accomplirait en France dans l'espace de trois à quatre journées. Mais il ne faut pas s'étonner des longueurs d'une telle route chez les Marocains. Dans cette contrée on marche depuis le lever du soleil jusqu'à son coucher. On fait une halte au plus fort de la chaleur. Les cavaliers et les chameliers ne pressent guère l'allure de leurs montures dans la crainte de fatiguer les chevaux, les mulets et les chameaux. Ils s'arrêtent chez les tribus amies et prolongent leur séjour dans les douairs qui leur offrent une gracieuse hospitalité. Les Arabes, en outre, ne sont jamais pressés d'arriver : ils mettent tout le temps nécessaire à parcourir de grandes distances, et ils s'inquiètent peu d'arriver au jour et à heure fixes. Ensuite, il faut compter pour beaucoup les difficultés et les embarras qui entravent ce mode de locomotion. Tous les charrois se font à dos de mulets et de chameaux. Ces animaux portent, outre les marchandises, les tentes de la caravane. Chaque soir il faut dresser les tentes, chaque matin il faut les plier. Tous ces préparatifs demandent du temps. Bien plus, il arrive souvent que l'on campe dans une province inhabitée. Chacun doit alors songer à sa subsistance, et malheur aux hommes et aux animaux, si les bêtes de somme ne portent pas la farine, le lait, l'orge et la paille nécessaires pour apaiser la faim de la caravane et nourrir ses frères.

Le voyage s'accomplit sans périls, et le kaïd Zetta entra dans Maroc le vingt-sixième jour, au matin, depuis son départ de Fez. Il conduisit les deux femmes chez le gouverneur de la ville. Là, le marabout Sidi-l'Hadj-Miatbir communiqua les ordres dont l'empereur l'avait fait le porteur, et dès que le gouverneur eut pris connaissance de la dépêche, celui-ci chargea ses chaous d'accompagner les deux femmes et le marabout Sidi-l'Hadj-Miatbir au palais de l'empereur.

Pendant le trajet qu'il fallait parcourir de la maison du gouverneur au palais de l'empereur, on voyait la population se répandre dans la ville et des flots de curieux envahir les rues que les nouveaux arrivés devaient traverser. Tous les yeux étaient attachés sur la litière sous laquelle se tenaient assises et cachées les deux captives. Les chaous, armés de longs bâtons, frappaient à tour de bras les passants, sans

crier gare ! et l'escorte avait toutes les peines du monde à
circuler. Ce concours prodigieux de Marocains ne devait
étonner personne. Déjà des indiscrétions avaient été commises tant à Fez qu'à Mékenès et dans les tribus que
la caravane avait traversées. On racontait l'aventure
de la chrétienne dans la fosse aux lions ; on criait au
miracle sur sa délivrance ; on répandait que l'empereur
lui avait voué autant d'admiration que d'amitié; et chacun brûlait de voir l'héroïne du jour. Mais l'attente du
public fut trompée. Les chaous s'acquittèrent avec tant de
conscience de leur consigne, qu'ils parvinrent à dissiper
les curieux et à protéger, contre la plus légère indiscrétion,
la personne des chrétiennes. A la fin l'escorte arriva au palais : elle pénétra dans la cour, et là, Virginie et sa mère,
à l'abri contre les envahissements tumultueux de la foule,
descendirent de chameau.

Aussitôt un aga de l'empereur, le nègre Papou, vint recevoir des mains du marabout Sidi-l'Hadj-Miatbir les deux
captives. Il les introduisit dans le pavillon occupé par les
femmes de l'empereur; mais, au lieu de les loger dans la salle
commune, il leur donna deux chambres au rez-de-chaussée,
qui s'ouvraient sur le jardin, mais qui étaient séparées de
la terrasse sur laquelle s'asseyaient les femmes par un
grenadier et un citronnier formant paravent. Ces deux salles
étaient pavées avec des briques en faïence, peintes de diverses
couleurs. Les murailles avaient reçu une teinte de lait de
chaux; mais tout autour de l'appartement, jusqu'à une hauteur d'un mètre à partir du sol, régnait un lambris formé de
briques en faïence et de tablettes de marbre. Quelques

matelas, des tapis, des coffres en bois, des pipes, des coussins, formaient l'ameublement de ces deux chambres. Au milieu de la principale pièce, on avait pratiqué un petit bassin en marbre rouge dans lequel un jet d'eau frémissait en épanchant ses ondes comprimées dans un tuyau en plomb.

Grande fut la satisfaction de nos deux chrétiennes, lorsqu'elles se trouvèrent installées dans leur logement. Le voyage les avait harassées de fatigue et elles n'aspiraient qu'à se reposer : elles n'avaient pas la force de s'inquiéter de leur avenir. Néanmoins la jeune fille, au milieu de sa lassitude, observait tout ce qui se passait autour d'elle; et les remarques qu'elle faisait lui inspiraient la confiance et la sécurité qui donnent un doux sommeil.

Au reste, elle avait bien raison de ne pas s'alarmer : aucun danger ne la menaçait et sa mère ne devait plus la quitter. Si elle avait pu communiquer avec les cavaliers qui l'avaient escortée depuis Fez, s'il lui avait été donné d'entendre les conversations qui se produisaient dans la cour du palais, elle se serait convaincue qu'elle était appelée à jouer un grand rôle. L'héroïque résolution qui l'avait poussée à se livrer aux lions, plutôt que de vivre séparée de sa mère, sa délivrance miraculeuse étaient autant de circonstances extraordinaires bien faites pour frapper l'imagination des Marocains. Depuis ce jour, grands et petits, la considéraient comme étant une créature protégée par Dieu: tous lui prêtaient une puissance et une force qu'ils faisaient découler d'une source divine, et contre lesquelles l'autorité, la violence du chef suprême viendraient échouer. Le senti-

16

ment public participait, en même temps, de la stupéfaction et de la crainte, de la vénération et de la terreur, de la confiance et de la joie. Aussi, pendant la traversée de Fez à Maroc, se vit-elle traitée avec égard et convenance par le kaïd Zetta. Le marabout Sidi–l'Hadj-Miatbir ne parlait lui-même qu'avec le plus profond mystère et la plus grande déférence de cette jeune fille, et les Marocains qui l'avaient accueillie à son arrivée dans leur ville, avaient rendu à mademoiselle Lanternier, en prévenances et en respect, le respect et les prévenances dont ils entouraient les personnes les plus recommandables de l'empire.

Aussi, tandis que la mère et la fille se délassaient de leur voyage, le marabout Miatbir répandait dans le palais de ces phrases à double sens qui réveillent la curiosité et préparent les événements que l'intrigue brûle de faire éclore. Ainsi, il allait répétant en toute occasion que la chrétienne était douée d'une sagesse et d'une beauté accomplies ; il ajoutait qu'elle avait l'esprit d'un ange et le cœur d'une mère ; et il finissait par dire que le secours de Dieu l'avait sauvée de la férocité des lions, et que cette protection divine l'accompagnerait pendant le cours de sa vie.

« Heureux, trois fois heureux ! s'écriait-il, le jour où la chrétienne lèvera la main en signe d'assentiment à la religion de Mahomet ! Béni, trois fois béni sera l'homme qui fera sa femme de cette aimable créature ; car il partagera auprès d'elle les faveurs dont ne cessera de l'accabler Allah et Mohammed ! »

Sidi-l'Hadj-Miatbir brodait ce thème à l'infini, et il avait toujours le soin de le traiter devant Sidi-Mohammed-Abderrhamann, fils aîné de l'empereur. L'éducation de ce jeune prince avait été faite par le gouverneur des ports du Maroc, en résidence à Larrache. Lorsque le gouverneur eut rendu l'élève à son père, l'empereur confia son fils à Miatbir. Celui-ci avait reçu pour mission de mettre la dernière main à l'éducation du jeune prince, et de l'occuper, par des lectures sérieuses, dans les heures que ne remplissaient pas les exercices des armes et du cheval, les voyages et les excursions aux environs de Maroc. Mohammed–Abderrhamann avait eu l'occasion de voir la chrétienne à son arrivée à Fèz ; il avait fait le voyage de Fez à Maroc dans la même caravane qui l'avait escortée avec sa mère ; et, à cette heure, il se trouvait habiter avec elle la même ville , le même palais.

La beauté de mademoiselle Lanternier avait vivement impressionné la jeune imagination du prince. Candide, impatient, aventureux, impressionnable comme on l'est à seize ans, Mohammed–Abderrhamann devait se préoccuper de cette rencontre; mais il ne savait pas encore, à Fez, si c'était un sentiment de curiosité ou une passion d'amour qui tenait ses souvenirs éveillés devant l'image de l'étrangère : toujours est-il qu'il songeait à elle. Le voyage ne fit qu'enflammer cette disposition : à son arrivée à Maroc, il se troublait au seul nom de la chrétienne, et les discours de Sidi-l'Hadj-Miatbir, le marabout, étaient autant de gouttes d'huile qui venaient s'enflammer sur le feu de son cœur.

Dès ce moment, le vieux marabout Sidi-l'Hadj-Miatbir poursuivit l'accomplissement du projet qu'il avait conçu dès le premier jour de l'arrivée des esclaves chrétiennes à

Fez, tandis que le jeune prince confié à sa pieuse surveillance ne forma plus qu'un desir, ne rêva plus qu'une espérance, celle de voir mademoiselle Lanternier, Virginie la chrétienne, ou bien encore la Dagia, comme l'avait appelée l'empereur Muley-Abderrhamann.

Miatbir avait surpris le secret de son élève : il laissait au jeune prince toute liberté d'agir ; mais, au lieu de le diriger, il lui lâchait la bride sur le cou, à l'exemple de l'habile cavalier qui amuse l'impatience d'un généreux coursier, au lieu de comprimer sa fougue avant d'arriver au but : car, dans sa précipitation, l'impétueux animal refuserait de franchir l'obstacle et se briserait contre lui. Tandis que le prince manœuvrait avec cette candide gaucherie et cette fiévreuse indiscrétion qui sont la franchise et l'habileté des premières amours, le marabout Miatbir allait droit à la Virginie et travaillait à façonner son cœur et son esprit. Il n'avait pas encore parlé ; il avait conservé toute la réserve recommandée à son titre de marabout, et la chrétienne avait pénétré le motif qui inspirait ses actions, le but vers lequel il se flattait de la conduire. Entre eux, la partie était égale : l'habileté d'un prêtre et l'esprit d'une fille sont de force à lutter et à finir par se confondre dans un intérêt commun. Autour d'eux papillonnait le jeune homme : celui-ci n'avait pour lui que sa loyauté, son ardeur, son espérance : il devait succomber dans la lutte, si le marabout et la femme ne venaient pas à son secours. Rien n'était plus charmant que les naïves inventions préparées par Mohammed-Abderrhamann, dans le but d'arriver auprès de la chrétienne : prières, menaces, argent, bijoux, violences, tout lui était bon pour corrompre la négresse Baki, l'esclave qui servait les deux étrangères...: Mais avant de dévoiler les faits et gestes du prince marocain, il importe de suivre les progrès que Miatbir, le marabout, fait dans l'esprit de la chrétienne.

Miatbir, pendant les premiers mois du séjour des femmes à Maroc, s'abstint de paraître devant elles. Il s'inquiétait de leur santé, demandait de leurs nouvelles et leur faisait parler de son amitié. Il apprit qu'elles se remettaient des fatigues du voyage ; que le genre de vie auquel elles étaient soumises avait raffermi leur santé, et que Virginie gagnait chaque jour en fraîcheur et en beauté.

« C'est la perle de la maison, c'est le diamant de l'empereur que cette esclave, lui répétait-on du matin au soir.

Mais la perle vit au fond de la mer, le diamant dans la mine : ils perdent leur prix à sortir de leur obscurité ; et en passant dans les mains des hommes, ils courent le risque d'être réduits en poussière.

— L'esclave est plus belle que la perle et le diamant, répondait le marabout ; car elle emprunte aux feux du jour un éclat resplendissant. C'est la grenade qui s'épanouit au baiser du soleil à son midi.

— C'est Dieu et le Prophète qui la font si belle,

— Oui, car ils l'ont conservée contre la férocité des bêtes.

— Dieu est Dieu, et Mahomet est son prophète !

— Tu ne vas pas la voir ? demandait la négresse Baki.

— Le jour n'est pas encore venu pour moi d'aller la voir. »

16.

Mais à force de répéter : Le jour n'est pas encore venu pour moi d'aller la voir, Miatbir, le marabout, finit un beau matin par dire :

« Aujourd'hui j'entrerai dans la demeure de l'esclave chrétienne. »

En achevant ces mots, il alla frapper à la porte du pavillon occupé par les femmes de l'empereur. Le nègre Papou, qui avait la garde de cette demeure, ouvrit la porte. A la vue du sage et du saint Miatbir, il prosterna son front dans la poussière, et laissa entrer le marabout.

(On ne doit pas s'étonner de rencontrer Miatbir chez les femmes de l'empereur. Son titre de marabout lui ouvre toutes les portes : et dans cette occasion, il est chargé de la conversion des captives.)

Miatbir traversa le corridor et arriva chez les chrétiennes. Il les trouva assises sur des carreaux en soie : la mère Lanternier, qui n'avait pu se résigner à l'oisiveté dont sa nouvelle condition lui faisait une sorte de règle, s'occupait de couture ; tandis que sa fille se tenait absorbée dans une muette contemplation : on aurait dit qu'elle craignait, en travaillant avec les doigts, de contrarier le cours de ses réflexions. A la vue du marabout, la jeune chrétienne suspendit ses méditations, et le sourire qui vint illuminer ses yeux trahit la satisfaction que lui causait cette visite. Elle était plus jolie que jamais, et l'isolement dans lequel elle vivait depuis quelque temps avait pour ainsi dire décuplé, par le recueillement, les charmes de sa beauté et les grâces de son esprit.

Le marabout la salua affectueusement : elle inclina légèrement la tête, et l'invita à s'asseoir et à fumer.

« Je vais m'asseoir, répondit Miatbir ; mais je ne fumerai pas.

— Quel motif t'empêche de fumer? répliqua la jeune fille.

— Tu es encore bien ignorante dans la connaissance de nos usages et de nos pratiques religieuses.

— Est-ce un avis ou un reproche que tu m'adresses ?

— C'est un avis.

— Je te remercie de ta sollicitude, car je ne demande pas mieux que de m'éclairer.

— Eh bien ! fit le Miatbir en s'asseyant, tu sauras qu'un marabout doit s'abstenir de fumer.

— Et de cracher dans le feu ?

— Oui.

— Je l'avais entendu dire ; mais, jusqu'à cette heure, il ne m'avait pas été donné de causer avec un personnage aussi saint que toi.

— Est-ce qu'en France vos marabouts fument ?

— Rarement.

— Alors tu ne dois pas t'étonner de la conduite que nous tenons.

— Je sais que, dans toutes les religions, les serviteurs de Dieu doivent observer une règle sévère dans leurs mœurs, afin de rendre leur personne plus digne de se rapprocher de Dieu et de le représenter parmi les fils des hommes.

— Mais il n'y a qu'une religion ; il n'existe qu'un Dieu et qu'un Prophète : Allah et Mahomet !

— Les marabouts chrétiens disent la même chose dans notre pays.

— La vérité ne parle pas par leur bouche ; la sainteté ne marche pas avec eux ; l'esprit divin n'illumine pas leurs esprits : car la vérité, la sainteté, l'esprit divin ne sont le partage que des disciples de Mahomet.

— C'est du moins ce que vous enseignent vos livres.

— Il n'y a qu'un livre : c'est celui de Mahomet.

— Je le sais.

— Tu n'as jamais desiré de le connaître ?

— J'ai regretté bien souvent de ne pas pouvoir le lire.

— Je t'enseignerai à le lire et à le comprendre : car il est temps d'ouvrir tes yeux à la lumière, ton esprit à la connaissance de Dieu et de Mahomet, et tes lèvres à la prière.

— Tu veux donc que je cesse de prier le Dieu des chrétiens ?

— Je demande que tu embrasses notre religion.

— Jamais !

— Il le faut.

— Qui pourrait me forcer à renier ?

— La nécessité.

— La nécessité !

— La volonté de ton maître.

— Mon corps lui appartient, mais mon âme est à Dieu.

— L'âme fait partie du corps : elle appartient à ton maître.

— Sur cette terre, soit ; mais après ma mort...

— Il s'agit de te sauver avant ta mort.

— Qu'oses-tu me proposer ?

—Écoute-moi : je ne veux pas agir par la contrainte sur tes esprits, mais bien par la persuasion.

Tu as cessé d'appartenir à la France : ta patrie, à cette heure, c'est le Maroc. En perdant ta qualité de Française et en acquérant celle de Marocaine, tu as brisé la loi chrétienne, et tu es devenue sujette de la loi arabe. Tu n'es entourée que de musulmans : tu n'entends retentir à tes oreilles que les noms d'Allah et de Mahomet. Le nom du Dieu des chrétiens n'arrivera désormais plus jusqu'à toi. Il entre dans ta destinée d'accepter la religion de notre empire, car tu ne saurais demeurer plus longtemps étrangère à nos mœurs et à nos coutumes. En conservant ton ancien culte, tu blesses ton entourage, et en même temps ton entourage te blesse en priant Allah et le Prophète.

— J'évite de choquer personne par mes prières et par mes actes de dévotion.

— Mais les autres te blessent.

— Je déplore leur aveuglement.

— Insensée ! tu es plongée dans l'obscurité, et tu es si bien habituée aux ténèbres qui t'environnent, que tes yeux fuient la lumière. Il faut réparer le malheur et l'aveuglement qui sont attachés à ta naissance. Tu es née dans le pays des chrétiens et tu as suivi leur loi. Tu trouves une place dans le pays des croyants, ton premier devoir est d'embrasser la religion de ta nouvelle patrie.

— Oui, j'ai changé de patrie, tu dis vrai !

— Si tu persistes dans ton aveuglement, regarde un moment quel sort tu te prépares. Le maître ne voudra pas souiller sa tendresse au contact de ta personne. Tu deviendras pour lui un objet de répulsion et, s'il succombe à la tentation, une source de mauvaises actions. Tu finiras par être rejetée de la maison impériale, et tu iras dévorer ta dégradation et ton entêtement dans le douair le plus misérable de la plus pauvre des tribus.

— Oh! ne parle pas ainsi! tu me fais peur!

— Virginie! s'écria la mère, ne te rebute pas et ne fais pas l'obstinée. Nécessité fait loi.

— Ce n'est pas ce que m'avait promis la gitana Regina, dans la tribu de l'Oued-Za.

— Aide-toi, le ciel t'aidera, ajouta la bonne femme.

— Tandis que si tu cèdes à mes exhortations, reprit le Miatbir, tu feras partie de nos familles. Tu deviendras notre sœur. Ton esprit et ta beauté trouveront grâce aux yeux du maître. De la condition d'esclave, tu passeras à la condition de femme libre; de chrétienne, tu deviendras mahométane, c'est à dire que dans l'espace qui sépare le matin du soir, tu te seras élevée et tu te seras dépouillée d'un titre odieux, infâme, dégradant, pour porter un titre glorieux. Dès ce jour, au bruit de tes attraits et de tes vertus, quelque noble personnage te recherchera en mariage, et tu deviendras la mère d'une famille nombreuse, riche et puissante.

— Tu me places entre le bonheur et le malheur, entre la joie et les larmes.

— Je te place entre la vérité et le mensonge; entre la lumière et les ténèbres. Choisis...

— Choisis... Tu me presses... Le temps, la réflexion...

— Tu as déjà trop tardé.

— Et ma mère ?

— Ta mère ?...

— Ne t'occupe pas de moi ! s'écria la bonne femme, je saurai prendre mon parti plus facilement que toi : la devise que je veux suivre depuis que je suis condamnée à vivre en Barbarie, consiste à faire bon cœur et bon visage contre mauvaise fortune et à prendre le temps comme il vient.

— Tu as entendu ta mère, et tu hésites encore.

— Abjurer... renier...

— L'empereur a salué déjà ta conversion, en t'appelant du doux nom de Dagia.

— Dagia !... Perdre jusqu'à mon nom.

— Virginie... Dagia... Est-ce qu'il s'agit ici du calendrier ? fit la mère Lanternier.

— Tu as raison, continua le marabout ; Virginie, c'est l'ancien nom ; Dagia, c'est celui que doit porter la femme nouvelle.

— Ma fille, tout le monde nous a abandonnées.

— Oui, tous nous ont abandonnées.

— Les Marocains prient le bon Dieu.

— Dieu et Mahomet, fit le marabout.

— Il existe des huguenots en France, Virginie ; nous en avions chez nous. C'étaient de braves gens qui faisaient bien du bien au pauvre monde. Le curé avait beau dire qu'ils seraient damnés au jugement dernier, personne ne voulait le croire. Tu disais que ce n'était pas possible, puisqu'ils adoraient Dieu et Jésus.

— C'est vrai, ma mère.

— Si nous écoutons le marabout, nous serons, vis à vis des catholiques, ce que sont les huguenots.

— Comparer les mahométans avec les huguenots. Luther et Calvin avec...

— Ah ! tu es trop savante, ça causera ta perte, entends-tu, Virginie...

— Ainsi, fit le marabout en se levant, tu persistes dans ta résolution ; tu refuses d'invoquer Allah et Mahomet...

— Je ne dis ni oui, ni non.

— Je ne te comprends pas.

— Reviens dans trois jours... je te donnerai une réponse claire et définitive. Adieu.

— Dans trois jours.

— Oui, dans trois jours ? »

A ces mots, le marabout se retira en laissant les deux femmes en proie aux plus cruelles incertitudes.

Miatbir vint retrouver la Virginie au jour dit.

« Quelle est ta réponse ? demanda-t-il en entrant dans la chambre des deux femmes.

—Je suis mahométane, répondit mademoiselle Lanternier.

— Gloire à Dieu ! gloire à toi! s'écria le marabout. Lève la main, ma fille, et répète ce que je vais te dire.

— C'est inutile, Sidi-l'Hadj-Miatbir, je saurai réciter les paroles sacramentelles.

La Allah ill' Allah, Mohammed rassoull' Allah.

—A merveille, Dagia ; mais il faut encore que tu saches la prière que dit le marabout lorsqu'il appelle à la mosquée.

Allah'u ekber! esch' hed'u enné la ilah' il Allah! esch' hed'u enné Mohammed rassoul il' Allah! Hayyé al' es-selath! hayyé es' el-selath. Ve Allah'u ekber! la ilah, il Allah!

(Dieu très haut! j'atteste qu'il n'y a point de Dieu, sinon Dieu! j'atteste que Mohammed est le prophète de Dieu! Venez à la prière, venez au temple du salut! Grand Dieu! il n'y a point de Dieu, sinon Dieu!)

— Je m'en souviendrai.

— Et ta mère?

— Moi! s'écria la bonne femme; oh! je n'y vais pas par quatre chemins. Je suis de votre église et je ne crains pas de dire:

La Allah il Allah, Mohammed rassoul'Allah.

« Dagia, Dagia, reprit le marabout, tu es mon plus bel ouvrage. J'ai touché ton cœur, j'ai ouvert tes yeux. Ton sort me regarde, et dans peu, tu te réjouiras avec moi du parti que tu viens de prendre. Adieu! Je vais écrire à l'empereur et lui annoncer cette heureuse nouvelle. »

Miatbir sortit de l'appartement et fit part à l'empereur de cette conversion qu'il attribuait à ses pieuses exhortations; le saint homme était loin de se douter du motif qui avait poussé mademoiselle Lanternier à se jeter dans la religion des Arabes, et il ne savait certes pas quel était le véritable auteur de cette conversion.

Voici ce qui s'était passé, en l'absence de Miatbir, chez la belle captive, et l'influence charmante à laquelle elle avait cru devoir céder dans l'intérêt de son cœur, de sa fortune et de sa vie.

XVII

EL'KANTARA

La négresse Baki. — La rivière des noirs. — Vente et achat des esclaves. — La poudre d'or. — La nourrice du fils aîné de l'empereur. — Les confidences d'un amoureux.—L'intrigue se noue. — Baki attaque mademoiselle Lanternier. — Le stratagème que la négresse met en œuvre pour éloigner la mère Lanternier. — Le rendez-vous. — Le tapis roulé. — Un clair de lune et une apparition. — Sidi-Mohammed aux pieds de la chrétienne. — Une conquête de l'amour. — Un baiser et une promesse. — La naissance d'un négrillon.

Le marabout Sidi-l'Hadj-Miatbir n'était pas seul intéressé à la conversion de mademoiselle Lanternier. La négresse Baki attachait de son côté un grand prix à la résolution que la belle captive se déciderait à prendre. Aussi employait-elle toute son activité et son intelligence dans la séduction qu'elle méditait. Elle agissait à l'insu du marabout, et l'un et l'autre devaient finir un jour, en suivant une voie différente il est vrai, par aboutir au même but et par se donner la main.

Baki, dès sa plus tendre enfance, avait été arrachée au

pays qui l'avait vue naître par des marchands d'esclaves.
Ceux-ci l'avaient achetée au prix d'un sac de blé à *à la rivière des nègres* et l'avaient vendue aux agents de l'empereur en résidence à Fez. *Cette rivière des nègres* est une
contrée sur laquelle nous n'avons encore pu nous procurer
que les données les plus vagues. Le renégat *Abdala le chrétien* (le déserteur Dumoulin) l'a parcourue rapidement.

C'est un pays de sables qui ne produit aucune récolte et
les noirs qui l'habitent échangent la poudre d'or et leurs
enfants contre des sacs de blé et d'orge. Ainsi le
prix d'un esclave varie selon l'affluence des acheteurs
sur le marché. Si les acheteurs sont nombreux, le
nègre s'élève à une certaine valeur représentée en grains ;
si les acheteurs sont rares, il descend à la valeur la plus
minime, à une mesure de grain, ou bien à quelques mètres
de cotonnade.

La négresse Baki entra dans la maison du souverain :
elle devint mère et elle fut chargée d'allaiter Mohammed-
Abderramann, le fils aîné de Sa Majesté marocaine. Lorsqu'elle eut cessé de remplir son rôle de nourrice, Baki fut
attachée au service des femmes de l'empereur. Le poste
qui lui fut confié était des plus importants, et elle s'acquitta
de ses nouvelles fonctions avec autant d'intelligence que de
fidélité. Le jeune Muley-Abderrhamann conserva pour sa
nourrice un vif attachement. Cette reconnaissance du prince
éleva Baki dans l'estime du palais, et chacun s'étudia à lui
plaire et à mériter son amitié.

A son arrivée à Maroc Sidi-Mohammed alla trouver sa
nourrice : il lui raconta l'aventure de mademoiselle Lan-

ternier dans la fosse aux lions ; et il lui avoua que la beauté et le courage de la chrétienne l'avaient complètement sub-jugué.

Baki commença par accueillir cette confidence avec au-tant d'incrédulité que d'indifférence.

Le prince se montra blessé de l'attitude qu'avait prise la négresse. Il revint à la charge, il lui peignit son amour avec des couleurs si vives et si vraies que celle-ci n'osa même plus le détourner de cette affection tant la passion qui dévorait ce jeune cœur avait conquis d'empire sur sa volonté. Elle prêta une oreille complaisante aux aveux du prince, et si elle ne flatta pas son amour, elle ne tenta pas du moins rien qui pût le contrarier. Mais elle dut finir par lui montrer le péril auquel il s'exposait en s'occupant de l'es-clave de son père. Cette considération n'était pas de nature à arrêter une imagination de seize ans. Mohammed savait que la captive vivait en étrangère dans la maison de son père.

Ce fait éteignait les scrupules du prince et l'encourageait dans ses espérances. Il pressait Baki avec cette vivacité et cette ténacité qui sont les vertus d'un cœur nouvellement épris, de l'aider dans sa passion, de lui parler de la jolie chrétienne, et de lui ménager quelque rendez-vous. La négresse ne pouvait résister longtemps : elle aimait Sidi-Mohammed comme une mère aime son fils ; elle le craignait comme l'esclave doit craindre son maître, car elle voyait en sa per-sonne son fils de lait et son souverain. Elle s'imaginait que cet amour était produit par un caprice, que la tête avait plus de part que le cœur dans cette passion et qu'il s'agis-

sait de fournir une distraction à cette première effer-
vescence.

C'était l'adolescent dont il fallait amuser l'ardeur qui se
lassait des chevaux, des fantasias, de l'étude, et qui s'exal-
tait aux charmes d'une femme. C'était la nubilité qui
portait une main indiscrète sur l'arbre défendu et qui s'irritait de ne pas atteindre le fruit, objet de sa convoitise.
C'était l'Arabe, le descendant de ces Maures, anciens maîtres aux siècles d'une splendeur glorieuse, du beau royaume
des Espagnes, qui portait en son sein les derniers germes
d'un héroïsme et d'une galanterie, signes d'une rare distinction dans l'esprit et le cœur. La négresse Baki ne se
rendait pas compte de ces divers sentiments. Elle voyait un
beau jeune homme qui soupirait d'amour pour une jeune
fille.

Cela lui suffisait : elle trouvait que de travailler à leur
rapprochement était une chose toute naturelle. Une seule
circonstance l'arrêtait. L'amante convoitée était la fille des
chrétiens. Était-il possible de jeter auprès de l'infidèle,
l'élève de Sidi-l'Hadj-Miatbir, l'enfant de Dieu et de Mahomet.

Elle ne manqua pas de représenter au prince la mons-
truosité de l'amitié qu'il tentait de lier avec la chrétienne.
Le jeune mahométan parut interdit devant cette objection.
Dans son irréflexion, il ne l'avait pas prévue ; mais son hésitation ne dura guère et il s'écria :

« Il faut qu'elle cesse d'appartenir au Dieu des chrétiens ; elle sera de la religion de Mahomet. Je me charge de
son abjuration. Mon père l'a déjà avertie sur ce point, car

il a ordonné de ne plus l'appeler de son nom de chrétienne, mais de l'appeler du nouveau nom qu'il lui a donné, Dagia. »

La négresse se contenta de cette réponse, et elle promit de s'occuper des amours de son jeune maître. Dès ce moment elle s'attacha exclusivement à la personne des deux chrétiennes et elle se procura ainsi tout le loisir nécessaire pour acquérir une connaissance bien exacte de leurs faits et gestes. Jusque alors, elle n'avait prêté qu'une médiocre attention à mademoiselle Lanternier. Elle se mit à l'examiner attentivement, et elle demeura frappée des charmes de sa personne et de la beauté de son visage. Elle finit bientôt par tomber dans l'admiration en contemplant longuement ces attraits si purs et si distingués : cette fraîcheur, cette élégance, cette harmonie qu'elle ne savait comparer à aucun autre objet ; car les étoiles, les fleurs, les fruits, qui lui servaient ordinairement de type de comparaison, n'égalaient certes pas en éclat et en suavité cette créature charmante. Aussi devint-elle empressée et officieuse auprès des deux captives.

Elle les servait avec autant de respect que de dévoûment et elle travaillait ainsi à capter leur confiance. Mademoiselle Lanternier ne tarda pas à reconnaître le zèle de Baki et elle lui en témoigna sa gratitude. La négresse allait et venait : elle communiquait journellement avec le palais et la ville, et elle formait le lien qui rattachait les habitants du sérail au mouvement, au bruit, à la vie de l'extérieur. D'un moment à l'autre, elle pouvait devenir un instrument précieux entre des mains intelligentes.

Dès que la Baki jugea l'instant favorable d'attaquer la chrétienne, elle s'empressa de le saisir, et un jour que la mère Lanternier travaillait à sa couture sur la terrasse du jardin, la négresse, qui était demeurée dans la chambre en tête à tête avec la jeune fille, entama la conversation dans les termes suivants.

(Il n'était pas encore question de la visite du marabout Miatbir.)

« Regrettes-tu toujours ta patrie ?

— Baki, répondit la captive, je regretterai ma patrie jusqu'au jour où j'aurai adopté une nouvelle patrie.

— Mais le Maroc est à cette heure ton pays. N'es-tu pas destinée à finir tes jours dans notre contrée ?

— Oui, je dois vivre et mourir dans cette contrée. Mais la patrie ne se borne pas à des champs, à des villes : elle se forme aux lieux où les affections prennent naissance et produisent une famille.

— Il ne tient qu'à toi de former ces affections et une famille.

— Ne suis-je pas étrangère par mon éducation et par ma religion avec les habitants de ce pays ?

— Refais ton éducation, change de religion.

— Et lorsque j'aurai adopté vos mœurs et votre religion, mon sort aura-t-il changé ?

— Oui.

— Ne suis-je pas l'esclave de l'empereur ?

— Tu ne saurais être considérée comme étant une esclave, car tu n'as jamais été vendue ni achetée.

— On m'a donnée à un maître.

— Ce maître t'aime et te respecte.

— Qui te l'a dit?

— Il me suffit de voir et d'apprécier la conduite qu'il tient vis à vis de toi. As-tu jamais manqué de quelque chose, as-tu jamais essuyé un mauvais traitement?

— Non.

— Tu vois donc bien qu'il t'a prise en amitié. Une jeune fille ressemble à une belle fleur. Chacun la regarde en passant et parmi ceux qui aspirent ses parfums et qui admirent ses couleurs, il s'en rencontre toujours un dont les yeux et le cœur s'éprennent plus vivement que...

— Baki, tu as une langue louangeuse : tu cherches à endormir mes chagrins.

— Je cherche à t'instruire sur ton sort en te parlant le langage de la vérité.

— Mais alors qui pourrait s'intéresser au sort de la triste captive?

— Un homme jeune et sincère.

— Il ne m'a jamais vue.

— Il t'a vue. Ensuite il lui aurait suffi d'avoir entendu parler de ta beauté pour...

— Oui, chez vous un homme prend en mariage une femme qu'il voit pour la première fois en l'introduisant dans la maison conjugale.

— Ton image est toujours présente à ses esprits...

— Un homme jeune?

— Oui...

— Sincère?

— Et bon.

— J'ai beau chercher... à Taza ?

— Non.

— A Maroc ?

— Non.

— A Fez ?

— A Fez... la foule était grande dans la cour du palais : Les hommes t'admiraient et les enfants t'adoraient.

— Et je suis aimée...

— Comme femme ne l'a jamais été.

— Et il veut...

— T'épouser, t'offrir le sort le plus brillant de cet empire...

— Tu me trompes...

— Non, car il viendra lui-même se jeter à tes pieds cette nuit. Adieu...

— Baki, tu me quittes. Encore un mot.

— J'en ai dit assez. Sache seulement que tu tiens à cette heure la liberté ou l'esclavage, l'opprobre ou la gloire entre tes mains. »

Et en finissant ces mots, la négresse sortit de l'appartement et rentra dans l'intérieur du palais...

« Les prédictions de Regina la gitana, commencent à sortir du vague où elles demeuraient ensevelies et à prendre une réalité, s'écria la captive dès que la négresse se fut retirée. Si j'ai bien compris ce que m'a dit le marabout Miatbir à Fez et en arrivant ici, je suis aimée et recherchée par un homme puissant.

18.

Mais de qui veut-on parler? Je ne sais, mon esprit se perd en calculs et en conjectures...

Cette nuit... O mon Dieu!... tirez-moi de cette incertitude et faites-moi mourir si je ne dois pas sortir de l'état d'abjection dans lequel je suis plongée depuis si longtemps. »

En ce moment la mère Lanternier rentra. Sa vue coupa court aux réflexions de sa fille.

Les deux femmes s'entretinrent de choses indifférentes, et pendant ce temps le soleil finit par se coucher.

C'était l'heure du crépuscule. Les femmes marocaines se promenaient dans le jardin; les deux étrangères se tenaient assises sur la terrasse. Baki parut devant elles. Un nègre portait sur son dos un tapis.

« Voici le tapis que les chrétiennes ont fait demander à l'aga du palais.

— Mille remercîments, répondit la mère Lanternier.

— Dans quel endroit le déposer?

— Dans la première salle.

— C'est bien. L'esclave va t'obéir. »

Et lorsque l'esclave eut placé le tapis à l'endroit indiqué.

« J'ai ma sœur, reprit la Baki, qui souffre des douleurs de l'enfantement.

— Tu ne nous avais jamais parlé de cette sœur! s'écria la mère Lanternier.

— Je n'ai pas eu l'occasion de vous en entretenir. Je vais passer la nuit auprès d'elle.

— Sans compagnie ?

— Oui sans compagnie.

— Ce n'est pas gai.

— D'autant que ma sœur est contrefaite et que je redoute quelque accident.

— Vous n'avez pas d'accoucheurs vous autres ?

— Non. Mais j'y pense, viens m'aider.

— De grand cœur. Tu veux bien, Virginie ?

— Certainement, ma mère.

— Suis-moi, je te ramènerai bientôt ici.

— Ça vaut bien toute autre distraction. Partons. »

Et sans ajouter un mot, Baki entraîna la mère Lanternier dans le jardin et lui fit franchir la porte qui fermait l'enceinte du sérail.

L'obscurité devenait de plus en plus intense. La jeune fille rentra dans sa chambre, dont elle laissa la porte entr'ouverte. Elle s'agenouilla et fit sa prière à Dieu ; puis elle s'étendit sur un tapis et demeura le front appuyé dans sa main, toute pensive. La présence de Baki avait réveillé ses craintes et ses espérances.

Mille images confuses traversaient ses esprits. Son anxiété se prolongeait : elle ne voyait rien, elle n'entendait rien. La négresse avait-elle fabriqué quelque mensonge. Lui préparait-elle quelque perfidie.

La lune se leva dans ce moment et elle éclaira la chambre de ces rayons si purs qui forment la lumière du ciel de l'Orient.

On aurait dit la douce clarté que jette une lampe d'albâtre au milieu de l'alcôve dans laquelle s'abat en repliant ses ailes frémissantes, un essaim de petits amours, aux carquois d'or et aux flèches d'argent.

A ces scintillements de la lune, la triste captive secoue sa rêverie ; elle relève ses yeux, se dresse sur ses jambes... Soudain, un cri d'effroi s'échappe de ses lèvres... une ombre... une figure humaine sort du tapis que l'esclave a déposé dans un coin de la chambre... elle marche... court à elle...

« Que voulez-vous... qui êtes-vous ?...

— Plus bas... murmura la voix tremblante d'un bel adolescent ; ne crains rien, Dagia, mais ne crie pas ; car tu donnerais l'éveil et si l'on me surprenait ici, nos têtes rouleraient à l'instant même sous le couteau des chaous.

— Mais alors que viens-tu faire ici ?

— Je viens te dire que je t'aime...

— Qui t'a introduit dans cette chambre ?

— Baki, ma nourrice...

— Ta nourrice, je parle donc...

— A Mohammed-Abderrhamann.

— Au fils de mon maître ?

— Oui.

— Tu viens me surprendre lâchement, car Baki a su éloigner ma mère.

— Je viens te dire que je t'aime ; je viens te dire que je te demanderai pour femme à mon père et que je t'épouserai, et je viens te prier, au nom de mon amour et de ton salut, de te faire mahométane.

Tu ne réponds pas. O Dagia !... sois la perle de ma

vie, la flamme de mes yeux, la joie de mon cœur, la richesse de ma maison et l'espérance de ma race. »

Et en disant ces mots, le jeune prince prenait les mains de la jeune fille et les couvrait de ses baisers.

« Tu pries au lieu d'ordonner, murmura la captive.

— Je suis l'esclave de ta volonté. Depuis le jour où je t'ai vue pour la première fois à Fez, dans la cour du palais de mon père, je n'ai cessé de t'aimer : ton image m'a suivi partout. Je te retrouve encore plus belle que dans mes rêves.

— Mohammed, tu es si jeune... tu oublies la distance que ma qualité d'esclave et de chrétienne...

— Ici, nous ne connaissons d'autre distance entre un homme et une femme que celle de l'amour ou de la haine. Je t'aime, tu es la première de toutes les femmes de l'empire, et tu dois marcher après ma mère.

— Tu ne me connais pas !

— Baki te connaît. Je sais de toi que tu es belle, car je n'ai qu'à te regarder pour me convaincre de la perfection de tes charmes ; je sais que tu es plus courageuse que les plus vaillants, car tu t'es jetée dans la fosse aux lions ; et cela me suffit.

— Je n'ose te croire ; le fils de l'empereur, il est jeune, il est beau, il est vaillant et bon... Je rêve... c'est un songe, il fait nuit... Eloigne-toi... non... non... tu me presses sur ton cœur...

— Silence... on vient, fit le prince en déposant un baiser sur les lèvres de la captive, je t'aime... on va nous séparer... Dis-moi...

— Oh ! oui, Mohammed, je t'aime... »

Au même instant, des pas retentirent dans le jardin. Le prince eut à peine le temps de se rouler dans son tapis. Soudain, Baki rentra avec la mère Lanternier. La négresse avait eu la précaution de jeter le burnous d'un kaïd du palais sur les épaules de la bonne femme. Elle lui enleva le burnous.

« Virginie ! s'écria la nouvelle arrivée, en faisant allusion aux couches de la sœur de Baki ; nous avons un garçon.

— Tant mieux. Viens te coucher, ma mère.

— Bonsoir Baki.

— Bonsoir. »

Mademoiselle Lanternier entraîne sa mère dans la pièce du fond. Baki court au prince : elle l'enveloppe dans le haïk, lui fait prendre le tapis sur ses épaules et disparaît avec lui...

XVIII

KLAA

Les deux amoureux et les deux confidents.— Arrivée de Muley-Abderrhamann à Maroc. — Conversion de mademoiselle Lanternier. — Le cortège impérial. — La Gitana assise sur les marches de la mosquée. — Mariage. — La bataille d'Isly. — Encore la Gitana de l'Oued-Za. — Dernière prédiction. — Naissance d'un fils. — Les rois épousent encore des bergères dans le Maroc.

Le marabout Miatbir fit justement sa visite à la chrétienne dans la matinée qui suivit la nuit pendant laquelle la négresse Baki avait introduit secrètement le jeune prince Mohammed-Abderrhamann auprès de mademoiselle Lanternier.

Les sollicitations du marabout ne firent que confirmer la belle captive dans sa résolution. Elle vit avec bonheur que sa mère l'encourageait à suivre la religion du vainqueur, et sans dire un mot de son entrevue avec Sidi-Mohammed soit à Miatbir, soit à sa mère, elle n'accéda à leurs desirs qu'après avoir montré une hésitation qui devait dissimuler la promesse qu'elle avait faite à son amant.

Dès ce moment, le marabout Miatbir vint chaque jour

instruire la néophyte dans la religion du Coran, et il remit sa conversion publique à l'époque où l'empereur arriverait à Maroc. On n'a pas oublié que Muley-Abderrhamann avait annoncé qu'il se transporterait de Fez à Maroc *aux olives*. Le temps de la récolte approchait, car on allait toucher au mois de novembre. Le marabout desirait d'imprimer à cette solennité un éclat et un retentissement inaccoutumés. Il avait suivi pas à pas les progrès que l'amour avait faits dans le cœur de son élève et il s'applaudissait secrètement de l'empire que cette passion conquérait chaque jour sur cette nature ardente et fidèle. Le manége de Baki ne lui échappait pas : il savait l'entrevue qu'elle avait ménagée au prince, mais il se gardait bien de parler : il feignait la plus complète ignorance, afin de séparer ses intérêts de ceux de la négresse.

La Baki, de son côté, s'était mise tout à fait à l'aise avec mademoiselle Lanternier : elle trouvait mille facilités pour lui parler en cachette de sa mère, et la conversation ne s'occupait que du prince et de son amour. Dans ces entretiens, la négresse achevait de subjuguer la jeune fille : elle remplissait son imagination des images les plus séduisantes; elle embrasait son cœur du feu qui consumait celui du prince ; elle chatouillait son ambition en déroulant à ses yeux le tableau des splendeurs impériales qui allaient enivrer son existence ; et la belle captive se nourrissait de ses discours : son cœur n'avait pas encore parlé jusqu'à ce jour. Il se réveillait à l'image du prince. L'amour le réchauffait de ses premières ardeurs, et soit par suite de la sincérité de son âme, soit par suite de la difficulté et de la fortune qui

se présentaient à elle, mademoiselle Lanternier s'était vivement éprise de Sidi-Mohammed. Elle brûlait de le voir,
de lui exprimer sa tendresse et sa reconnaissance : une
impatience fiévreuse, une inquiétude haletante la plon-
geaient dans ce désordre de l'esprit et des sens qui trans-
forment un amour heureux et pur, en une frénésie bondissante et folle. Elle n'osait pas encore s'ouvrir au marabout
Miatbir, et elle craignait de se confier à sa mère ; car elle
n'aurait pas pu accepter de sang-froid les remontrances et
les reproches que la bonne femme aurait puisés dans sa tendresse et son bon sens.

Sidi–Mohammed-Abderrhamann n'était pas plus tranquille que la belle captive. Miatbir lui avait parlé, en termes
vagues et indifférents, de la conversion prochaine de l'esclave
chrétienne ; mais il n'avait pas fixé l'époque de la cérémo-
nie et il ne s'occupait de cet objet qu'avec un médiocre
intérêt. Le prince le pressait de conduire l'esclave à la mosquée, mais il n'osait guère s'avancer dans ses sollicitations.
A la fin, vaincu par ces lenteurs et par la violence de sa
passion, il confia son secret à son précepteur ; et lui peignit
son amour avec cette éloquence et cette persuasion qui font
des amoureux les plus beaux et les meilleurs parleurs du
monde. Miatbir sourit à cet aveu ; il présenta quelques observations ; Mohammed y répondit avec cet entraînement
qui vient d'une âme véritablement éprise et qui sait triom-
pher de toutes les difficultés. Le marabout n'eût pas de
peine à se laisser convaincre.

« Prends-la pour ta femme, dit-il, elle sera ta gloire
et ton bonheur du jour où elle aura changé de religion.

— Je suis heureux de t'entendre parler ainsi, Miatbir :
mais hâte-toi de lui ouvrir le chemin qui conduit à Allah et
à Mohammed.

— Attends l'arrivée de l'empereur.

— Il tarde tant à venir.

— Les olives sont mûres.

— Mais il peut s'arrêter en chemin et son voyage dépend de la bonne ou de la mauvaise disposition des provinces qu'il doit traverser.

— Les tribus sont tranquilles et elles ont payé l'impôt.

— Je l'aime Miatbir, et chaque jour qui s'envole em-
porte une espérance détruite, et un desir déçu.

— Sache attendre : le bonheur n'est durable qu'en proportion des sacrifices et du temps qu'il nous a coûtés. Mais
j'entends des cavaliers dans la cour... un bruit inaccoutumé retentit, on vient... Que veulent les chaous.

A ces mots, les chaous du palais entrèrent dans la chambre du prince, et leur chef annonça que des cavaliers qui
avaient deux jours de marche en avance sur le cortége de
l'empereur venaient d'arriver. Muley–Abderrhamann
campait à Klaa.

« Tu l'entends! s'écria Miatbir, dans deux jours, l'empereur Muley-Abderrhamann, ton père, fera son entrée
dans Maroc.

— Qu'il arrive, qu'il arrive ! répliqua le prince. »

Et il courut rejoindre la négresse Baki, à laquelle il fit
part de cette heureuse nouvelle.

Aux transports de joie que cet événement si impatiemment desiré causa chez la captive, succéda une cruelle

perplexité. Ainsi va le cœur humain. Du moment où il voit la réalisation de son espérance, il se laisse abattre par les difficultés qui s'offrent naturellement dans les circonstances critiques de la vie. Il s'alarme et retombe dans une nouvelle attente. Et puis, il faut bien le répéter, les amoureux ne se créent-ils pas une nature toute particulière : un rien les effraie, un rien les transporte de joie. Une ombre, un brin de paille les plongent aussi bien dans la désolation que dans la confiance, et leur imagination les fait ressembler, par ses caprices et ses hallucinations, à ces oiseaux qui se laissent éblouir par les réverbérations d'un miroir étincelant, et qui finissent, étourdis par ces vertiges tourbillonnants, par s'abattre au pied de ce piége trompeur.

Et si la jeune fille se traînait dans cette anxiété, le jeune prince perdait sa première assurance et tremblait à l'idée de se trouver en présence de son père. Celui-ci accueillerait-il sa demande ? Celui-ci verrait-il avec plaisir une femme étrangère entrer dans sa maison ? Celui-ci n'était-il pas le maître de la chrétienne, et n'avait-il pas disposé secrètement de la vie de son esclave ? Et s'il ne se décidait pas à la vendre ou à la donner à l'un de ses sujets, ne pouvait-il pas la garder auprès de sa personne et en faire l'ornement de son sérail et la distraction de son oisiveté ? Alors succédaient à ces réflexions des doléances et des désespoirs sans fin. Les deux amants gémissaient tristement, dans leur séparation, des mêmes inquiétudes et des mêmes douleurs ; et la bonne Baki allait de l'un à l'autre. Elle consolait ces pauvres cœurs blessés ; elle relevait ces espé-

rances la veille encore si brillantes et à cette heure si déso-
lées, et elle prêtait une oreille complaisante à ces désespoirs
qui faisaient entendre du soir au matin et du matin au
soir leurs éternelles redites.

L'empereur Muley-Abderrhamann fit son entrée dans
Maroc au jour et à l'heure annoncés par les courriers. Il
monta dans son palais et commença, les premiers jours, à
régler les affaires publiques; nous pourrions bien dire ses
affaires particulières ; car l'administration du Maroc est
conçue dans un tel esprit et dans un tel but, que tous les
intérêts finissent par se confondre avec un intérêt unique :
celui de l'empereur. Muley-Abderrhamann encaisse l'impôt, et il en fait l'emploi qui lui convient le mieux. Il com-
mandite les principaux négociants de son empire, et, à la
fin de l'année, ses commanditaires versent dans ses mains
plus de cent pour cent des capitaux qu'ils ont reçus de la
cassette impériale.

Le marabout Miatbir, de tous les individus intéressés au
mariage de Mohammed-Abderrhamann, fut celui qui, le
premier, entretint l'empereur de la chrétienne. Nous n'a-
vons pas besoin de nous étendre sur l'importance que le
marabout attache à cette alliance. Nos lecteurs l'aperçoivent sans peine. Miatbir se flatte qu'en secondant le penchant qui pousse le jeune prince vers mademoiselle Lanternier, il acquiert de nouveaux droits à son amitié. Il se
persuade que la chrétienne doit lui vouer une éternelle reconnaissance. Tôt ou tard, Mohammed doit remplacer son
père sur le trône du Maroc. Le marabout conserve son in-

fluence sur l'esprit du nouveau souverain, et satisfait ainsi sa plus chère ambition.

L'empereur accueillit le rapport de Miatbir avec plaisir, et il se félicita avec le marabout de cette conversion.

« C'est une belle conquête que nous avons faite sur les chrétiens, dit-il; car la jeune fille est aussi jolie que courageuse, et elle mérite d'être heureuse. Il m'appartient aujourd'hui de lui faire un sort digne de son mérite, et je vais...

— Mon père! s'écria Mohammed-Abderrhamann, qui venait d'entrer et qui avait entendu les dernières paroles de l'empereur, j'embrasse tes genoux et je viens réclamer de ta tendresse le prix de ma soumission et de mon bonheur...

— Que demandes-tu?

— Je veux prendre une femme.

— Dans quelle tribu et dans quelle famille?

— La femme que je recherche en mariage fait partie de ta famille.

— Nomme-la.

— C'est ton esclave Dagia.

— Dagia la chrétienne? répliqua l'empereur en rougissant.

— Oui.

— Y songes-tu?

— Oui.

— Où l'as-tu vue? ou lui as-tu parlé?

— Je l'ai vue dans le Bour, à Fez, lors de son arrivée et de son départ.

— Je m'en rappelle.

— Je ne lui ai jamais parlé. Mais je sais qu'elle est belle, et j'ai entendu vanter le courage et le dévoûment dont elle a fait preuve lorsque tu as voulu la séparer de sa mère ; je sais encore qu'elle a cessé d'être chrétienne.

— Tu as bien compris la portée de tes sollicitations ? tu as bien examiné ton cœur ?

— Je l'aime. Allah et Mohamet ont fait naître cet amour dans mon cœur.

— Que pense Miatbir de tout ceci ?

— Dagia doit épouser Mohammed. Ne vaut-il pas mieux donner une femme de ce prix à ton fils plutôt qu'à un aga ?

— Je te la donne, Mohammed ! Relève-toi, et n'oublie jamais que, en acquiesçant à tes vœux, j'ai étouffé les désirs de l'homme pour n'écouter que l'amour du père.

— Qu'Allah et Mahomet te comblent de leurs bénédictions, mon père, et te rendent tout le bien que tu me fais en ce jour ! s'écria le jeune prince en se relevant.

— Sois fidèle et obéissant, c'est tout ce que je te demande.

— A quelle époque fixes-tu l'accomplissement de mon mariage ?

— Mieux vaut tôt que tard, lorsqu'il s'agit des affaires du cœur. Demain tu seras marié. Rentre chez toi et adresse tes prières au Prophète, afin qu'il fasse de la piété de ta femme une source de prospérité et de joie. Qu'elle se montre aussi bonne épouse qu'elle s'est montrée bonne fille : c'est tout ce que je puis te souhaiter de plus heureux.

Miatbir, va dire à Dagia que demain elle prendra mon fils pour époux. »

A ces mots, l'empereur rentra dans sa chambre. Il voulut demeurer seul ; et Dieu seul a pu savoir si ce prince, en accordant la chrétienne à son fils, ne sacrifia pas un dernier amour qui aurait réchauffé de ses ardeurs juvéniles son âme à moitié engourdie par les premières lassitudes d'un âge avancé.

Mohammed s'enferma seul aussi dans son appartement ; mais il ne rechercha pas cette solitude pour dérober ses regrets : pareil à l'avare qui se retire dans le coin le plus secret et le plus noir de sa maison, afin de compter et de recompter son trésor, le jeune amant s'éloigna des importuns, dans la crainte qu'une voix indiscrète ne vînt le troubler dans son bonheur.

Miatbir courut informer mademoiselle Lanternier de la réponse de l'empereur. La mère Lanternier tomba à la renverse en apprenant le dénoûment d'une aventure dont elle ignorait le commencement. La bonne femme criait, gesticulait, rendait mille actions de grâces à la sainte Vierge de Saint-Chamont, embrassait sa fille, prenait les mains du Miatbir, poursuivait la négresse Baki de ses questions et bénissait le nom de la gitana Regina. Elle se réjouissait à devenir folle de bonheur. Sa fille Dagia soupirait tendrement, et en revoyant dans ses esprits l'image adorée de Mohammed, elle murmurait les noms chéris d'Allah, de Jésus, du prophète Mahomet et de Marie, reine des anges.

La félicité marche plus vite que l'adversité ; aussi sommes-nous obligés de courir pour ne pas nous laisser dépasser par les événements. Dès le lendemain matin, mademoiselle Lanternier et sa mère montaient dans un char, à la coupe et aux roues pareilles à celles des chars qui portaient les moissons, aux siècles antiques, dans les plaines de l'Attique. Trois paires de bœufs tiraient ce char. L'empereur précédait et son fils marchait à côté. Une brillante suite, composée des marabouts, des agas, des kaïds, et protégée par cinq cents cavaliers berbères, rehaussait l'éclat de ce royal cortége. Dagia était belle de toute la beauté que pouvait lui donner son amour et son bonheur. La mère Lanternier ne se contenait pas, et elle sifflait entre ses e nts, afin de tromper l'envie qu'elle nourrissait de chanter et de parler.

Au moment où la Dagia mettait le pied sur le seuil de la mosquée, on entendit une femme murmurer ces paroles :

« Heureuse fiancée, n'oublie pas la femme que tu as rencontrée dans la tribu de l'Oued-Za. »

Mademoiselle Lanternier détourne la tête, elle aperçoit la gitana Regina qui lui tend la main. Elle s'arrête, se trouble, arrache son bracelet et le jette aux pieds de Regina. Mais le chef des chaous ramasse le bracelet. Regina se plaint. Un chaou l'éloigne à coups de bâton.

« Malheur ! trois fois malheur sur le fiancé qui m'a volé ma récompense ! murmure la gitana en fuyant devant le bâton des chaous. Tu épouses une chrétienne, Mohammed, *tu succomberas par les chrétiens.* »

Nul ne s'inquiéta de la Regina. Seule, mademoiselle Lanternier déplora le méchant accueil qu'on venait de lui faire ; mais elle n'osa pas se plaindre ; et elle entra dans la mosquée.

Les cérémonies de la conversion et du mariage s'accomplirent dans la même journée, et le soir, en rentrant au palais, la nouvelle épouse et sa mère allèrent habiter la maison de Sidi-Mohammed–Abderrhamann, le fils aîné de l'empereur Muley-Abderrhamann.

Cette union a été jusqu'à ce jour des plus fortunées. Mohammed a tant d'amour pour sa femme Dagia, qu'il est parvenu à lui faire une vie toute royale ; et si parfois le souvenir de la France vient agiter les esprits de Dagia, la jeune femme ne songe qu'à remercier Dieu du sort qu'il lui a fait en la retirant de la condition d'esclave, pour l'élever à la condition de souveraine.

Un seul nuage est venu obscurcir, pendant quelques jours, la félicité des deux époux.

Six années se sont déjà écoulées (le mariage a eu lieu vers les derniers jours de 1837, et nous touchons à l'année 1844). L'émir Abd-el-Kader fuit devant nos colonnes de Mascara, de Tlemcen et de Mostaghanem. Il franchit les frontières marocaines, il se jette dans le Riff et compromet ainsi la neutralité qu'a juré d'observer l'empereur Muley-Abderrhamann. Bien plus, il finit par entraîner dans sa cause le prince du Maroc, et celui-ci a promis de marcher contre l'armée française. Le maréchal Bugeaud a réuni treize mille hommes, et il a placé son camp à Lalla-Margnia.

Tout le Maroc est en mouvement. Deux corps d'armée formidables, composés chacun de quatre-vingt mille hommes se réunissent à Mékenès et à Fez. L'empereur envoie chercher à Maroc son fils Mohammed-Abderrhamann, et il lui confie le commandement en chef de cette armée. Dagia accompagne son époux à Fez : elle est enceinte de six mois; elle va se séparer de son époux. Que de larmes, de regrets vont lui coûter cette absence! Mon Dieu! allez-vous donner la victoire aux Français? allez-vous consommer la ruine et la mort des Marocains? Dagia n'a pas oublié sa première patrie, et si elle desire que la victoire reste à la France, elle ne peut pas, sans se noircir d'une odieuse ingratitude, se réjouir du déshonneur de son mari. Oh! comme elle saigne de douleurs, la pauvre femme! oh! qui peut dire ses angoisses et ses perplexités! Mais elle ensevelit ses terreurs, elle sourit et accompagne son mari hors des remparts de Fez. Mohammed, jeune et brave, se montre radieux à la multitude qui l'environne en le comblant de ses acclamations les plus triomphantes. Il court à la victoire, il va chasser les chrétiens de l'Afrique et venger la cause du patriotisme et de la religion contre les envahisseurs.

Le moment de la séparation est venu.

« Adieu, Dagia ; courage et amour.

— Adieu, Mohammed ; sois bien prudent ; je meurs, si tu succombes.

— Nous ne nous battrons pas. Nous allons négocier avec le général français.

— Tu te battras et tu perdras la bataille, murmura d'une voix stridente une femme qui se suspendait à la bride de son cheval.

— Regina ! la gitana ! s'écria Dagia.

— Oui ; celle qu'il a méprisée à la mosquée, le jour de ton mariage.

— Et celle qu'il a tuée en sortant de Fez, fit un des chaous en lui brûlant la cervelle d'un coup de pistolet.

La Regina tomba roide morte aux pieds du cheval. Le cavalier partit au galop, et Dagia rentra pâle et troublée dans son palais.

Et cependant elle avait dit vrai, la gitana. A Isly, Mohammed perdit la bataille. Treize mille Français mirent en déroute cent soixante mille Marocains. Ce prince revint à Fez. (Voyez la captivité d'Escoffier.) Il s'attendait à être condamné à mort. Son père lui fit grâce de la vie. Il alla rejoindre sa femme à Maroc. Elle le consola de sa disgrâce, et elle combla ses vœux en donnant le jour à un fils. Elle accoucha pendant le séjour d'Escoffier à Maroc. Depuis cette époque, mademoiselle Lanternier et sa mère continuent de mener la vie la plus douce et la plus fortunée ; et c'est ainsi que deux paysannes françaises, deux esclaves de l'émir, sont entrées dans la famille de l'empereur Muley-Abderrhamann, et que l'une d'elles finira quelque jour par s'asseoir sur le trône du Maroc.

XIX

OUIZERT

LA CAPTIVITÉ DES CINQ CHASSEURS D'AFRIQUE ESCOFFIER, BRIANT, GRESSART, CHAPIN ET WOLF.

Affaire de Sidi-Yussef. — Rapport de M. le lieutenant-général de Lamoricière. — Cinq prisonniers français. — La Smala. — Le Juif Wolf. — Deux prisonniers sont fusillés. — Julie la chrétienne. — Le contrebandier Manoudji. — Le maréchal Bugeaud envoie la croix de la Légion-d'Honneur à Escoffier. — Nouveau dévoûment du trompette. — Misère et maladie.

Nos lecteurs sont déjà prévenus. Nous venons de publier deux volumes sur la captivité du trompette Escofier. Il n'entre donc pas dans notre intention de refaire ici le récit des aventures d'Escoffier et de ses camarades. Le cadre de cet ouvrage ne comporte pas de tels développements. Néanmoins, nous allons raconter en quelques mots cette captivité, afin de compléter dans ce livre les événements dont nous nous sommes fait l'historien. Les personnes qui ne pourront pas se procurer notre ouvrage sur Escoffier, sauront cependant les principaux accidents qui ont signalé cette mémorable infortune.

Les années ont marché : notre premier récit s'ouvrait en 1836, celui-ci s'ouvre en septembre 1843. Nous ne pouvons mieux faire, afin de bien exposer la situation des choses et des hommes, que de citer un rapport de M. le lieutenant-général de Lamoricière à M. le maréchal Bugeaud :

« 22 septembre 1843.

Monsieur le maréchal, j'ai eu l'honneur de vous écrire le 16 du courant à mon arrivée à Mascara pour vous transmettre le rapport du colonel Géry et vous rendre compte de l'état des choses. Je suis retourné le 18 à Ouïzert, où mon infanterie se reposait depuis trois jours ; et le 19 au matin, j'ai repris avec toute ma colonne la route du pays des Assesna, sur la trace de l'émir, qui d'après tous les renseignements continuait à tenir sa troupe aux alentours de Foufot, contrée où il trouvait encore de l'orge et de la paille pour sa cavalerie. J'ai couché le 19 à Dra-Remel sur l'Oued-Saïda et le 20 près d'Aïn-Nezereg. Là, j'appris que l'émir avec toute sa troupe, infanterie et cavalerie, devait camper aux fontaines de Sebdou, situées à environ quatre lieues dans le sud-est de Foufot. A trois heures du matin, je mis la division en route, et après sept heures d'une marche rapide nous atteignîmes Sebdou ; mais l'ennemi avait décampé. La direction qu'il avait prise était incertaine ; les filets d'eau de Sebdou ne pouvaient abreuver une colonne comme la mienne, il n'y avait ni herbe ni paille pour les chevaux. Je fis une halte de quatre heures et ramenai la colonne à Foufot, où elle prit son bi-

19.

vouac à l'entrée de la nuit, après avoir fait dans la journée plus de onze lieues.

Dans la soirée, je sus encore d'une manière positive que le camp de l'émir n'était qu'à six lieues de moi, au marabout de Sidi-Yussef. Malgré les fatigues de la veille, nous repartîmes encore à trois heures du matin. Nous traversions la grande forêt des Assesna, dans un terrain pierreux et inégal, où la marche des hommes et celle des chevaux sont excessivement pénibles surtout dans l'obscurité d'une nuit sans lune.

Le colonel Morris, du 2ᵉ de chasseurs, avait la tête avec les quatre escadrons de son régiment, deux escadrons de spahis et quelques auxiliaires. A une lieue et demie environ de Sidi-Yussef, quelques cavaliers partirent au galop des hauteurs où ils étaient en vedette et disparurent dans la direction des marabouts.

A cet indice, la présence du camp n'était plus douteuse. Toute la colonne alongea le pas vers Sidi-Yussef. Un bataillon du 13ᵉ léger suivit rapidement pour recueillir les cavaliers qui resteraient en arrière ou seraient démontés dans ce détestable terrain. L'autre bataillon tourna par la droite afin de gagner la direction présumée de l'ennemi. M. le colonel Roguet, du 41ᵉ, suivait le plus vite possible avec le reste de la colonne.

Arrivé sur le sommet qui domine la petite plaine de Sidi-Yussef, M. le colonel Morris aperçut la troupe de l'émir. Après avoir levé précipitamment son camp, elle s'engageait dans les broussailles en arrière des marabouts et cherchait à gagner une hauteur rocheuse, et boisée, qui lui offrait, à

une lieue et demie, un refuge assuré. On voyait distincte-
ment un bataillon d'infanterie fort de quatre à cinq cents
hommes, une autre troupe d'infanterie qu'on pouvait
évaluer à un demi bataillon et qui escortait au loin une
longue file de mulets ; enfin, cent cinquante cavaliers
marchaient à la hauteur du bataillon et paraissaient
vouloir l'appuyer dans sa retraite. A cette vue, le colonel
Morris forma sa colonne par escadrons, à distance
entière, et laissant le 6e escadron en réserve, se lança
à travers les broussailles contre l'infanterie dont le
drapeau devint le point de direction de la charge.

On allait se joindre, lorsque quatre cents cavaliers conduits par l'émir en personne, débouchèrent par notre flanc
gauche avec beaucoup d'ensemble et de résolution. Le colonel Morris leur fit face avec le 5e escadron des chasseurs,
et le capitaine adjudant-major de Cotte se jeta sur l'infanterie avec les 1er et 3e escadrons, sans se laisser arrêter par
un feu violent qui, de prime abord, mit hors de combat,
hommes ou chevaux le tiers du 1er escadron tête de la colonne. Mais en ce moment le colonel Morris écrasé par le
nombre était repoussé sur le flanc gauche et la charge était
coupée de sa réserve. Il fallut revenir ; on se fit jour à travers les cavaliers ennemis et on se rallia sur le 6e escadron
Le capitaine d'état-major Jarras, envoyé par le colonel
Morris pour diriger cet escadron, et le maréchal−des−logis
Rougerat, à défaut du sous−lieutenant commandant qui
venait d'être culbuté avec son cheval, attaquèrent vigou-
reusement la troupe de l'émir par son flanc droit. Les escadrons se reformèrent. Le colonel Morris renforça le

6ᵉ escadron à sa gauche par la moitié du 5ᵉ sous les ordres du capitaine d'état-major Trochu, qui remplaça l'officier commandant, M. Mogemont, blessé.

L'offensive fut alors reprise par notre cavalerie ; l'ennemi fut vivement ramené et laissa entre nos mains un de ses drapeaux. Le 13ᵉ léger, dont la tête de colonne arrivait alors par la droite détermina la retraite définitive de l'ennemi ; mais l'infanterie avait gagné les bois et était hors d'atteinte.

Ce combat, où 350 chevaux n'ont pas hésité à attaquer une force triple en infanterie et cavalerie, maîtresse de tous les avantages du terrain, a coûté à l'émir, comme nous l'avons su depuis par les déserteurs, son kalifa Abd-el-Backi mort quelques jours après de ses blessures, Bouzeau... l'un des chefs des Hachem-Garabas, homme important par ses nombreuses relations, six officiers de sa cavalerie régulière, vingt morts et de nombreux blessés dans la cavalerie et l'infanterie régulières.

Nous y avons perdu un brave sous-officier, le maréchal-des-logis Guibout, récemment décoré pour sa belle conduite au combat du 14 mai à Sidi–Rached ; cinq chasseurs et un spahis tués ; un officier et dix-neuf hommes ont été blessés ; cinq chasseurs démontés dans la première charge ont été emmenés prisonniers.

M. le colonel Morris a montré dans ce moment critique, toute l'énergie et le coup d'œil qu'on est en droit d'attendre de lui ; il cite en première ligne, M. le capitaine adjudant–major de Cotte, officier plein d'élan, et qui dans cette circonstance a été l'objet d'un acte de dévoûment aussi honorable pour l'officier qui l'a inspiré que pour le soldat qui l'a accompli. M. de Cotte venait d'avoir son cheval tué, en abordant l'infanterie ; retardé par une ancienne blessure à la hanche, blessure qui ne lui permit pas de courir, sa perte était certaine, lorsque le trompette Escoffier, mettant pied à terre, lui dit :

— *Capitaine, prenez mon cheval, c'est vous et non pas moi qui rallierez l'escadron.*

Le brave Escoffier est malheureusement au nombre des prisonniers ; mais le capitaine, grâce à ce dévoûment a pu, en effet, rallier les escadrons et contribuer pour une grande part au succès final. »

Tel fut le rapport de M. le lieutenant-général de Lamoricière. Ce document apprit à la France et à l'Algérie l'héroïsme du trompette Escoffier.

Il nous reste à retracer les faits qui suivirent l'affaire du marabout de Sidi-Yussef.

Une fois démonté, Escoffier court pour rattraper son escadron. Il sonne la charge à pied ; un des hommes des escadrons lui confie un fusil, et il brûle vingt et quelques cartouches contre les Arabes. Il parvient à se suspendre à la queue d'un cheval, mais un cavalier lui traverse la jambe au moyen d'un croc en fer, et le malheureux se laisse tomber, épuisé de fatigue, au pouvoir des ennemis. Ceux-ci l'entraînent du côté de l'émir, et en arrivant dans les rangs de l'infanterie arabe, il se rencontre avec quatre de ses camarades: Gressart et Briant, brigadiers aux chasseurs, Chapin et Wolf chasseurs, que les Arabes viennent de faire prisonniers.

L'émir donna l'ordre de conduire les cinq prisonniers dans la smala qui campait chez les Ismaélas ; on se met en marche et après un voyage de trois jours pendant lesquels nos soldats ne reçurent aucune espèce de nourriture, on arriva, après avoir passé la première nuit chez les Hachem-Garabas, et la seconde dans la ville de Sidi-Kalifa, on arriva à la Smala.

Le beau-frère de l'émir, le kalifa l'Hadj-Mustapha, reçut les prisonniers et les fit enfermer dans son douair. Là, les nouveaux venus sont soumis aux plus pénibles corvées et aux plus dures privations : ils couchent à la belle étoile et reçoivent une maigre galette d'orge pour toute nourriture. En route, les Arabes leur ont volé leurs souliers et leurs vestes (le brigadier Gressart est le seul qui ait su conserver ses souliers), et Escoffier ne peut appliquer pour tout pansement sur la plaie qui lui déchire la jambe que de la terre glaise, lorsqu'il a la fortune d'en trouver.

L'Hadj-Mustapha les condamne à creuser un puits et à aller arracher des racines de thym et d'alfa dans le désert. Escoffier accepte, sans se plaindre, son malheur ; ses compagnons se révoltent contre la dureté du vainqueur ; ils refusent d'aller à la corvée et ils se mettent à coudre des chemises pour le compte des femmes de l'Hadj-Mustapha, le kalifa. Mais le kalifa se plaint de leur conduite : il envoie Gressart et Chapin en subsistance chez les laskars (fantassins arabes), il conserve dans le douair de ses femmes Escoffier et Briant, et il place dans la tente de l'aga des Laskars, Sidi-Muzzon, le chasseur Wolf.

Ce Wolf est un infâme coquin. Dès le premier jour de sa

captivité, il n'a cessé de témoigner contre ses camarades ; il a juré leur perte, afin de se ménager la faveur des Arabes. Il est Allemand de naissance, et juif de religion. Aussi s'est-il empressé de profiter des stigmates dont l'a frappé l'opération de la circoncision pour dire aux Arabes :

«Voyez, Wolf fils de Turc est bon mahométan. *La Allah ill' Allah, Mohammed rassoull' Allah !* »

Les Arabes veulent bien le croire : ils l'habillent, le font coucher sous une tente, lui donnent une bonne nourriture et le placent en subsistance chez l'aga Muzzon, tandis qu'ils laissent ses camarades mourir de froid, de fatigue et de faim.

Les jours, les mois s'écoulent et les prisonniers français ne sont pas rachetés. Leur misère s'aggrave de plus en plus. Seul, Escoffier conserve son énergie et son espérance. Il veut sortir vainqueur dans le combat que lui livre la mauvaise fortune.

Il se rend utile dans le douair du kalifa l'Hadj-Mustapha ; il se confie dans la sollicitude de la France ; il se flatte de rentrer, lorsque Wolf, le Judas des prisonniers, va livrer leur tête aux Arabes.

Wolf, le Juif, le renégat, est allé dire à l'aga Muzzon que les quatre prisonniers ont formé le projet de s'évader pendant la nuit. Cette délation est d'autant plus affreuse qu'elle repose sur un mensonge. L'aga Muzzon fait un rapport au kalifa l'Hadj-Mustapha, et celui-ci donne l'ordre de fusiller à minuit les quatre Français.

A minuit, Gressart et Chapin sont fusillés. Escoffier et Briant vont subir le même sort, lorsque les femmes du kalifa intercèdent en leur faveur et leur rachètent la vie. Elles font prévenir Escoffier et Briant du danger qu'ils ont couru et les engagent *à ne pas fréquenter Wolf, qui est un faux et un méchant.*

Wolf a profité de la nuit pour aller voler, sur le cadavre de Gressart, les souliers que ce malheureux portait aux pieds.

Ainsi la scélératesse de ce Juif fut plus grande que celle de Judas l'Iscariote ; car Judas l'Iscariote jeta le prix du sang et se donna la mort, tandis que Wolf s'enrichit des dépouilles de ses victimes.

Tandis que Escoffier et Briant se voyaient trahis par leur camarade et pleuraient la mort de Gressart et de Chapin, ils recevaient d'un jeune Espagnol mille preuves de dévoûment et mille bons services.

Ce petit Espagnol se nommait Ismaël. Il apprit à nos soldats qu'il servait, en qualité d'esclave, une jeune femme nommée, dans la Smala, *Julie la Chrétienne.* Cette femme avait été enlevée à Marseille par un Corse nommé Manoudji, qui vendait des poudres et des munitions de guerre à l'émir. Le Corse vola la petite Julie à sa famille et la conduisit à Oran. Julie avait dix ans : elle était fille d'un meunier de Marseille. Elle vécut à la suite du contrebandier Manoudji, qui nourrissait déjà dans sa maison deux jeunes Espagnoles, Ismaël, ramassés tous trois à Gibraltar ; un autre petit Espagnol, fait prisonnier par les Arabes aux environs d'Alger, à Uzindé, et une Alsacienne. Après les aventures les plus étranges, le Manoudji fut fusillé sur l'ordre du kalifa l'Hadj-Mustapha. On ramena ses femmes et ses trésors à la smala ; et, quelques jours plus tard, l'émir maria *Julie Chrétienne* à l'un de ses partisans, Amet, ancien orfèvre de Milianah.

La chrétienne envoyait chaque matin Ismaël chez Escoffier et Briant. Elle brûlait de les voir et de leur parler, car elle ne nourrissait qu'un desir et qu'une espérance : s'entretenir avec des Français de la patrie absente et rentrer à Alger. La chrétienne finit par se procurer une entrevue avec Escoffier et Briant. A cette époque, ces malheureux marchaient nus des pieds à la tête. Julie la Chrétienne leur raconta l'histoire de sa vie : elle leur dit les crimes dont s'était souillé son ravisseur, le contrebandier Manoudji ; elle leur confirma sa mort et leur donna l'assurance que l'Alsacienne qui avait vécu avec elle chez Manoudji n'était pas sa mère. Ismaël avait vanté la beauté de sa maîtresse, ses seize années et la générosité de son âme. Nos soldats trouvèrent que l'éloge qu'il avait fait de la chrétienne, quelque brillant qu'il fût, était encore audessous de la réalité,

Nous allions oublier de raconter que la veille du jour où Briant et Escoffier se rencontrèrent avec la chrétienne, notre trompette avait reçu des nouvelles de M. le maréchal Bugeaud, dans une circonstance digne de mémoire. Voici ce qui s'était passé.

L'émir avait fait appeler les prisonniers, et il leur avait dit :

« Où est le trompette? qu'il se montre. »

Escoffier s'avance et l'émir lui remet une lettre. Dans cette lettre, M. le maréchal Bugeaud annonce au trompette que le roi l'a nommé chevalier de la Légion-d'Honneur. « Sidi-l'Hadj-Abd-el-Kader-Mahidin , ajoute le maréchal, vous remettra la croix, mon brave Escoffier. Espérez, la France a les yeux ouverts sur vous et sur vos camarades. »

Soudain l'émir dépose dans la main du prisonnier la croix de la Légion-d'Honneur. Celui-ci pleure de joie et presse sur ses lèvres cet insigne glorieux qui lui parle de la France, de son roi et de son maréchal.

Le temps marche. L'hiver exerce ses rigueurs contre les hommes et contre la terre. La faim et le froid désolent la smala. Il neige, il vente au désert. Les chameaux meurent par centaines et les autruches par milliers. Briant et Escoffier dorment tout nus à la belle étoile, et demeurent exposés nuit et jour à la pluie, à la bise, à la neige. Ils vont disputer aux chiens affamés les carcasses des chameaux morts de froid, et ils se soutiennent avec cette odieuse nourriture. Ils résistent tant bien que mal à ces tortures. L'espoir du retour les console. Escoffier grandit dans l'adversité. Il a conquis l'estime et l'admiration des chefs arabes , et ici vient se produire un événement qui montre, sous un nouveau jour, la grandeur d'âme de ce hardi soldat.

Un aga, nommé Kada, bien connu de nos généraux, fait appeler Escoffier. Celui-ci entre dans la tente de Kada et reconnaît un maréchal-des-logis des spahis, nommé Ben-Zabor.

« Escoffier, dit Ben-Zabor, j'ai déserté pour te sauver. Voici deux chevaux tout sellés et un burnous. Enfourche le cheval, jette le burnous sur tes épaules, et suis-moi. Dans une heure, nous prendrons le café chez le maréchal, à Lalla-Margnia.

— Non, je reste.

— Je veux te sauver.

— Merci , je demeure ici. Ma fuite servirait de prétexte aux Arabes pour fusiller Briant et Wolf. *Je ne veux pas être l'auteur d'un assassinat.* Tu peux t'en retourner. »

Ben-Zabor monte à cheval. Il regagne, sans être poursuivi, les avant-postes français ; et Escoffier rentre dans le douair des prisonniers.

Ce nouveau trait de désintéressement n'est-il pas plus sublime que celui du combat de Sidi-Yussef ? Ici, Escoffier est malheureux. Deux de ses camarades sont morts. Leur assassin, c'est Wolf, qui, d'un moment à l'autre, peut le trahir lui-même. Tout l'invite à partir, et il refuse de s'éloigner. A la bataille, la poudre, les chevaux, les morts et les blessés l'avaient enivré. Il n'était plus de sang-froid, et il pouvait encore échapper à l'ennemi.

Tandis que notre trompette se réjouit d'avoir résisté à la tentation de fuir, Briant se désespère et perd tout courage, Wolf tombe malade. *Il tremble la fièvre.* Dieu va le punir du crime qu'il a commis.

XX

LE RIFF

Année 1844. — Campement dans le Maroc. — Le maréchal Bugeaud est
établi à Lalla-Margnia. — L'armée marocaine. — La bataille d'Isly. —
La maladie décime les Arabes. — Escoffier soigne les malades et fait des
cures merveilleuses. — Départ pour Taza. — Mort de Wolf. — L'aga
de l'Oued-Za. — Arrivée à Taza. — Un des fils de l'empereur, Sidi-
Amet-Abderrhamann comble les prisonniers de prévenances. — Départ
pour Fèz.

Avec les premiers beaux jours du printemps, Escoffier et
Briant virent leur condition s'adoucir. L'émir les envoya
dans son camp, qui stationnait aux environs de la rivière
d'Isly. L'aga Bangarnier leur donna un gourbi, et leur
fournit, pendant quelque temps, une assez bonne nourriture.

A cette époque (1844), les provinces du Maroc, limitro-
phes avec les frontières de l'Algérie, étaient sillonnées par
les cavaliers de l'empereur Muley-Abderrhamann. On entendait parler du rassemblement d'une armée formidable
qui devait livrer bataille contre l'armée française. M. le
maréchal Bugeaud, à la tête d'une division de treize mille

hommes, campait à Lalla-Margnia. Tout présageait une collision entre les Français et les Marocains. Chaque jour voyait circuler quelque nouvelle qui remplissait de joie les Arabes de l'émir; chaque jour voyait arriver un corps de cavaliers marocains. Les marabouts les plus considérables de Fèz, les officiers de l'empereur venaient rendre visite à l'émir et lui apportaient de riches cadeaux de la part de leur maître. Les Marocains, qui affluaient dans le camp de l'émir, allaient vers Escoffier et Briant, et ils énuméraient, avec cette exagération qui forme l'un des principaux traits du caractère africain, le nombre des canons, la valeur des cavaliers, cent soixante mille hommes qui marchaient contre le petit corps d'armée du maréchal Bugeaud.

A la fin, on touche au mois de juillet. La chaleur est mortelle; elle couche sur le flanc les Arabes les plus forts. L'émir tombe malade lui-même. Mohammed-Abderrhamann, le fils aîné de l'empereur, arrive dans le Riff à la tête du corps d'armée de Mékenès. Les Arabes ne bougent pas : ils demeurent impassibles spectateurs de la lutte qui va se livrer à deux lieues de leur camp. Ils savent que Mohammed, le général en chef, apporte les fers avec lesquels il se propose d'enchaîner les vaincus; ils savent qu'il a juré de chasser les Français de l'Afrique et d'occuper Alger, et qu'il a déjà fixé les étapes qu'il doit parcourir pour arriver jusque dans cette ville : ils savent encore que les Marocains sont au nombre de cent soixante mille hommes armés, et que les Français composent un effectif de treize mille hommes. Personne, chez les Arabes et chez les Marocains, ne doute de la victoire. Escoffier tremble que cette masse formidable de cavaliers, par la seule impulsion de sa course, ne passe sur le ventre de l'armée française.

Un matin, le canon se fait entendre. Bientôt il cesse de gronder, et, quelques heures après, les Arabes aperçoivent de leur camp, sur une ligne de trois lieues, l'armée marocaine qui se sauve au triple galop de ses chevaux. La terre tremble sous les bonds de cette fuite furieuse qui fait tourbillonner autour d'elle des nuages de poussière d'une intensité à voiler la face du soleil.

La France a triomphé de ses ennemis, et le pauvre prisonnier adresse en pleurant ses actions de grâce au Dieu des armées.

Tandis que les Marocains, dépouillés, harassés, regagnent l'intérieur du pays, le camp des Arabes se réjouit de leur défaite et les pille au passage ; car l'émir est jaloux de la puissance de Muley-Abderrhamann, et il rêve déjà sans doute le trône du Maroc. N'est-il pas le digne représentant de la nationalité arabe ? N'est-il pas le plus brave, le plus glorieux et le plus saint des sultans ?

Mais il a beau se réjouir, la chaleur et la misère des temps le clouent dans son gourbi. Ses meilleurs soldats tombent malades. Les femmes de la smala ont recours, au plus fort de l'épidémie, au prisonnier français. Ismaël vient chercher Escoffier, et celui-ci saigne, *ventouse* un nègre et le fils du kalifa Milloud-Ben-Arrach. Il leur rend la santé et la vie, et la mère d'Abd-el-Kader vient, en personne, remercier l'habile trompette, transformé , par la force des circonstances, en chirurgien et en médecin.

Cependant, la captivité des prisonniers ne touche pas à son terme. Ils n'entendent plus parler du maréchal Bugeaud. Les aurait-on oubliés ? Briant est désolé ; Wolf gémit : il sue la fièvre par tous les pores et succombe à une horrible dyssenterie. Escoffier est encore debout, et garde sa confiance en Dieu et en ses généraux. Ses nobles instincts ne le trompent pas, car, un matin, l'aga Bangarnier lui annonce qu'il va partir avec ses camarades, et que l'émir consent à le renvoyer aux Français.

En effet, dès le lendemain, deux cavaliers marocains viennent chercher les trois prisonniers. On se met en route ; mais, au lieu de descendre vers Ouchdah, les cavaliers remontent dans le Maroc et prennent le chemin de Taza.

Abd-el-Kader médite-t-il quelque trahison ? Veut-il abandonner les prisonniers dans un coin du désert, ou bien encore, la France, qui traite à cette heure de la paix avec l'empereur du Maroc, a-t-elle exigé que Muley-Abderrhamann délivrât des mains de l'émir les trois prisonniers ?

Les deux cavaliers marchent en avant. Nos soldats ont peine à les suivre. Wolf est malade. A la veille de recouvrer la liberté, ce misérable se voit escorté par la Mort, qui lui donne la main. On arrive à l'Oued-Malouya. La dyssenterie a tué les dernières forces du Juif. Wolf ne peut pas traverser la rivière. Les cavaliers entraînent ses deux camarades, et, dès que les voyageurs ont disparu dans le

bois qui s'ouvre sur le bord de l'Oued-Malouya, des
bergers marocains se jettent sur Wolf, et le brûlent tout vif.

Ainsi périt cet homme abominable, qui vendit la vie de
Gressart et de Chapin.

En arrivant chez l'aga Mohammed, qui commande les
tribus de l'Oued-Za, Escoffier envoya un nègre et un cavalier chercher Wolf, qu'ils croyaient arrêté au bord de
l'Oued-Malouya. A son retour de l'Oued-Malouya, le nègre
annonça la fin tragique de Wolf, le Juif allemand.

Les prisonniers séjournèrent chez l'aga de l'Oued-Za
pendant trois semaines; puis ils profitèrent d'une caravane qui partait pour Taza, et se mirent de nouveau en
chemin. A leur arrivée à Taza, on les logea dans le fondack de cette ville.

Deux jours après leur entrée dans Taza, un chaous et
un renégat espagnol, Kadour, conduisirent Briant et Escoffier chez Sidi-Amet-Abderrhamann, l'un des fils de
l'empereur. Le jeune prince fit aux deux soldats l'accueil le
plus gracieux et le plus généreux. Il témoigna à l'égard
d'Escoffier un vif intérêt : il se plaignit à eux de la dureté et de l'avarice de son père, qu'il traita de Yaoudi,
de Juif; il parla de la bataille d'Isly, de la fuite de
son frère, et du desir qu'il nourrissait de voyager en France
et en Espagne.

Toutes les particularités qui se rattachent à cette entrevue sont des plus curieuses, et nous regrettons vivement de ne pas entrer dans de plus amples développements.

Nos deux soldats firent un séjour d'un mois à Taza,
après lequel on les fit partir pour Fèz.

XXI

LE RETOUR

A Fèz, Escoffier et Briant furent, dès leur arrivée, conduits dans le Bour. On les présenta à l'empereur. Le pacha Bousselam, gouverneur des ports du Maroc, qui venait de ramener à Muley-Abderrhamann un jeune prince élevé à Larrache dans sa maison, hébergea nos soldats. Ceux-ci se reposèrent pendant trois jours à Fèz. Ils eurent tout le loisir d'examiner la ville, de causer avec *Abdala le chrétien*, Dumoulin, ce déserteur fameux, l'ancien compagnon de Moncel, et avec Mustapha, un déserteur de Milianah, Joseph Grémillet.

Nous racontons dans notre ouvrage sur Escoffier les aventures diverses qu'ont courues ces deux hommes.

Dumoulin s'est marié à Fèz : il a tout perdu à la bataille

19.

d'Isly, et il est réduit à vendre du café dans les rues pour vivre. Dumoulin et Grémillet racontèrent la fortune inouïe des femmes Lanternier, et le pacha Bousselam vint confirmer de son côté l'exactitude des faits relatés par les deux renégats au sujet de mademoiselle Lanternier et de son mariage avec Sidi-Mohammed-Abderrhamann, commandant en chef de l'armée marocaine à la bataille d'Isly, et fils aîné de l'empereur Muley-Abderrhamann.

De Fèz, le pacha Bousselam emmena à sa suite les deux prisonniers et marcha jusqu'à Larrache. A Larrache, un Juif, Haïm-Bachimol, se chargea de conduire les deux prisonniers à Tanger, en passant par Arzilla. Cette dernière partie du voyage fut longue et pénible, mais l'espoir était revenu et relevait les forces et la confiance. Dans les premiers jours de janvier 1845, les deux captifs entrèrent dans Tanger.

Dès ce moment ils étaient placés sous la protection de la France ; ils venaient de recouvrer la liberté.

M. Victor Mauboussin, élève consul, gérant le consulat général de France à Tanger, les accueillit dans sa maison et les entoura de la plus affectueuse sollicitude.

De Tanger, Briant et Escoffier passèrent à Gibraltar, et de Gibraltar à Oran.

Ils revirent à Oran leurs anciens frères d'armes. Ce fut une fête pour le régiment. Qui pouvait mieux apprécier le dévoûment d'Escoffier que les chefs et les camarades au milieu desquels il avait combattu ! Les deux chasseurs obtinrent un congé et partirent pour Marseille.

La traversée fut heureuse, et les deux captifs des Arabes jouirent du bonheur de revoir leur patrie.

Escoffier avait promis, dès les premiers jours de sa captivité, à Gressart, d'aller dans sa famille, si lui Gressart venait à mourir chez les Arabes. Il ne manqua pas, en passant à Châlons, d'accomplir cette douloureuse mission. Puis, il s'achemina vers Besançon, sa ville natale.

Les compatriotes d'Escoffier accueillirent ce glorieux soldat avec des transports de joie et d'enthousiasme qui exprimèrent dignement l'admiration que sa conduite leur avait causée. Une fête publique fut donnée. Le colonel de la garde nationale plaça une couronne de lauriers sur la tête du héros du jour, et le conseil municipal déclara dans son procès-verbal du 24 mai 1845 :

« Tous les membres ayant été convoqués, présents, M. Bretillot, maire, président, etc., etc.

» Le conseil accueille avec empressement, au nom de la cité, la proposition qui lui est faite par un de ses membres de donner au trompette Escoffier, né à Besançon, un témoignage de gratitude et de haute estime qui rappelle l'acte de sublime dévoûment par lequel ce militaire s'est signalé en Afrique, en abandonnant, dans un moment critique, son cheval à son capitaine pour qu'il puisse se soustraire à l'ennemi et rallier l'escadron sous ses ordres.

» En vue de réaliser cette pensée, le conseil vote au trompette Escoffier une médaille d'or de la valeur de trois cents francs, et délibère que cette dépense sera inscrite au budget supplémentaire de 1845. »

Un ordre ministériel appela Escoflier à Paris. Notre héros se présenta devant ses chefs. Le roi le vit au Tuileries. La reine, les princesses et les princes le félicitèrent sur sa généreuse conduite, et quelques jours après il fut nommé garde surveillant au château des Tuileries.

Briant, qui s'était retiré dans sa famille, ne tarda pas à apprendre qu'il était investi du même emploi que son camarade.

Il arriva à Paris et se hâta de remplir son poste.

Ainsi les deux anciens prisonniers des Arabes gardent à cette heure le roi et sa famille ; et, lorsque en parcourant les allées des Tuileries, il leur arrive de penser aux jours de leur captivité, ils se demandent s'ils ne sont pas trompés par quelque hallucination mensongère et fiévreuse en jetant les yeux sur ces dômes de feuillage et sur ces promeneurs paisibles.

Et parmi ces promeneurs insouciants et dorés, s'en rencontre-t-il un qui, en passant auprès de ces vétérans marqués par les travaux de la guerre et par les tortures de la captivité, sache admirer en eux ces hommes forts et intrépides dont le courage et le dévoûment leur ont fait de si doux loisirs !

O les heureux du jour! sachez sortir de votre égoïsme et de votre opulence, et faire beaucoup de bien ; car votre égoïsme et votre opulence s'enrichissent du sang de nos soldats, des larmes de leurs mères et de leurs veuves! Et sans avoir l'intention d'établir aucune allusion et aucun point de comparaison avec nos héros, n'oubliez jamais que les temps modernes ont vu, aussi bien que les temps antiques, l'adolescent assis sur le seuil du palais des rois, qui criait, en tendant à l'aumône publique le casque fracassé du vieux guerrier,

Date obolum infelici Belisario !

XXII

SIDI-BRAHIM

CAPTIVITÉ DE M. LE CHEF D'ESCADRON COURBY DE COGNORD.

Mouvement de M. le colonel Montagnac. — Bivouac de Sidi-Brahim. — Les vedettes arabes. — La cavalerie française charge. — Résistance des Arabes. — Cinq mille cavaliers contre soixante soldats français. — Mort de nos officiers. — Affaire du marabout. — M. le capitaine de Géraud. — Héroïsme du capitaine Dutertre. — Quatre-vingt-seize prisonniers français dans les mains de l'émir.

Le 21 septembre 1845, une petite colonne composée de trois cent cinquante-quatre hommes appartenant au 8ᵉ bataillon des chasseurs d'Orléans, de soixante cavaliers, de six muletiers appartenant au 2ᵉ de hussards sortit, sous le commandement de M. le colonel Montagnac, de Djemmâa, à dix heures du soir. Elle marcha pendant toute la nuit et passa la journée du 22 à Sidi-Brahim.

De ce point on apercevait à droite, sur une montagne, une vingtaine de cavaliers arabes.

Le colonel Montagnac ne prêta qu'une médiocre attention à la présence de ces cavaliers : il se persuada que ces vedettes se contenteraient d'observer de loin ses mouvements et qu'elles ne songeraient pas à rallier autour d'elles une masse de combattants. Le colonel ne s'inquiéta donc pas de ces cavaliers : il demeura tranquille dans son bivouac de Sidi-Brahim et il n'en sortit qu'à onze heures du soir. La colonne se mit en marche dans la direction de Kerkor, où elle s'arrêta jusqu'au lendemain matin. Le 23, à la pointe du jour, on découvrit sur les hauteurs des mamelons qui s'élevaient en face de la colonne française, à peu près le même nombre de cavaliers arabes qui la veille, avaient attiré l'attention de nos soldats.

Soudain M. le colonel Montagnac donne l'ordre à M. Courby de Cognord, chef d'escadron, de monter à cheval en selle nue, avec tout son détachement.

L'infanterie, moins deux compagnies, doit appuyer le mouvement de la cavalerie ; elle va marcher sans porter ses sacs, tandis que M. le commandant Froment-Coste, reçoit l'ordre de garder le camp et les bagages avec deux compagnies d'infanterie.

A peine ces dispositions sont-elles prises, que M. le commandant Montagnac donne le signal du départ et il s'avance contre les Arabes avec M. le chef d'escadron Courby de Cognord. Ils longent à pied et en conduisant leurs chevaux par la bride, pendant dix minutes, le ravin sur les bords duquel ils ont bivouaqué. Bientôt le colonel s'aperçoit que les Arabes, qui se tenaient en observation depuis deux jours, avaient opéré un mouvement de retraite en longeant la colonne française. Il commande à l'instant aux hussards de monter à cheval et de poursuivre les fuyards. Cet ordre s'exécute avec une telle rapidité que l'infanterie demeure en arrière.

Les hussards se jettent sur les vedettes arabes ; celles-ci leur tirent quelques coups de fusil et se joignent tout à coup à des groupes de cavaliers qui s'étaient embusqués derrière des broussailles et les plis du terrain. Le nombre des ennemis s'élève déjà à deux cents cavaliers.

M. Montagnac ordonne au même instant à M. Courby de Cognord de modérer son mouvement en avant, en échelonnant ses deux pelotons à une très petite distance ; alors commença le feu des tirailleurs. Les troupes continuèrent leur mouvement en avant. A mesure qu'on avançait le nombre des ennemis augmentait. On fit alors deux charges successives devant lesquelles l'ennemi recula un peu : il éprouva quelques pertes ; celles que nous essuyâmes furent grandes.

Ainsi le capitaine Saint-Alphonse fut tué d'un coup de feu.

M. Klein fut blessé et vint mourir dans les derniers rangs.

M. Courby de Cognord eut son cheval tué sous lui de deux coups de feu. Le hussard Testard, du 1er escadron, mit pied à terre, et céda son cheval à son chef d'escadron. Celui-ci rallia autour de lui une quarantaine d'hommes, et maintint l'ennemi, jusqu'au moment où il parvint à s'emparer d'un piton, sur lequel il espérait se défendre en attendant l'arrivée et le secours de l'infanterie, laquelle rejoignit bientôt.

Mais le colonel Montagnac venait d'être blessé. Il donnait l'ordre à la compagnie de M. de Chargère, capitaine, de charger l'ennemi qui poursuivait, plus nombreux que jamais, cette poignée de Français. En un instant cette compagnie était enveloppée et décimée. Une partie de la 2ᵉ compagnie, commandée par M. Larrazet, lieutenant, suivit le mouvement de la première compagnie et partagea le même sort qu'elle. L'autre partie demeura sur le piton avec M. Courby de Cognord.

M. le lieutenant Larrazet, qui s'était admirablement conduit pendant le combat et qui avait reçu deux blessures à la tête fut fait prisonnier, tandis que MM. de Chargère, capitaine, et de Raymond, lieutenant, furent tués dans la charge.

M. le colonel Montagnac avait été blessé ; sa blessure ne lui permet plus d'agir ; il remet le commandement à M. Courby de Cognord. Celui-ci est le seul officier qui demeure encore debout.

Il rallie sur le piton tout ce qui reste de combattants : les kabyles le serrent de près et lui tuent un second cheval sous lui.

La situation devenait de plus en plus critique ; le colonel finit bien tard par comprendre le péril dans lequel il s'était engagé. Aussi enjoignit-il au maréchal-des-logis-chef Barbut, faisant fonction d'adjudant auprès de M. Courby de Cognord, d'aller prévenir le commandant Froment-Coste d'accourir au secours de la colonne avec l'une des deux compagnies qui gardaient le camp.

Cet ordre partait trop tard. Le sous-officier Barbut s'acquitta de sa mission ; mais, pendant ce temps, les cavaliers qui assiégeaient les débris de la colonne française augmentaient sans cesse, et, en quelques instants, ils se trouvaient réunis au nombre de 5,000 cavaliers, tandis qu'un corps d'Arabes se dirigeait du côté de la compagnie qui sortait du camp, et l'empêchait d'arriver jusqu'au lieu du combat.

Cette compagnie attaqua les cavaliers qui lui barraient le chemin : elle fut aussi maltraitée que la colonne vers laquelle elle courait : le commandant Froment-Coste et l'adjudant-major Dutertre perdirent la vie ; M. le capitaine Burgard fut blessé et mourut quelques instants après avoir été frappé ; un peu plus tard, l'adjudant Thomas, du 8e bataillon et le maréchal-des-logis furent pris et emmenés prisonniers.

La position du corps principal empirait à chaque minute. L'infanterie n'arrivait pas, et les combattants, réduits à leurs propres forces, qui se composaient d'une soixantaine d'hommes, fantassins et cavaliers, presque tous démontés, faisaient des prodiges de valeur pour défendre le piton sur lequel ils s'étaient retirés. M. Courby de Cognord avait résolu de se défendre tant qu'il lui resterait un homme valide. Il encourageait ses soldats, en leur persuadant que l'infanterie allait arriver à leur secours. La résistance dura encore une heure et demie. La masse des Arabes serrait de plus près les assiégés. A chaque instant, nos soldats tombaient mortellement blessés : leur nombre se trouvait réduit à 12 ou 15 combattants. Ce fut alors que M. Courby de Cognord essuya trois coups de feu qui le couchèrent par terre. A peine les Arabes eurent-ils vu tomber le chef d'escadron, qu'ils poussèrent de grands cris, chargèrent la position dans toutes les directions et finirent par l'enlever.

Quelques secondes après ce dernier coup de main,

M. Courby de Cognord fut relevé, sans connaissance, du champ de bataille. Il fut encore frappé de deux coups de yatagan et emporté prisonnier par un aga des réguliers de l'émir.

Tel fut le résultat du mouvement de M. le colonel Montagnac. Mais là ne devaient pas se borner nos désastres.

La compagnie d'infanterie qui était demeurée sous le commandement de M. le capitaine de Géraud à la garde du camp, en apprenant la déroute du corps principal, n'eut que le temps de se retirer dans un marabout. Les vainqueurs vinrent former le siége de cette position. Pendant plusieurs jours, ils ne cessèrent d'assaillir nos soldats, qui les repoussèrent avec une bravoure et un héroïsme admirables. L'émir les somma de se rendre. Il fit écrire une lettre par l'un de ses chefs et l'envoya par un cavalier arabe. Les assiégés laissèrent approcher le messager, après lui avoir enjoint de descendre de cheval.

L'émir disait, dans sa lettre, que, si on ne se rendait pas, il ferait couper la tête à tous les prisonniers français.

M. le capitaine de Géraud répondit *que les Français mouraient, mais qu'ils ne se rendaient pas.*

Une seconde et une troisième lettre n'obtinrent pas un plus heureux résultat que la première.

L'émir eut recours à un messager qui devait lui présenter la plus forte garantie de succès.

Au nombre des prisonniers faits par les Arabes, sur la colonne Montagnac, se trouvait M. le capitaine adjudant-major Dutertre, du 8e chasseurs d'Orléans. Abd-el-Kader imagina de l'envoyer en parlementaire, avec injonction de décider, s'il ne voulait pas qu'il lui fît couper la tête, les combattants du marabout à mettre bas les armes.

Le capitaine Dutertre arrive : les cavaliers arabes l'escortent ; il se présente au pied des murailles.

« *Mes amis, s'écrie-t-il, on me menace de me décapiter si je ne parviens pas à vous décider à mettre bas les armes ; et moi, mes amis, je vous exhorte à ne pas vous rendre et à mourir tous jusqu'au dernier, s'il le faut !*

Abd-el-Kader, en apprenant l'insuccès de la démarche du capitaine Dutertre, lui fit couper la tête.

M. de Géraud et ses hommes tenaient bon ; mais il fallait se nourrir et les provisions étaient épuisées. Le capitaine fait une sortie pour rentrer à Djemmâa. Mais les tribus barrent le chemin à cette poignée de braves, et ceux d'entre eux qui ne meurent pas les armes à la main, tombent prisonniers entre les mains des Arabes et viennent rejoindre, à la déira de l'émir, M. de Courby de Cognord et ses compagnons d'infortune.

Dans la retraite du marabout sur Djemmâa, MM. le capitaine de Géraud, le lieutenant de Chapedelaine et le docteur Rosagutty tombèrent sur la route, frappés mortellement par les balles des cavaliers arabes.

Voici l'état nominatif des prisonniers qui, à la date du 23 septembre 1845, étaient casernés à la Déira d'Abd-el-Kader.

DEUXIÈME HUSSARDS.

MM.	GRADE.	BLESSURES.
Courby de Cognord.	chef d'escadron.	5.
Barbut.	maréchal-des-logis chef.	0.
Barbier.		2.
Metz.	hussard.	0.
Testard.	id.	0.
Sully.	id.	5.
Pierson.	id.	3.
Tibal.	id.	1.
Bois	id.	2.
Requet.	id.	3.
Maréchal.	id.	0.
Butrouih.	id.	0.

HUITIÈME BATAILLON DES CHASSEURS D'ORLÉANS.

MM.	GRADE.	BLESSURES.
Larrazet.	sous-lieutenant.	2.
Thomas.	adjudant sous-officier.	0.
Audrieux.	sergent.	4.
Bellont.	fourrier.	0.
Bellier.	id.	1.
Parès.	caporal.	1.
Mozer.	id.	0.
Chateau.	id.	0.
Fayt.	id.	2.

MM.	GRADE.	BLESSURES.
Moulin.	id.	1.
Marie.	carabinier.	0.
Bolbot.	id.	0.
Mallet.	clairon.	2.
Morarre.	chasseur.	0.
Poggi	id.	0.
Thioly	id.	0.
Guillet.	id.	1.
Lacan.	id.	1.
Frank.	id.	0.
Perrin.	id.	2.
Galtier.	id.	2.
Benoux.	id.	1.
Delcroix.	id.	0.
Gontier.	id.	1.
Elie.	id.	1.
Massereau.	id.	1.
Jourdain.	id.	0.
Guequet.	id.	0.
Balmont.	id.	1.
Duprat.	id.	4.
Dupont.	id.	0.
Chauvin.	id.	0.
Rieux.	id.	2.
Mialle.	id.	0.
Certorius.	id.	0.
Froment.	id.	0.
Monnet.	id.	3.
Durand (Joseph).	id.	0.
Doniac.	id.	1.
Martel.	id.	0.
Gallus.	id.	0.
Bertrand.	id.	1.
Cantel.	id.	1.

MM.	GRADE.	BLESSURES.
Bernard.	id.	1.
Bernard.	id.	1.
Bourdain.	id.	3.
Durand (Jean).	id.	1.
Bilvire.	id.	1.
Rolland.	id.	1.
Vésiat.	id.	1.
Alexandre.	caporal.	1.
Garnier.	chasseur.	2.
Julien.	id.	1.
Perrin (Jules).	id.	0.
Grail.	id.	1.
Delpech.	id.	0.
Caumeil.	id.	1.
Bitgaret.	id.	1.
Ismaël.	id.	3.
Vayt.	id.	2.
Rousteau.	id.	2.
Delrieu.	id.	2.
Pomet	id.	2.
Bonquet.	id.	1.
Mallet.	id.	1.
Durand (François).	id.	3.
Chevreau.	id.	2.
Vouthon.	id.	1.
Soyer.	id.	1.
Joliot.	id.	1.
Vidal.	id.	1.
Bouttes.	id.	1.
Buisson.	id.	1.
Durain.	id.	1.
Cottes.	id.	1.
Chatenay.	id.	1.
Balerte.	id.	1.
Carrière.	carabinier.	1.

15ᵉ LÉGER.

MM.	GRADE.	BLESSURES.
Moreau. . . .	ordonnance du colonel.	1.
Levy.	interprète.	1.

56ᵉ DE LIGNE.

Turgis, fait prisonnier aux environs de Mascara.

Le nombre total des prisonniers s'élevait donc au chiffre de 96 hommes. Ainsi, à la suite de la malheureuse opération de M. le colonel Montagnac, l'armée d'Afrique, la France, laissait morts sur le champ de bataille, ou prisonniers entre les mains de l'émir, un plus grand nombre de soldats qu'elle n'en avait jamais encore perdu, même aux plus mauvais jours de la conquête.

XXIII

ASLEFF

Le convoi des blessés. — Cent cinquante nouveaux prisonniers. — Le camp de la Malouya. — Les Arabes font partir les officiers. —Voyage des dix. — Arrivée dans les montagnes de l'Asleff. —Massacre des deux cent cinquante-cinq prisonniers. — Désespoir. — Les motifs qu'allègue l'émir. — Accusations contre l'empereur du Maroc. — Calomnies. — Quels sont les véritables auteurs du massacre. — Les ennemis et les alliés de la France.

Le désastre de la colonne Montagnac avait frappé de stupeur tous les esprits en France et en Algérie : personne ne craignit la ruine de notre domination ; personne ne supposa un moment que notre conquête fût menacée ou compromise sérieusement ; mais tous, grands et petits, virent une calamité publique dans cette catastrophe, et ce fut un deuil général. On pleura les morts, on releva les blessés et l'on s'inquiéta d'arracher les survivants à leur captivité.

Mais le Dieu des armées, qui jusqu'alors avait fixé la victoire sous nos drapeaux, n'avait pas fini de nous éprouver : quinze années de succès avaient, pour ainsi dire, lassé sa

20

providence. Un nouveau revers allait raviver la douleur publique.

Chacun sait qu'après l'affaire à la suite de laquelle M. le colonel Montagnac perdit la vie, et M. de Cognord la liberté, un sous-officier, chargé de conduire à l'ambulance une centaine d'hommes désarmés, éclopés et malades, fut surpris par les cavaliers arabes et réduit en servitude. On ne se battit pas ce jour là, car les débris de nos bataillons avaient déjà versé leur sang sur les champs de bataille précédents, et il leur restait tout au plus assez de force pour se traîner vers le lieu dans lequel ils avaient espéré rencontrer les secours de la chirurgie et de la médecine.

Ces infortunés vinrent grossir le nombre des prisonniers que les Arabes tenaient déjà en leur pouvoir, et ils portèrent ainsi le chiffre total à près de trois cents captifs.

Nous n'avons pas le projet de retracer, jour par jour, la captivité de nos soldats. Ce récit fatiguerait le lecteur par sa monotonie ; car il ne s'agirait ici que de relever les marches et les contre-marches des Arabes. Ensuite, l'intérêt et la curiosité, au lieu de se concentrer sur quelques individus, se répandraient sur un si grand nombre d'individus, qu'il deviendrait impossible de suivre les développements d'une action unique et, par cela même, facile à apprécier dans toutes ses péripéties. S'attacher de préférence à la personne de tel ou tel prisonnier, et négliger le plus grand nombre de ses compagnons d'infortune, décèlerait chez l'auteur qui entreprendrait cette tâche un vilain cœur, un esprit de dénigrement, une mauvaise tendance à flatter quelques amours-propres, à seconder des ambitions particulières.

Officiers et soldats sont ici tous égaux aux yeux de la France, par le malheur qui pèse sur leur vie ; et s'il existe quelque individualité qui mérite d'être signalée à l'admiration publique, c'est celle du prisonnier qui aura su défendre, soulager et conduire ses camarades. Or, c'est avec un grand bonheur et un noble orgueil que nous nous écrions :

Dans cette douloureuse occurrence, chacun a fait son devoir ; chacun s'est conduit, parmi les Arabes, de manière à mériter la reconnaissance de son compagnon de servitude, l'estime et l'admiration de la mère-patrie.

La captivité avait commencé en septembre 1845. Vers les premiers jours d'avril 1846, les prisonniers s'aperçurent que les Arabes avaient toutes les peines du monde à les nourrir, et qu'ils les accablaient de mauvais traitements. Une impatience, une colère mal déguisées, brillaient dans les yeux et dans les mouvements des vainqueurs. Des paroles sinistres couraient dans les douairs du camp. Les cavaliers et les laskars parlaient de révolte et menaçaient de mort toute tentative d'évasion. L'émir ne se montrait pas, et il n'était plus question d'échange ni de rançon.

Les choses en étaient là, lorsque, le 24 avril 1846, les officiers prisonniers, l'adjudant Thomas, le maréchal-des-logis-chef Barbut et quatre soldats qui leur servaient d'ordonnance, quittèrent le camp de la Malouya à quatre heures du soir, pour aller, leur dit-on, chez l'Hadj-Mustapha, le beau-frère de l'émir. Ils passèrent la nuit chez les Hachems émigrés. Là, on leur apprit que leur destination était changée, et que l'émir les envoyait à Sidi-Sliman, chef des Hachems.

Sidi-Sliman, chez qui ils se rendirent le lendemain, les reçut mal : il se montra très inquiet pendant le séjour qu'ils firent chez lui, séjour qui ne se prolongea pas au delà de vingt-quatre heures. Dans la nuit, Sidi-Sliman les fit entourer de sentinelles, et redoubla de précautions jusqu'alors inusitées. Plusieurs fois, pendant les marches auxquelles on les soumit, ils demandèrent quels étaient les motifs qui avaient amené les Arabes à les séparer de leurs camarades. On leur répondit toujours d'une manière évasive. Tantôt, on leur disait que leurs camarades habitaient la déira ; tantôt, on leur disait qu'ils vivaient chez l'émir, dans le désert.

Ces versions contradictoires, la surveillance dont ils étaient entourés, faisaient soupçonner à ces quelques prisonniers que l'émir nourrissait des projets sinistres contre leurs camarades : projets qu'ils ne pouvaient pas exactement apprécier, mais dont le dénoûment les effrayait.

Enfin, le 2 juin, ils arrivèrent dans les montagnes de l'Asleff, et là, l'Hadj-Habib, chef de la déira, leur apprit que, le 27 avril, Abd-el-Kader avait fait massacrer les deux cent cinquante-cinq prisonniers qu'ils avaient quittés le 24 avril.

Quant aux détails qui concoururent au dénoûment de cette sanglante tragédie, ils ne purent jamais les connaître. Les deux soldats qui échappèrent miraculeusement au massacre ne surent fournir aucun renseignement précis, tant les Arabes s'étaient entourés de silence et de mystère dans l'accomplissement de ce monstrueux égorgement.

On apprit plus tard que les bourreaux avaient profité des dernières ombres de la nuit pour frapper leurs victimes. Ainsi, la lâcheté fut aussi grande que la férocité, dans la perpétration de cet abominable forfait. Les Arabes égorgèrent leurs prisonniers, qu'ils surprirent dans leur dernier sommeil : ils n'osèrent pas accomplir leur œuvre de carnage au grand jour, tant ils appréhendaient la colère et le désespoir des captifs ; et, semblables à d'horribles bandits, ils assassinèrent des malheureux désarmés et trahis par la perfidie du vainqueur, sans s'inquiéter des justes représailles qu'une action aussi épouvantable que la leur pouvait commander aux frères d'armes des trépassés.

Lorsque après avoir parcouru l'Algérie, cette nouvelle traversa les mers et parvint en France, elle plongea tous les cœurs dans le deuil. Tous les yeux s'élevèrent vers le ciel et implorèrent la vengeance divine; car de telles scélératesses ne peuvent pas demeurer impunies. L'iniquité d'un peuple n'encourt-elle pas plus justement la colère céleste que celle d'un seul individu?

En une nuit, la France perdit ainsi deux cent cinquante-cinq de ses enfants des plus braves parmi les plus braves, que la barbarie arabe sacrifia à ses terreurs et à ses vengeances. Les morts de la Malouya allèrent rejoindre, dans le sein de Dieu, leurs frères, qui, six mois auparavant, avaient perdu la vie sur le champ de bataille, en combattant pour la France, et ils entrèrent dans les régions éternelles, en formant une vaillante et généreuse milice, qui cachait, sous les palmes du martyre, les blessures que leur avaient portées les bourreaux d'Abd-el-Kader.

Des débris de cette colonne, il ne restait donc plus que dix prisonniers. Les Arabes réservaient-ils aux survivants le sort qu'ils venaient de faire à leurs compagnons de captivité ? La crainte d'un dernier massacre ne devait-elle pas continuellement assiéger leurs esprits, et détruire la faible espérance qui les soutenait contre les privations et les fatigues dont les Arabes les accablaient journellement.

Néanmoins, une généreuse confiance dans la sollicitude du gouverneur français soutint ces infortunés. Chacun dut se résigner. Et l'on vit le docteur Cabasse mériter, par son dévoûment et son habileté, l'estime des réguliers de l'émir. Son titre de médecin leur inspirait tout respect et toute déférence.

On s'est occupé de rechercher les motifs qui avaient pu décider Abd-el-Kader à demander la mort des prisonniers.

Les Arabes ont répandu que l'empereur du Maroc avait impérieusement exigé d'Abd-el-Kader les prisonniers ; et ils ont ajouté, qu'en cas de refus, il l'avait menacé de les lui enlever de force. Dans l'impossibilité où le chef arabe se trouvait de défendre tous les prisonniers, il en avait fait périr le plus grand nombre, afin de sauver les officiers.

L'émir lui-même a dit depuis, dans diverses circonstances, aux agents de la France :

« L'empereur voulait m'enlever mes prisonniers, *pour les vendre* au sultan des chrétiens ; mais, plutôt que de céder à la violence, je les ai fait égorger, et j'ai pu sauver ainsi les officiers. »

Et en présence de cette allégation d'Abd-el-Kader, quelques écrivains fort recommandables se sont écriés :

« L'avarice sordide de l'empereur du Maroc permet de croire qu'une semblable menace a pu être faite ; et, bien plus, tout porte à croire que Sidi-Muley-Abderrhamann avait conçu le projet d'enlever les prisonniers à l'émir et de les vendre au sultan des chrétiens. C'est cependant, ajoutent-ils, pour ne pas déplaire à ce marchand, enrichi par les plus honteux trafics, que la France, dans ses élans de générosité niaise, a cru qu'il était de sa dignité de payer sa gloire. »

Nous nous abstiendrons de répondre à ce dernier grief, qui a trait au traité conclu après la bataille d'Isly, et qui ne se lie en aucune façon avec la question pendante en ce moment. Nous expliquons la conduite de l'émir d'après nos impressions personnelles : nous exposons les déductions que nous a permis de tirer des habitudes arabes l'étude approfondie à laquelle nous nous sommes livrés sur les penchants et les instincts des peuples desquels nous nous occupons.

Le massacre des prisonniers a pu être ordonné, à l'insu de l'émir, par son beau-frère Sidi-l'Hadj-Mustapha, kalifa.

Cet Arabe est d'une nature cruelle, impitoyable et fanatique. Chargé de fournir la subsistance des prisonniers, il a voulu, dans un moment de disette, se débarrasser des bouches inutiles. Il a pu craindre une révolte. N'est-ce pas ce kalifa, l'Hadj–Mustapha, qui, sur la simple dénonciation de Wolf, lors de la captivité d'Escoffier, a fait fusiller Gressart et Chapin?

Abd-el-Kader n'avait rien su de cette exécution pendant plusieurs mois. En apprenant la mort de Gressart et de Chapin, il tança vertement son beau-frère.

Il est encore possible, et cette hypothèse nous paraît concluante, que le gouvernement français, ne pouvant vaincre la résistance d'Abd-el-Kader au sujet de l'échange des prisonniers, ou indigné des prétentions aussi ridicules qu'exagérées de l'émir, il est encore possible que le gouvernement français ait songé à exploiter à son profit les bonnes dispositions de l'empereur du Maroc à l'égard de la France. Nos chefs auront dit à Muley-Abderrhamann, notre nouvel allié :

« Tu nous as promis fidélité et bonne amitié. C'est à ce prix que nous t'avons accordé la paix. Tu as encore juré de séparer ta cause de celle d'Ab-el-Kader, notre ennemi. Or, voici que cet Arabe retient prisonniers trois cents de nos soldats. Emploie ton crédit, ta puissance, ta force, tous tes moyens d'action dans le but de délivrer ces trois cents chrétiens des mains de l'émir. Tu as réussi dans une entreprise semblable, à l'époque où tes chaous ont reconduit à Tanger les prisonniers Escoffier et Briant. Agis selon les circonstances, et fais en sorte de nous donner, à cette occasion, une preuve éclatante de ton amitié. »

La France peut et doit avoir tenu ce langage à son allié Muley-Abderrhamann. L'empereur marocain aura travaillé selon ces instructions auprès d'Abd-el-Kader et de ses partisans. L'émir aura, de son côté, pénétré les projets de Muley–Abderrhamann. Alors, dans la crainte de donner une nouvelle importance à l'empereur marocain aux yeux de la France ; dans sa jalousie de voir le souverain de Fèz acquérir quelque titre à la reconnaissance de la France, soit encore dans l'impossibilité de nourrir ses prisonniers ou de les défendre contre les cavaliers de Muley-Abderrha-mann, Abd-el-Kader aura, poussé comme il pouvait l'être par ces divers motifs, ordonné le massacre des prisonniers ; et l'horreur de cette abominable boucherie doit retomber sur sa tête.

Nous croyons donc qu'il existe plus que de l'imprudence et de la légèreté chez les personnes qui ne craignent pas de faire retomber sur l'empereur du Maroc l'odieux de cet horrible drame, et qui s'efforcent de laver Abd-el-Kader de tout soupçon, de tout reproche. De telles doctrines sont aussi funestes qu'impolitiques : elles tendent à égarer les esprits, à déplacer les questions et à diriger l'animadversion publique contre les innocents plutôt que contre les coupables.

Dans l'Algérie, nous n'avons pas d'autre ennemi qu'Abd-el-Kader. N'est-il pas le principal intéressé à décimer nos armées, à nous poursuivre de ses perfidies et de ses vengeances ?

L'empereur du Maroc n'est pour rien dans nos démêlés avec les tribus de l'Algérie. Abd–el-Kader a voulu le compromettre : il a réussi un moment à le mettre en hostilité contre nos généraux. Isly a dissipé les illusions de Muley-

Abderrhamann ; Isly lui a montré que l'émir et ses Arabes convoitaient sa puissance, puisqu'ils ont pillé son armée au moment où elle nous abandonnait son camp et le champ de bataille. Or, tout engage Muley-Abderrhamann à lier amitié avec nous. C'est l'intérêt de son empire, c'est celui de sa maison. Les caravanes ont pu lui dire quelle était la position du bey de Tunis, qui avait su se lier par des traités avec la France. Si l'empereur du Maroc s'est mêlé du rachat des prisonniers, il a dû agir de bonne foi avec un zèle, une sollicitude que lui recommandaient ses bonnes relations avec la France ; nous en sommes convaincus. A quoi bon le charger d'un crime et d'une faute inutiles? A quoi bon décourager un allié et flatter un ennemi ? En un mot, l'assassin de nos soldats, c'est Abd–el–Kader, ou plutôt c'est son beau-frère, l'Hadj-Mustapha. Le coupable ne demeure pas à Fèz ou à Maroc ; il erre dans les plaines du Riff ou dans les déserts d'Angad !

XXIV

MÉLILLAH

Tandis que les dix prisonniers survivants déploraient la mort de leurs compagnons, le gouvernement français s'occupait, avec autant de sollicitude que d'activité, de leur délivrance. Mais nos lecteurs, dès les premières pages de cette histoire, ont eu l'occasion d'apprécier les lenteurs qui accompagnent ces sortes de négociations. En outre, l'attitude dans laquelle se tient le gouverneur-général de l'Algérie vis à vis de Sidi-l'Hadj-Abd-el-Kader-Mahidin ne peut que compliquer les difficultés dont ces transactions sont entourées.

Il refuse de traiter sur le pied de l'égalité avec l'émir,

dans lequel il ne voit, et avec raison, que le chef d'une bande de révoltés depuis la rupture de la première paix. Il n'ouvre jamais de rapports officiels avec l'ex-émir, et ce ne peut être que par des voies officieuses et détournées que M. le maréchal Bugeaud consent à s'aboucher avec Abd-el-Kader. Néanmoins, dans cette douloureuse circonstance, les autorités algériennes se départirent de la réserve dans laquelle elles se tenaient vis à vis des Arabes, et le gouvernement donna lui-même des ordres afin d'acquiescer à une proposition d'échange de prisonniers, proposition dont l'émir avait pris lui-même depuis longtemps l'initiative.

De leur côté, les prisonniers secondaient les efforts du gouvernement et ne négligeaient rien pour l'éclairer sur la marche qu'il avait à suivre afin de briser leur captivité. Tandis que M. le maréchal poursuivait cette négociation par voie d'échange, le gouverneur du *préside* espagnol de Mélillah, M. don Demetrio de Benito, faisait parvenir à M. le général d'Arbouville, commandant par intérim la province d'Oran, une lettre de M. le lieutenant-colonel Courby de Cognord. Dans cette lettre, cet officier supérieur indiquait la possibilité d'obtenir la délivrance des prisonniers par l'intermédiaire de certains chefs marocains.

Ces Marocains s'engageaient, disait encore la lettre, moyennant une généreuse récompense (30,000 fr.), à les enlever des mains de l'émir et à les conduire à Mélillah.

Le gouverneur du préside espagnol, don Demetrio de Benito, ajoutait qu'il offrait son concours pour suivre cette nouvelle négociation.

Cette entreprise offrait autant de difficultés à vaincre que de périls à affronter. Elle demandait de l'adresse, de la prudence, de la discrétion et du courage. Ne reposait-elle pas, comme toutes les entreprises de ce genre, sur la connivence de l'un des chefs chargés de la garde des prisonniers, dont il fallait attendre le tour de service? Elle exigeait donc la plus grande circonspection : et si la délivrance devait avoir lieu près de Mélillah et sur les côtes de la Méditerranée, il devenait très important que le vapeur *le Véloce* ne se montrât plus à Mélillah durant le trajet périodique de ses voyages à Tanger.

M. le général d'Arbouville, après avoir pris connaissance du pli que venait de lui adresser le gouverneur de Mélillah, don Demetrio de Benito, manda auprès de lui le commandant du *Véloce et un officier discret*. Le commandant du *Véloce* descendit à terre en emmenant à sa suite M. Durande, enseigne de vaisseau, le seul des officiers qui se trouva être valide à bord. M. le général d'Arbouville tint une longue conférence avec les deux marins, et lorsque ceux-ci eurent reçu ses instructions, ils remontèrent sur *le Véloce*. M. Durande fut alors envoyé de Djemmâa-Ghazouat à Mélillah sur une balancelle, avec une somme de 30,000 fr. dont il était autorisé à disposer, suivant les besoins de la négociation, de concert avec M. don Demetrio de Benito, qui seul devait paraître vis à vis des Arabes.

L'empressement que M. le général d'Arbouville mit à expédier la somme demandée par don Demetrio de Benito pour le rachat des prisonniers, montre assez haut la solli-

citude avec laquelle le gouvernement poursuivait la délivrance des derniers soldats de la colonne Montagnac. Mais
osait-on espérer une pleine réussite, après les déceptions qu'on avait déjà essuyées? Les Arabes ne nous ten-
daient-ils pas un piége?

Les bourreaux qui avaient égorgé impitoyablement les
compagnons de M. de Cognord ne méditaient-ils pas quelque nouveau massacre? Toutes ces réflexions, et bien d'autres, n'étaient pas faites pour inspirer une heureuse confiance. En effet, comment admettre, pour ceux qui con-
naissaient le dévoûment absolu de certains serviteurs de
l'émir, que toute cette conspiration pût être conduite à son
insu? Et si la conspiration n'existait pas, si au contraire
l'émir négociait pour son propre compte, comment sup-
poser que ce chef, qui avait recherché avec tant d'opiniâ-
treté un échange public et officiel, abandonnât ses serviteurs, ses amis, ses parents captifs qu'il avait réclamés avec
une certaine hauteur, pour vendre les prisonniers français,
gage unique de la délivrance des prisonniers arabes?

Tels étaient les motifs qui inspiraient les défiances et
les inquiétudes du gouvernement, et cependant les circonstances au milieu desquelles se produisait cette entreprise
présentaient une chance favorable.

L'émir avait échoué dans ses tentatives de soulèvement
en Algérie. Notre frontière était trop bien gardée pour
qu'il osât, à portée de nos colonnes, entreprendre sur les
tribus soumises ces razzias qui forment la seule ressource
de sa vie errante et misérable. Aussi vint-il se rabattre sur

les tribus du Sahara marocain. Cette course ne lui réussit guère.

Le kalifa Bou-Hamedi, chargé 'de ramener les prises, avait été attaqué en chemin par les Alafs : il avait tout perdu, et il s'était péniblement réfugié à la Déira, en laissant une vingtaine de morts sur son chemin. Il est donc probable que ce fut à la suite de ce revers que l'émir, à bout de ressources, compromis vis à vis d'une tribu importante des populations marocaines, abandonna la négociation officielle de l'échange des prisonniers, et se décida à faire argent de leur personne.

M. Durande à son arrivée à Mélillah, trouva une lettre de M. Cognord, dans laquelle cet officier supérieur lui annonçait que les prisonniers ne tarderaient pas à paraître aux environs de la place.

Deux jours après, de grand matin, un serviteur de l'émir, le taleb Si-Moktar, apporta une nouvelle lettre dans laquelle M. de Cognord faisait connaître que les prisonniers avaient passé la nuit à quatre heures de marche de Mélillah, et que, dans la matinée, un grand feu allumé sur le bord de la mer, à la pointe de Bestinka, annoncerait le lieu sur lequel les négociateurs devraient se diriger.

Le taleb Si-Moktar était arrivé au lever du jour. A sept heures du matin, on aperçut le feu à une distance de quatre lieues dans l'est de Mélillah, à la pointe de Bestinka. Au même instant, M. don Louis de Capa, adjudant de la place de Mélillah, et M. Durande, montèrent dans une forte chaloupe espagnole bien armée. M. Durande avait endossé des habits d'emprunt; il lui importait de déguiser sa qualité de Français, car la prétention des Arabes ne visait rien moins qu'à paraître mener cette affaire avec les autorités espagnoles de Mélillah, et non avec les agents français. La chaloupe vola, sans perdre de temps, sur le signal. A midi et demi, on découvrit un premier groupe de cavaliers, puis un second, qui composaient un goum de cent cinquante cavaliers. Les chevaux étaient suivis par deux cent cinquante fantassins réguliers : au milieu de ces troupes, on distinguait, au moyen d'une longue-vue, quelques uniformes français. Plus de doute, les prisonniers s'acheminent vers la pointe de Bestinka, le lieu fixé pour leur rachat! Il ne s'agit plus que de s'occuper des dernières mesures propres à assurer leur délivrance.

Une barque légère, apportée sur la chaloupe, sert à entrer en communication avec les Arabes. M. don Louis de Capa descend seul à terre, il s'approche des cavaliers, qui avaient pris les devants sur la colonne, il les interroge, et ceux-ci lui annoncent que les prisonniers ne sont plus éloignés du lieu du rendez-vous que par une demi-lieue de chemin. Trois quarts d'heure s'écoulent. Les prisonniers arrivent à cheval. Ils sont couverts avec quelques lambeaux de leurs vêtements d'uniforme. On les compte : leur nombre ne s'élève qu'à dix : une vieille femme, qui avai subi huit ans de captivité, rentre à la suite des prisonniers. Le onzième manque : il est mort en route de la fièvre.

M. de Cognord descend de cheval ; il se jette au cou de M. don Louis de Capa, qu'il tient embrassé pendant plusieurs minutes ; puis il lui dit :

« Monsieur, regagnez bien vite l'embarcation, de peur

qu'il n'existe chez les Arabes quelque mauvaise intention.

— Non, non, je reste à terre, répond le généreux Espagnol, car je suis décidé à demeurer prisonnier avec vous, ou à vous ramener dans ma chaloupe. D'ailleurs, il ne faut pas montrer de méfiance de notre côté.

Occupons-nous du rachat. »

Alors il est convenu, qu'au préalable, l'un des prisonniers et un personnage désigné par le chef arabe se rendront à bord de la chaloupe espagnole, afin d'y constater la présence de la rançon promise.

L'Arabe désigné par le commandant des cavaliers de l'émir monta sur la barque et se transporta dans la chaloupe. Il s'acquitta minutieusement de sa mission : il fut ensuite reconduit à terre, et la barque ramena à bord neuf des prisonniers, plus Kada–Ben-Osmann, aga de la cavalerie d'Abd-el-Kader, un kodja et un domestique. Ces Arabes étaient chargés d'une mission pour le compte de l'émir, et dans ce moment ils servaient d'otages pour MM. le lieutenant–colonel de Cognord et un officier, qui devaient demeurer dans les mains des Arabes jusqu'à l'entière livraison de la somme promise.

On sait le temps que les Arabes mettent à compter et à recompter leur argent. Les retards que nécessita l'appréciation exacte d'une somme aussi considérable en numéraire pour un Arabe que celle-ci, prolongèrent jusqu'à la nuit l'heure de la délivrance.

A la fin tout fut accompli : « *Et M. de Cognord, remplissant jusqu'au bout sa tâche d'honneur et de dévoûment, sortit le dernier des mains des Arabes, et rejoignit la cha-*

loupe, qui ne put aborder à Mélillah qu'à dix heures du soir. »

Voici les noms des captifs qui venaient d'être rachetés :

1. Le lieutenant-colonel Courby de Cognord.
2. Le sous-lieutenant Lazarée.
3. Le sous-lieutenant Thomas.
4. Le docteur Cabasse.
5. Le lieutenant Morin, du 5e léger.
6. Le maréchal-des-logis-chef Barbut, 2e hussards.
7. Tétard, hussard.
8. Trotté, chasseur au 8e bataillon.
9. Michel, du 41e de ligne.
10. La femme Thérèse Gilles.

Cette femme, cette Alsacienne Thérèse Gilles, n'est-elle pas la compagne des femmes Lanternier ? Tout porte à le croire.

M. Millerin, lieutenant au 41e, était mort la veille même de la délivrance.

La chaloupe qui portait M. Courby de Cognord et ses compagnons de captivité ne put aborder à Mélillah qu'à dix heures du soir. Le gouverneur don Demetrio de Benito et tous les officiers de la garnison attendaient, au débarcadère, les prisonniers qui venaient d'être rachetés. Ils accueillirent avec la plus cordiale hospitalité nos compatriotes, et malgré leurs généreuses instances, M. Durande mit à la voile le lendemain, dans l'après-midi, et la balancelle atteignit à cinq heures du matin, le 27 novembre, à Djemmâa-Ghazouat.

Ainsi la captivité avait commencé, pour M. Courby de

Cognord et ses compagnons d'infortune, le 23 septembre 1845, et elle avait fini le 27 novembre 1846.

Nous ne dirons pas les transports qui saluèrent l'arrivée des prisonniers à Djemmâa-Ghazouat. La plume la plus éloquente ne saurait reproduire les émotions que la présence des neuf captifs, délivrés d'une façon si imprévue, fit naître dans tous les cœurs.

Ce fut une ivresse générale. Un banquet réunit, à cette occasion, cent vingt officiers, et chacun put donner un libre cours à son admiration et à son bonheur, en saluant ces nobles débris de la colonne de l'infortuné colonel Montagnac.

Le Véloce, qui s'était arrêté à Djemmâa-Ghazouat, voulait ramener les prisonniers à Alger. Ceux-ci refusèrent de s'embarquer et attendirent les ordres de **M.** le général Cavaignac, qui résidait à Tlemcen.

Ainsi tombent ces singulières assertions qui se produisaient en France, à Paris, trois mois après cet événement; assertions qui ne tendaient rien moins qu'à contester à **MM.** don Demetrio de Benito, don Louis de Capa et Durande, la part qu'ils avaient prise à la délivrance des prisonniers français.

MM. Durande et don Louis de Capa sont les deux seules personnes qui soient allées au-devant des Arabes recevoir, de leurs mains, M. Courby de Cognord et ses compagnons.

Les prisonniers français ne sont jamais montés à bord du Véloce.

De tous les officiers et de tous les individus qui montaient ce *vapeur*, M. Durande a seul été chargé d'accomplir cette mission qui devait racheter nos soldats de la servitude dans laquelle Abd-el-Kader les retenait plongés depuis plus d'un an.

L'équipage et les passagers du vapeur *le Véloce* ont pu figurer au banquet de Djemmâa-Ghazouat. Ils n'ont jamais, en aucune autre façon, participé à la délivrance des prisonniers, si toutefois c'est participer à la délivrance d'un prisonnier que de trinquer avec lui, lorsque depuis trois jours ce prisonnier a vu briser sa chaîne.

A l'heure où nous écrivons, les neuf personnes rachetées sont rentrées dans leur première existence. Elles ont triomphé des suites cruelles qu'une misère aussi longue que celle à laquelle elles venaient d'échapper aurait pu produire en eux. Tous les anciens prisonniers, grâce à Dieu, sont pleins, à cette heure, de force, de santé et d'avenir. Des jours meilleurs se préparent pour eux, et la reconnaissance de la France ne leur manquera jamais!

CONCLUSION

Le récit que nous avons entrepris de raconter touche à sa fin. Nous avons retracé successivement quelques-unes des aventures les plus mémorables qui, dans l'espace de douze années, ont signalé le passage des prisonniers français chez les Arabes. Nous ne prétendons pas avoir relevé tous les faits et tous les noms. Nous n'avons mis en scène que les captifs dont les vicissitudes et l'héroïsme ont vivement saisi l'opinion publique : tous méritaient indistinctement et au même degré une égale sollicitude ; mais il est facile de comprendre que certaines individualités se détachent avec plus de force et d'éclat que d'autres sur ce fond si triste et si uniforme, qui se perd dans les ténèbres de la vie errante et barbare de l'Arabe. En outre, il arrive, par le concours des événements, que tel captif rentre dans le sein de la mère-patrie, pour ainsi dire *incognito*, et qu'il s'ensevelit dans un silence et une solitude au fond desquels il nous est impossible d'aller le retrouver et l'interroger. Ainsi les uns se taisent ; les autres parlent.

Et la réserve des premiers, aussi bien que les épanchements des seconds, dépendent de l'humeur, de la disposition, des qualités particulières à chaque esprit et à chaque cœur.

Plusieurs d'entre eux perdent la mémoire au milieu des souffrances qui viennent les assaillir : les uns périssent de nostalgie ; les autres deviennent, pour ainsi dire, aveugles et sourds, et ne savent ni voir ni entendre ce qui se dit et ce qui se passe autour d'eux. Ceux-ci, enfin, ajoutent peu d'importance aux détails de cette existence arabe à laquelle la nécessité les condamne momentanément de vivre, et ils ne se préoccupent que de leur propre infortune, dont ils énumèrent tristement les jours, les mois et les années.

Il arrive encore quelquefois que, parmi les prisonniers rachetés, on en rencontre qui, après avoir gardé un long silence sur leurs aventures, se décident à parler et à confier au public le récit de leur captivité. Une circonstance heureuse leur délie la langue ; une rencontre imprévue les met à même d'apprécier l'importance des faits qu'ils peuvent relater ; un livre les place vis à vis d'un contradicteur et les amène à comparer leurs souvenirs avec les souvenirs auxquels les initie la lecture qu'ils font. Alors on voit paraître, à des époques indéterminées, ces récits qui charment nos veillées par leur naïveté pittoresque et dramatique. Alors se révèlent à nous des fortunes merveilleuses et des héros que la renommée avait négligé de nous faire connaître.

Ainsi, rien n'est plus simple à expliquer que l'espèce de silence et d'oubli auxquels un auteur paraît avoir voulu condamner quelques prisonniers dont les noms et les aventures ne sont jamais parvenus aux oreilles du public, ni à son oreille. Mais aussi, nous pouvons affirmer qu'en publiant certains noms et certaines catastrophes, nous déterminons quelques individus à briser leur inaction et leur indifférence, et à livrer tôt ou tard à la curiosité publique les particularités qui ont signalé les phases de leur captivité.

Néanmoins, aujourd'hui nous pouvons déclarer que nous avons inscrit dans cette *Histoire des Prisonniers français en Afrique, depuis la conquête*, les noms des personnages les plus fatalement célèbres qui ont figuré dans cette période des douze dernières années, période que nous appelons la *Captivité chez les Arabes*. Nous n'avons omis aucun fait, aucun homme digne d'intéresser le public, et nous pouvons fermer notre livre avec la conscience d'avoir accompli sincèrement la tâche que nous nous étions imposée.

Mais est-ce à dire que l'histoire des prisonniers français en Afrique soit finie? Non, elle ne peut pas l'être. A cette heure elle est à jour avec les événements et les hommes. Mais, pendant tout le temps que nous combattrons contre les Arabes, pendant tout le temps que les hostilités seront ouvertes entre nos généraux et l'émir, nos ennemis pourront faire des prisonniers, et dès lors nous aurons de nouvelles infortunes à déplorer. C'est le sort de la guerre.

Et ne vous imaginez pas que du jour où Sidi-l'Hadj-Abd-el-Kader-Mahidin, d'une façon ou d'une autre, aura mis bas les armes, ne vous imaginez pas que la guerre aura cessé d'exister, et que la paix aura remplacé dans l'Algérie le règne de la colère et de la trahison : la guerre s'arrêtera, puis elle reprendra. Car la lutte n'existe pas seulement entre l'émir Abd-el-Kader et la France. La cause qui soulève les tribus contre nous n'est pas la cause d'Abd-el-Kader. La cause que les Arabes défendent contre notre invasion, c'est la cause de la religion de la nationalité.

La personne qu'ils défendent contre l'invasion des fils du Christ, c'est celle de Mahomet.

Lutte entre deux principes : christianisme et mahométisme. — Antagonisme entre deux races : africaine et européenne. — Guerre entre les conquérants et les conquis : Arabes et Français.

Tels sont les termes dans lesquels la question doit être ramenée.

Tels sont les problèmes qu'il s'agit de résoudre.

Au milieu de ces événements, la personne d'Abd-el-Kader n'est qu'un accident. Et vous savez si jamais les hommes ont manqué aux circonstances. L'histoire des peuples n'est-elle pas là pour nous apprendre que ce sont les circonstances qui ont manqué aux hommes, et que jamais les hommes n'ont manqué aux circonstances !

Abd-el-Kader, si nous nous plaçons au point de vue du mahométisme et de l'indigène algérien, a rendu d'immenses services à la nationalité arabe, attaquée et menacée. Il a montré de grandes qualités. Il a déployé le drapeau autour duquel sont venus se grouper les héros de la guerre sainte. Mais si vous faites disparaître ce *prêtre soldat* du théâtre de la guerre, pensez-vous que la lutte cesse d'exister? Non. Elle ne cessera pas d'être, car dès le lendemain de la mort ou de l'abdication d'Abd-el-Kader, *Mahomet suscitera un nouveau chef aux Arabes.*

Le courage de notre armée, l'habileté de ses généraux, le temps et Dieu aidant, amèneront, à une époque plus ou moins rapprochée de nous, la suspension des hostilités, le rapprochement des deux races, la fin de l'antagonisme. Et si nous avons prononcé le nom de Dieu à cette occasion, n'allez pas vous imaginer que cet appel à la Divinité soit une vaine forme de style. Autant, dans les petites questions d'administration, nous écartons l'intervention de la Providence, autant nous l'appelons de toutes nos forces et de toutes nos convictions dans les grandes questions sociales et politiques. Les tortueuses manœuvres des *pharisiens* rapetissent aux yeux des peuples l'image et l'action de la sagesse divine. La religion du Christ, qui dédaigne les ambitions vulgaires des *sacristains*, rehausse, en s'inspirant de ses généreuses et palpitantes sympathies, l'image et l'action de la sagesse divine dans la vénération et la glorification des premiers entre les plus grands, des derniers entre les plus petits.

Aussi le répétons-nous avec confiance : notre valeur. notre persévérance, Dieu aidant, triomphera des résistances arabes et mahométanes. Vous ne croyez pas que notre présence sur la terre d'Afrique soit le résultat d'un différend diplomatique? vous ne rattachez pas à une grossièreté, à un coup d'éventail, la conquête d'Alger? Les temps étaient venus où Dieu avait marqué la fin des royaumes barbaresques. Dieu voulait rouvrir à la lumière, à la civilisation chrétienne, cette terre d'Afrique, qu'illustrèrent les premiers martyrs du Christ ; et pour accomplir cette œuvre magnifique et glorieuse, il a choisi, dans ce pays d'Europe, ce bon et puissant pourvoyeur de l'ancien monde, le peuple qui, par son héroïsme, a, depuis des siècles, le mieux mérité à ses yeux : et ce peuple, c'est le peuple français.

Remercions Dieu du choix qu'il a fait, rendons-nous

dignes de l'insigne mission qu'il a confiée à notre génie, et préparons aux fils des peuples que nous conquérons un avenir fécondé par la liberté, la civilisation et la charité évangéliques.

En attendant, ne cessons pas un seul jour de travailler à la soumission des Arabes : nous avançons dans notre œuvre. Les tribus acceptent notre empire. Celles qui nous échappent ou qui nous résistent, finissent par se rendre à nos colonnes victorieuses. Les mœurs arabes s'améliorent. Aussi devons-nous espérer que si la guerre se continue encore pendant quelques années, nos soldats qui viendront à tomber entre les mains des réguliers seront traités avec humanité. Et, dès ce moment, que nous appelons de tous nos vœux, nous n'aurons plus à nous faire l'historien de ces catastrophes lugubres et sanglantes dont nous venons d'exposer les cruelles péripéties.

Puisse ce récit, consacré aux victimes des hasards de la guerre et de la fatalité, adoucir les désespoirs que la captivité a dû laisser dans le cœur des anciens captifs, et réconforter contre l'adversité ceux d'entre nos frères qui gémissent encore, à l'heure qu'il est, dans le camp de l'émir! Que les uns et les autres lisent, dans ces pages, l'expression des sympathies publiques : ils doivent se convaincre que rien de ce qui les intéresse n'est négligé ni oublié, et que, sur cette bonne et noble terre de France, il s'élève toujours une voix pour exalter l'adversité et proclamer l'héroïsme, aussi bien du plus obscur que du plus illustre des citoyens !

Nous aurions voulu retracer les événements et les hommcs avec cette éloquence qui passionne les masses, avec ces couleurs qui séduisent les yeux les plus indifférents. Notre bonne volonté, notre patriotisme ont-ils pu suppléer à notre insuffisance? nous espérons qu'on voudra bien nous tenir compte de nos intentions. Nous demandons à l'armée d'Afrique et aux habitants de notre colonie d'apprécier nos sentiments dans leur sincérité ; ils ont entendu les vœux que nous formions pour leur prospérité, qui est aussi celle de la France. De meilleurs que nous se feront les historiens de leurs combats et de leurs conquêtes, mais aucun ne confessera avec une conviction plus vraie, une admiration plus vive que nous, la gloire et les travaux de cette vaillante armée d'Afrique, à la tête de laquelle brillent les Cavaignac, les Lamoricière, les Bedeau, les d'Aumale, les Nemours, les d'Orléans, les Bugeaud et tant d'autres. Grands cœurs, grands esprits, grands courages, gloire à vous! vous avez continué l'héroïsme des guerriers qui illustrèrent il y a trente ans l'épopée napoléonienne : vous versez la civilisation et la puissance de la France sur cette terre d'Afrique, qui a couru des vicissitudes si nombreuses, si diverses, si fabuleuses, qu'après une existence de trente siècles, elle se voit encore arrêtée aux premiers rudiments de la sagesse et de la prévoyance humaines.

Grands esprits, grands cœurs, grands courages, gloire à vous!

Faites, faites pour la splendeur de la patrie, pour l'amélioration morale et physique des peuples africains !

FIN DES PRISONNIERS EN AFRIQUE.

TABLE

DES CHAPITRES CONTENUS DANS LE SECOND VOLUME.

EL-BORGJ.

LERBA.

LALLA-MARGNIA.

MILIANAH.

BLIDAH.

AAIOU-MÈILLOUK.

TEVRERT.

SEMELALIA.

EL'KANTARA.

KLAA.

OUIZERT.

LE RIFF.

LE RETOUR.

SIDI-BRAHIM.

ASLEFF.

MÉLILLAH.

FIN DU DEUXIÈME ET DERNIER VOLUME.

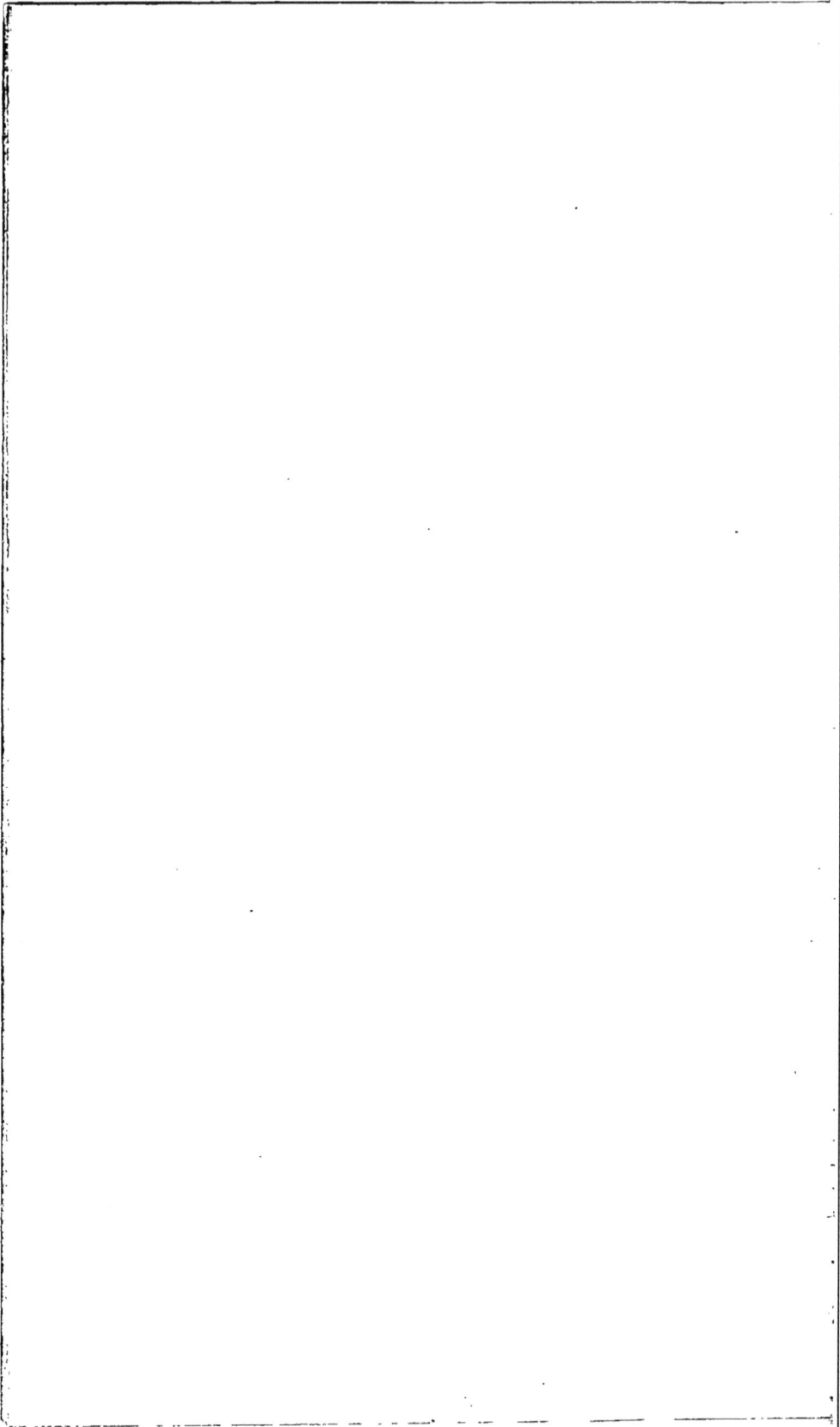

HISTOIRE

DES

PRISONNIERS FRANÇAIS

EN AFRIQUE

DEPUIS LA CONQUÈTE

PAR ERNEST ALBY.

I

PARIS

CHEZ DESESSART, ÉDITEUR,

RUE DES BEAUX-ARTS, 8.

1847.

Paris. — Imp. de Pommeret et Moreau, 17, quai des Augustins.

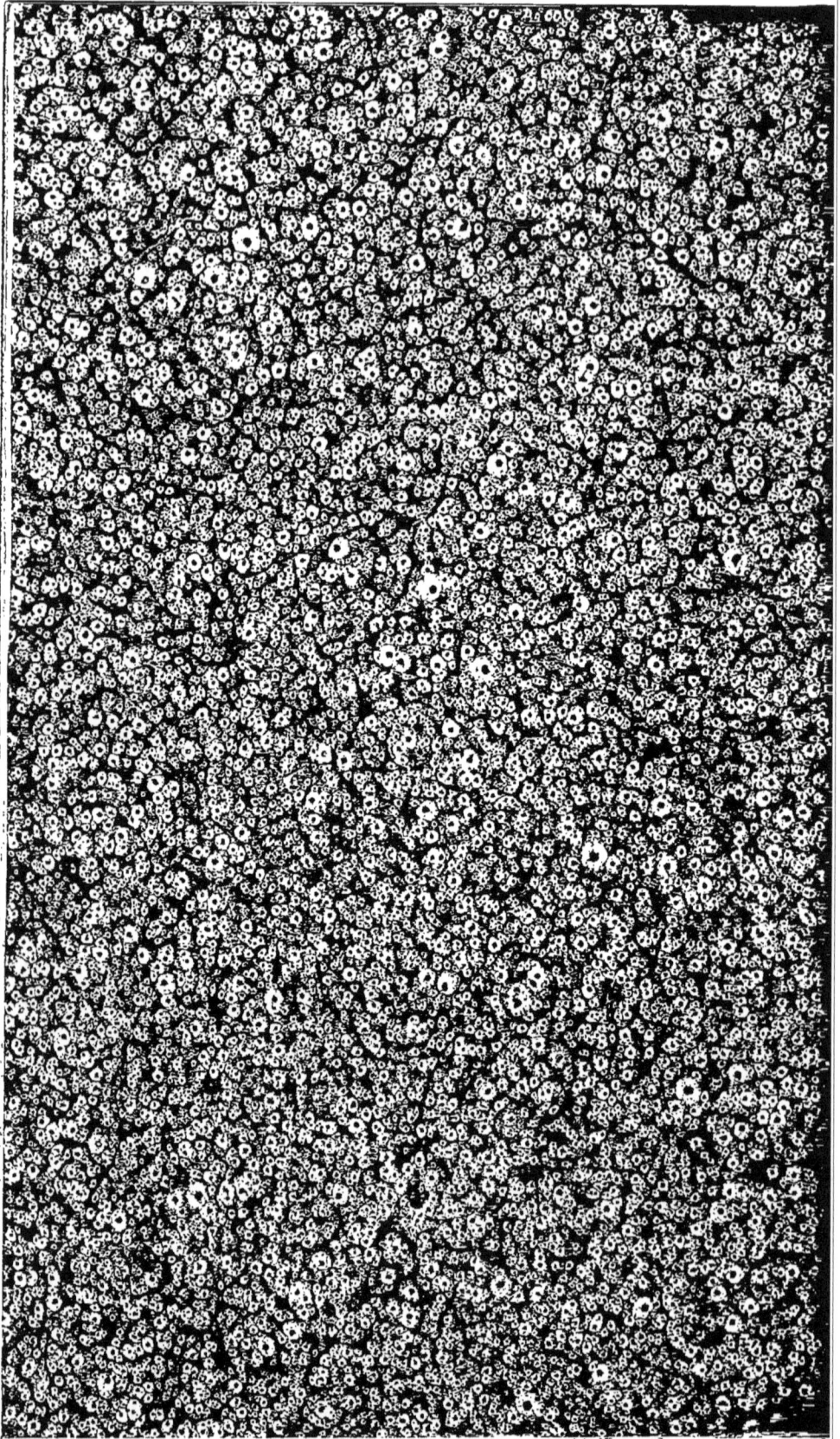

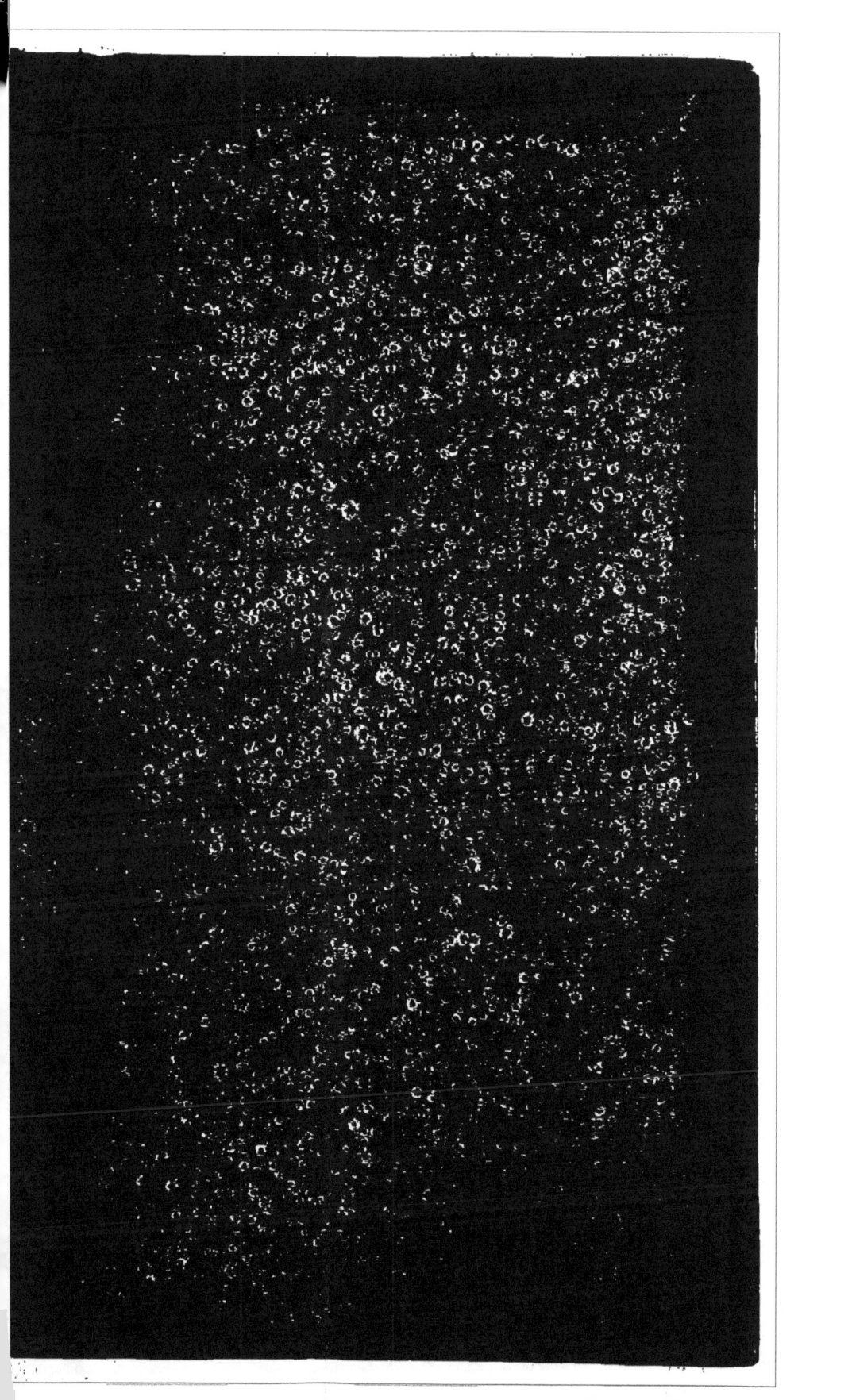

BIBLIOTHEQUE NATIONALE DE FRANCE

3 7531 01406044 7

www.ingramcontent.com/pod-product-compliance
Lightning Source LLC
Chambersburg PA
CBHW071047280326
41928CB00050B/1622